Cahier 5e

Sommaire

W0392908

ISBN : 978-2-210-11579-8

Achevé d'imprimer en juillet 2021
par «La Tipografica Varese Srl» en Italie
N° éditeur : MAGSI20201092
Dépôt légal : mai 2021

Nombres décimaux

A1

Calculer avec les nombres décimaux

1 Pose en colonnes et effectue.

a. 473,26 + 3 052,4
b. 30 + 9,23 + 121,5
c. 29,4 + 8,328 + 12,4
d. 751,25 − 98,2
e. 8,5 − 0,082
f. 72 − 68,41

a.	b.	c.
d.	e.	f.

2 Calcule mentalement les additions.

a. 5,6 + 7,2 = ...
b. 2,2 + 6,3 = ...
c. 3,5 + 7,1 = ...
d. 6,3 + 7,6 = ...
e. 9 + 3,5 = ...
f. 7,6 + 7,9 = ...
g. 2,9 + 6,5 = ...
h. 4,5 + 9,7 = ...
i. 5,8 + 9,3 = ...
j. 3,9 + 7,6 = ...

3 Calcule mentalement les soustractions.

a. 5,5 − 4,3 = ...
b. 4,6 − 0,5 = ...
c. 2,8 − 2,6 = ...
d. 6,7 − 0,5 = ...
e. 3,8 − 3,5 = ...
f. 5,2 − 4,3 = ...
g. 8 − 7,9 = ...
h. 4,6 − 2,5 = ...
i. 4,1 − 1,4 = ...
j. 6,7 − 5,9 = ...

4 Calcule les sommes en effectuant des regroupements astucieux.

a. 8,5 + 12,7 + 1,5

....

b. 67,99 + 43,73 + 0,01 + 18,27

....

c. 19,25 + 8,4 + 3,6 + 6,75

....

d. 12,745 + 24,8 + 2,2 + 6,255

....

e. 17,32 + 4,7 + 7,3 + 11,68

....

5 Complète les deux carrés ci-dessous pour que les sommes de chaque ligne, de chaque colonne et de chaque diagonale soient égales.

a.

		7,5
	4,5	2,5
1,5		

b.

1,6			1,3
		1,1	0,8
0,9	0,6		
0,4		1,4	0,1

6 Calcule mentalement.

a. 0,2 × 0,5 = ...
b. 0,7 × 0,08 = ...
c. 0,9 × 0,04 = ...
d. 0,4 × 2,5 = ...
e. 0,41 × 3 = ...
f. 0,85 × 0,2 = ...
g. 0,3 × 12,2 = ...
h. 1,21 × 0,4 = ...
i. 0,47 × 0,02 = ...
j. 11,1 × 0,05 = ...

7 Calcule en regroupant astucieusement.

a. 0,9 × 2 × 0,7 × 50

....

b. 0,25 × 5,65 × 4

....

c. 8 × 52 × 12,5

....

d. 2,5 × 1,7 × 0,4

....

8 Place correctement la virgule dans le résultat de la multiplication (en ajoutant éventuellement un ou des zéros).

a. 12,7 × 2,4 = 3 0 4 8
b. 0,14 × 5,9 = 8 2 6
c. 25,4 × 1,05 = 2 6 6 7
d. 0,007 × 573,2 = 4 0 1 2 4
e. 0,245 × 0,125 = 3 0 6 2 5

9 Place la virgule dans le nombre écrit **en caractères gras** pour que l'égalité soit vraie.

a. 6,42 × **8 7 4** = 561,108
b. **6 5 2** × 0,512 = 3,338 24
c. 0,47 × **6 1** = 2,867
d. 2,7 × **5 4 5** = 14,715

Série 1 Calculer avec les nombres décimaux

10 Calcule mentalement.

a. 5,378 × 100 = ...
b. 0,065 × 10 = ...
c. 79,2 × 1 000 = ...
d. 71,47 × 100 = ...
e. 0,34 × 1 000 = ...
f. 87 × 100 = ...
g. 0,58 × 10 = ...
h. 934 × 10 = ...
i. 11,11 × 1 000 = ...
j. 0,05 × 10 000 = ...

11 Complète par 10 ; 100 ; 1 000 ; ...

a. 5,45 × .... = 5 450
b. 2,98 × .... = 29,8
c. 2,34 × .... = 234
d. 0,345 × .... = 3,45
e. 0,014 × .... = 1,4
f. 0,32 × .... = 320

12 Calcule mentalement.

a. 120 × 0,1 = ...
b. 34 × 0,001 = ...
c. 335 × 0,01 = ...
d. 300 × 0,001 = ...
e. 2 000 × 0,01 = ...
f. 560 × 0,1 = ...

13 Complète par 0,1 ; 0,01 ; 0,001 ; ...

a. 3,4 × .... = 0,034
b. 345 × .... = 0,034 5
c. .... × 27 = 0,027
d. .... × 0,6 = 0,06

14 Calcule mentalement en regroupant astucieusement.

a. 0,1 × 7 × 1 000 = ...
b. 56 × 0,01 × 0,1 = ...
c. 3,5 × 0,01 × 10 = ...
d. 1,5 × 0,1 × 0,1 = ...

15 Calcule mentalement.

a. 4 538 ÷ 10 = ...
b. 1 295 ÷ 1 000 = ...
c. 12,4 ÷ 10 = ...
d. 0,67 ÷ 100 = ...
e. 3,4 ÷ 1 000 = ...
f. 0,07 ÷ 100 = ...
g. 384 ÷ 10 = ...
h. 12,7 ÷ 100 = ...

16 Complète par le signe opératoire qui convient.

a. 0,7 ... 100 = 70
b. 74 ... 10 = 7,4
c. 310 ... 0,1 = 31
d. 4 ... 1000 = 0,004
e. 2 100 ... 100 = 21
f. 53 000 ... 100 = 530
g. 5 ... 0,01 = 0,05
h. 100 ... 1,4 = 140

17 Calcule mentalement.

a. 8,4 ÷ 2 = ...
b. 20,8 ÷ 4 = ...
c. 8,8 ÷ 8 = ...
d. 7,7 ÷ 11 = ...
e. 18,6 ÷ 3 = ...
f. 48,6 ÷ 6 = ...

18 Complète les pointillés.

a. 21,3 ÷ ... = 7,1
b. 2,12 ÷ ... = 1,06
c. ... ÷ 4 = 2,2
d. ... ÷ 5 = 4,08

19 Pose et effectue les divisions décimales suivantes pour trouver la valeur exacte du quotient.

a. 169,2 ÷ 3
b. 28,48 ÷ 4
c. 9,765 ÷ 15

20 **Valeurs approchées**

a. Pose et effectue les divisions suivantes jusqu'au millième.

- 123,8 ÷ 7
- 148,9 ÷ 12
- 235,19 ÷ 11

b. Complète le tableau.

	Valeur approchée	
Quotient	**à l'unité**	**au centième**
123,8 ÷ 7		
148,9 ÷ 12		
235,19 ÷ 11		

Série 2 Déterminer un ordre de grandeur

Exercice corrigé

Détermine un ordre de grandeur de :
A = 546,3 + 52 et B = 65,7 × 4,1.

Correction

546,3 est proche de 550 et 52 est proche de 50.
Comme 550 + 50 = 600, la somme 546,3 + 52 est proche de 600.
On dit que 600 est un ordre de grandeur de A.

65,7 est proche de 65 et 4,1 est proche de 4.
Comme 65 × 4 = 260, le produit 65,7 × 4,1 est proche de 260.
260 est donc un ordre de grandeur de B.

1 Donne un ordre de grandeur des résultats suivants en indiquant les étapes, comme dans l'exemple proposé.

10,1 + 4,8 ≈ 10 + 5 ≈ 15

a. 108 + 29,5

....

b. 85,9 − 42

....

c. 43,9 − 17,7

....

d. 536,5 + 284,1 + 1 172,3

....

e. 164,32 − 564,5

....

f. 6 512,48 + 17 + 328,421

....

2 Relie chaque produit à son ordre de grandeur.

21 × 1,05 •	• 200
0,011 × 20,1 •	• 2 000
50,4 × 40,2 •	• 20
1,99 × 0,9 •	• 2
19,8 × 0,001 1 •	• 0,2
2,1 × 98 •	• 0,02

3 Entoure le résultat juste, sans poser l'opération ni utiliser de calculatrice.

2,5 × 4,4	8,444	11	33,5	2,2
10,3 × 7,5	77,29	68,412	77,25	7,25
11,6 × 29,8	354,578	321,12	512,88	345,68
346 × 0,97	3 263,62	36,62	335,62	348,62
1,03 × 698,4	7 233,352	719,352	687,352	68,352

4 Relie chaque quotient à son ordre de grandeur.

287,8 ÷ 5 •	• 30
287,8 ÷ 10 •	• 50
287,8 ÷ 2 •	• 60
287,8 ÷ 4 •	• 75
287,8 ÷ 6 •	• 100
287,8 ÷ 3 •	• 150

5 Entoure le résultat juste, sans poser l'opération ni utiliser de calculatrice.

124,42 ÷ 2	248,84	60,201	62,21	62,2
5,3 ÷ 4	1,325	13,25	0,132 5	1,25
6,25 ÷ 5	12,5	1,25	1,5	0,25
81,36 ÷ 18	45,2	5,42	4,52	3,52
28,8 ÷ 48	2	1,6	0,5	0,6

6 Donne un ordre de grandeur des résultats suivants en indiquant les étapes.

a. 10,8 × 29,5

....

b. 80,9 ÷ 42

....

c. 439 − 177

....

d. 516,5 × 2,841 × 0,01

....

e. 1,643 2 − 1,564 5

....

Calculer une expression sans parenthèses

Exercice corrigé

Calcule A = 7 + 2 × 5 − 5.

Correction

A = 7 + **2 × 5** − 5 → Le produit s'effectue en premier.
A = **7 + 10** − 5 → Il n'y a que des additions ou soustractions : les calculs se font de gauche à droite.
A = **17 − 5**
donc A = 12

1 Effectue les calculs suivants en soulignant le calcul en cours.

A = 14 − 5 + 3	F = 3 × 2 × 11
A = ...	F = ...
A = ...	F = ...
B = 14 + 5 − 3	G = 2 × 4 ÷ 4
B = ...	G = ...
B = ...	G = ...
C = 14 + 5 + 3	H = 15 × 4 ÷ 3
C = ...	H = ...
C = ...	H = ...
D = 24 + 19 − 5	I = 45 ÷ 5 × 8
D = ...	I = ...
D = ...	I = ...
E = 24 − 19 − 5	J = 20 × 5 ÷ 4
E = ...	J = ...
E = ...	J = ...

2 Entoure le signe opératoire de l'opération prioritaire. (Il peut y en avoir plusieurs.)

a. 252 + 21 × 41	e. 17 − 15 ÷ 3 + 1
b. 6,3 − 2,1 ÷ 7	f. 50 + 3 + 2 × 10
c. 3 + 0,3 × 0,3 − 3	g. 0,204 × 99 − 5,4
d. 2 × 2 − 2 ÷ 2	h. 9 + 12 × 11 ÷ 8

3 Effectue les calculs suivants en soulignant le(s) calcul(s) en cours.

K = 24 + 3 × 7	M = 720 ÷ 9 + 4
K = ...	M = ...
K = ...	M = ...
L = 15 ÷ 5 − 2	N = 20 − 0,1 × 38
L = ...	N = ...
L = ...	N = ...
P = 60 − 14 + 5 × 3 + 2	R = 8 × 3 − 5 × 4 × 0,2
P = ...	R = ...
P = ...	R = ...
P = ...	R = ...
P = ...	R = ...

4 Calcule mentalement.

a. 16 × 2 − 22 = ...	d. 56 ÷ 7 + 5 = ...
b. 40 − 12 ÷ 6 = ...	e. 8 + 8 × 7 = ...
c. 17 − 5 × 3 = ...	f. 9 − 49 ÷ 7 = ...

5 Avec la calculatrice, calcule les expressions suivantes sans noter les résultats intermédiaires.

a. 43,21 − 17,03 + 132,11 − 61,45 = ...

b. 3,15 × 5,2 × 2,5 = ...

c. 6,21 × 3 + 4,01 × 1,5 = ...

d. 3,15 ÷ 0,5 ÷ 2,5 = ...

e. 9,21 ÷ 3 − 4,02 ÷ 1,5 = ...

6 Complète avec les signes +, −, × ou ÷ pour que les égalités soient vraies.

a. 5 ..... 8 ..... 2 = 20	c. 8 ..... 6 ..... 2 = 24
b. 7 ..... 5 ..... 5 = 6	d. 8 ..... 2 ..... 81 = 324

7 **Avec un ordre de grandeur**

a. Détermine un ordre de grandeur de chacun des nombres suivants.

A = 3,15 × 95,2 − 4,22 = ...

B = 40 129,5 + 103,2 × 98,017 = ...

C = 103,7272 ÷ 9,86 × 489,7 = ...

D = 8 109,8 − 3,204 × 324,48 = ...

E = 17,025 + 49,892 × 2 015,8 = ...

F = 9 036,9 ÷ 101,19 − 0,78 = ...

b. Avec ta calculatrice, trouve la valeur exacte de chacun de ces nombres afin de vérifier.

8 Calcule en détaillant les étapes.

$G = \dfrac{5+3}{2}$	$H = \dfrac{9}{4-1}$
G = ...	H = ...
G = ...	H = ...

Série 4 Calculer une expression avec parenthèses

Exercice corrigé

Calcule A = 7 + 2 × (5 + 7) − 5.

Correction

A = 7 + 2 × (5 + 7) − 5
A = 7 + 2 × 12 − 5
A = 7 + 24 − 5
A = 31 − 5
A = 26

1 Entoure le signe opératoire de l'opération prioritaire. (Il peut y en avoir plusieurs.)

a. (6,2 − 0,1) ÷ 10
b. 238 − 4 × (13 + 27)
c. 5 + (2,8 + 6 × 1,2)
d. 34 − (104 ÷ 52 × 6)
e. 90 − (2 × 7 − 7) × 6
f. 9 ÷ 3 + (15 − 6 ÷ 3)
g. (84 − 1) ÷ (5 + 0,4)
h. 3 × [(1 + 2) × 4 − 2]

2 Effectue les calculs suivants en soulignant le calcul en cours.

S = 25 − (8 − 3) + 1
S = ...
S = ...
S = ...

T = 25 − 8 − (3 + 1)
T = ...
T = ...
T = ...

U = 25 − (8 − 3 + 1)
U = ...
U = ...
U = ...

V = 18 − [4 × (5 − 3) + 2]
V = ...
V = ...
V = ...
V = ...

W = 24 ÷ [8 − (3 + 1)]
W = ...
W = ...
W = ...

X = [2 + 0,1 × (5 + 3)] ÷ 4
X = ...
X = ...
X = ...
X = ...

3 Observe puis calcule astucieusement les expressions suivantes.

a. (52 × 321 − 18 × 25) × (2 × 31 − 62) = ...
b. (78 + 7 × 27) ÷ (78 + 7 × 27) = ...
c. 0,4 × 0,27 × 250 = ...

4 Avec la calculatrice, calcule les expressions suivantes sans noter les résultats intermédiaires.

a. 54,2 − (8,72 − 5,21) = ...
b. 7,2 × (15,7 + 0,51) × 3,5 = ...
c. [(19,01 − 7,5) × 2 − 13,02] × 2,3 = ...
d. [(20,52 + 7,5) × 2] × (13 − 2,3) = ...

5 Récris chaque expression en supprimant, quand c'est possible, les parenthèses inutiles.

K = 21 − (8 × 4)
K = ...

L = 21 × (8 − 4)
L = ...

M = 21 − (8 − 4)
M = ...

R = (21 × 8) − 4
R = ...

S = (21 + 8 − 1) ÷ 4
S = ...

T = 21 − [8 − (4 × 2)]
T = ...

6 Place des parenthèses pour que les égalités suivantes soient vraies et vérifie chacune de tes réponses.

a. 4 × 2 + 9 = 44
....
....
....

b. 15 − 3 × 2 = 24
....
....
....

c. 5 + 5 × 5 − 5 = 0
....
....
....

d. 2 × 5 − 2 × 4 + 1 = 30
....
....
....

Calculer une expression avec parenthèses

7 Calcule les expressions suivantes.

A = 35 − [4 × (5 + 2) − 7]

B = 12 × [32 − (4 + 7) × 2]

C = (1 + 7) × [11 − (2 + 3)]

D = 12 + [(120 − 20) − 2 × 4 × 5]

8 Écris les expressions sous la forme d'un calcul en ligne. (N'oublie pas les parenthèses !)

a. $8 + \frac{5}{4}$ = ……

b. $\frac{17 - 15}{3 + 2}$ = ……

c. $17 - \frac{15}{3} + 2$ = ……

d. $\frac{8}{5 + 4}$ = ……

e. $17 \times \frac{15 \times 4}{3 - 2} + 2 \times 8$ = ……

f. $\frac{15 + 4}{13 - 3} - 0{,}3 \times 10$ = ……

9 Calcule chacune des expressions suivantes.

$A = \frac{81}{9} \times 5 - 1$

$D = \frac{17 - 5}{3} + 2$

$B = \frac{45{,}5}{2 \times 3 - 1}$

$E = 7 \times \frac{15 \times 4}{3 - 2} + 2 \times 8$

$C = \frac{27}{2 \times 3} - 1$

$F = \frac{13 \times (4 + 7) - 5}{13 - (2 \times 4 + 3)}$

10 On donne $x = 10{,}8$; $y = 5{,}4$ et $z = 9$.
Dans chacune des expressions suivantes, remplace les lettres par leur valeur puis calcule.

a. $x + \frac{y}{z}$

c. $\frac{x}{y + z}$

b. $\frac{x + y}{z}$

d. $\frac{x + y}{y + z}$

Résoudre un problème

1 Voici un programme de calcul.

```
• Choisis un nombre.
• Ajoute 3.
• Multiplie par 5.
• Retire 9.
```

Applique ce programme à chacun des nombres en écrivant une seule expression permettant de trouver le résultat puis calcule :

a. 2,25 : ....

....

b. 4,7 : ....

....

2 Lors d'une émission *Des chiffres et des lettres*®, on doit obtenir 384 en utilisant chacun des nombres suivants au plus une fois.

50	1	8	75	7	9

M. Lucien a donné la réponse suivante :

$$50 + 1 = 51$$
$$9 \times 51 = 459$$
$$459 - 75 = 384$$

a. Écris sa réponse sous la forme d'une seule expression (utilise des parenthèses si nécessaire).

....

b. Trouve deux autres réponses et écris-les sous la forme d'une seule expression.

....

....

....

3 Voici quatre nombres :

12,5 8 6,5 2

Pour chaque question, tu ne peux utiliser qu'une fois exactement les quatre nombres, l'addition, la soustraction et la multiplication. Toutefois, tu peux placer des parenthèses. Le résultat doit être positif.

Écris l'expression qui donne :

a. le plus grand résultat possible.

....

b. le plus petit résultat possible.

....

Pour chacun des problèmes suivants, écris une seule expression permettant de répondre à la question et calcule.

4 Un agriculteur décide d'installer 2 éoliennes dans son champ. Il obtient une aide de la commune de 9 000 €. Le prix de chaque éolienne s'élève à 13 560 € auquel on rajoute 3 790 € d'installation. Calcule la somme finale que devra payer cet agriculteur.

....

....

....

5 Ahmed achète sur internet des mini-ballons. Il en commande 13 au prix unitaire de 7,60 €. Les frais de port sont de 3,15 €. Quel est le coût total de la commande ?

....

....

6 Aurélie achète 5 pots de confitures à 1,80 € pièce et 12 baguettes de pain à 0,70 € pièce. Quel est le prix total qu'elle doit payer ?

....

....

....

7 Pour un travail d'été, Laurent est payé 10,15 € de l'heure avec une retenue de 2,12 € au titre des cotisations à des assurances. Il travaille 33 heures par semaine. On considère qu'un mois représente 4,33 semaines. Quel est son salaire mensuel ?

....

....

....

8 Une famille de 4 personnes produit en moyenne 1,42 t de déchets par an. La population française est estimée à environ 67,1 millions de personnes. Calcule, en kg, la masse de déchets produite en France en une année. On rappelle que 1 t = 1 000 kg.

....

....

....

....

Nombres relatifs

A2

Série 1 Découvrir de nouveaux nombres

1 Quelle est la température indiquée par chacun des thermomètres ?

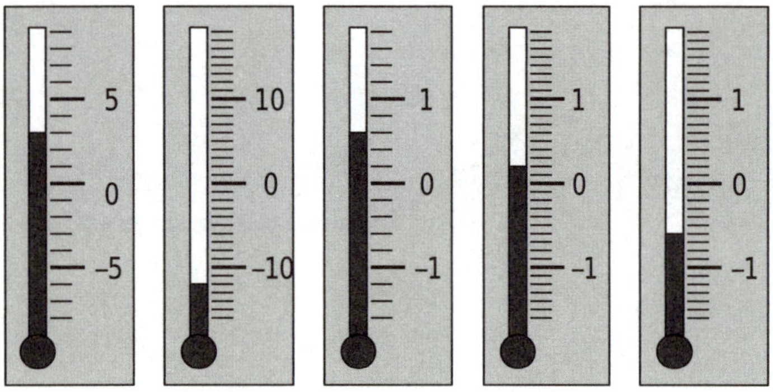

.....	......	......	......	......

2 Indique par un trait de couleur la graduation correspondant à la température.

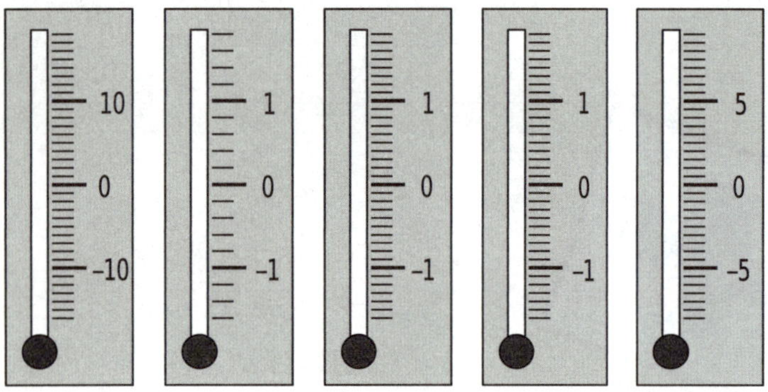

17°C	−1,2°C	− 0,5°C	1,2°C	−7,5°C

3 **Histoire**

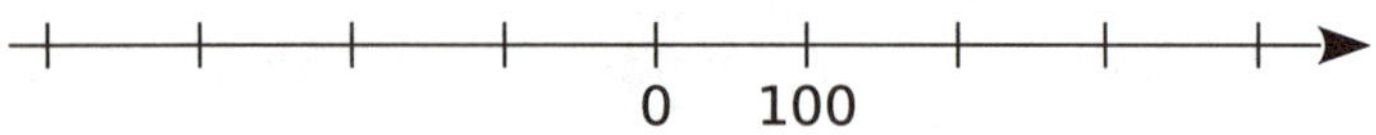

Sur l'axe chronologique ci-dessus, place le plus précisément possible les évènements suivants.

T : le temple de Jérusalem est détruit en 70 après J.-C. ;

J : Jules César naît en 100 avant J.-C. ;

C : Constantin crée Constantinople en 324 après J.-C. ;

A : Alexandre le Grand meurt en 323 avant J.-C.

4 Entoure en bleu les nombres positifs et en rouge les nombres négatifs.

+12	+2	$+\frac{12}{154}$	−17	+34,2
−54,7	$-\frac{128}{15}$	−0,001	$\frac{5}{100}$	100,2
12,6	−1,18	0,05	48 000	−53,2

Que dire du nombre 0 ? ....

....

5 Complète avec le mot qui convient : positif négatif plus relatifs opposé moins.

−3 ; +5 ; −9,3 ; 100,7 et 0 sont des nombres ....

Le nombre +5 est un nombre ....

Il peut aussi s'écrire sans le signe ....

Le nombre −5 est un nombre .... On ne peut pas supprimer le signe ....

Le nombre 0 est à la fois .... et ....

−2,7 est .... de +2,7.

6 **Hauteurs et profondeurs**

L'axe ci-contre est gradué pour que 2 cm correspondent à 100 m.
Place, le mieux possible, les hauteurs et profondeurs suivantes.

M : 200 m est environ la hauteur de la tour Montparnasse à Paris.

C : Carlos Coste, Vénézuélien, a établi en septembre 2005 un nouveau record mondial en apnée avec une plongée à 105 m.

T : dans le golfe Saint-Laurent (Québec), la fosse marine de Tadoussac a une profondeur de 200 m.

B : la butte Montmartre domine tout Paris de ses 130 m.

R : la profondeur de la rade de Villefranche-sur-Mer est d'environ 280 m.

7 **À l'opposé**

a. Complète le tableau suivant.

Nombre	2,5		0	−5		7
Opposé		−2,7			1	

b. Pour le nombre 1,78, puis pour le nombre −37, écris une phrase en utilisant le mot *opposé*.

• ....

....

• ....

....

Série 2 Comparer des nombres relatifs

Exercice corrigé

Compare les nombres suivants.

a. +2 et +6 b. −2 et −6 c. −2 et +6

Correction

- Les nombres négatifs sont rangés dans l'ordre **inverse** des nombres positifs.
- Un nombre négatif est toujours plus petit qu'un nombre positif.

a. +2 < +6 b. −2 > −6 c. −2 < +6

1 Droite graduée et entiers

a. Sur la droite graduée ci-dessous, place les points A(+8), B(−2), C(+3), D(−5) et E(+2).

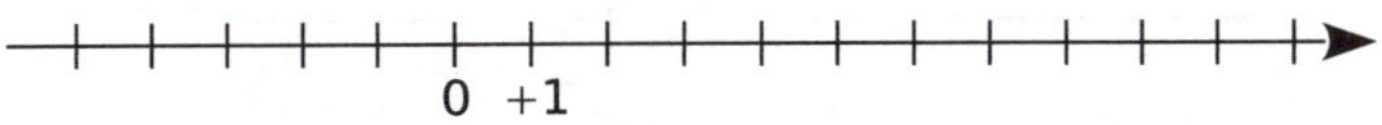

b. En examinant la position des points A, B, C, D et E sur cette droite graduée, complète par < ou >.

2 ...... −2	+2 ...... −5	+3 ...... +8
−2 ...... −5	+8 ...... −2	−5 ...... +3

c. Range dans l'ordre croissant :
+8 ; −2 ; +3 ; −5 et +2.

....

2 Droite graduée et décimaux

a. Sur la droite graduée ci-dessous, d'unité de longueur le centimètre, place les points :
A(+0,8), B(−2,3), C(+3,5), D(+5,4) et E(−1,6).

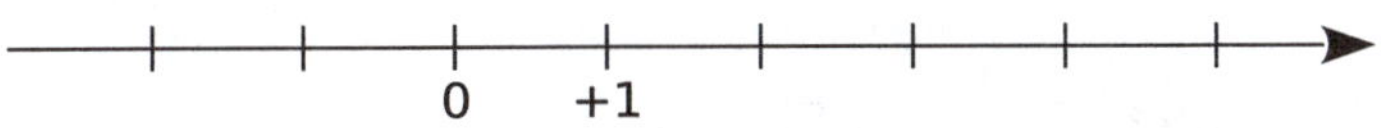

b. En t'aidant de la droite graduée, range dans l'ordre décroissant les nombres relatifs suivants :
+0,8 ; −2,3 ; +3,5 ; +5,4 et −1,6.

....

3 Distance à zéro

a. Complète le tableau suivant.

Nombre	+1,5	−0,5	+2,7	−2,8	−1,3
Distance de ce nombre à zéro					

b. Sur l'axe gradué ci-dessous, place un point A dont la distance à l'origine O est de 2,5 unités.

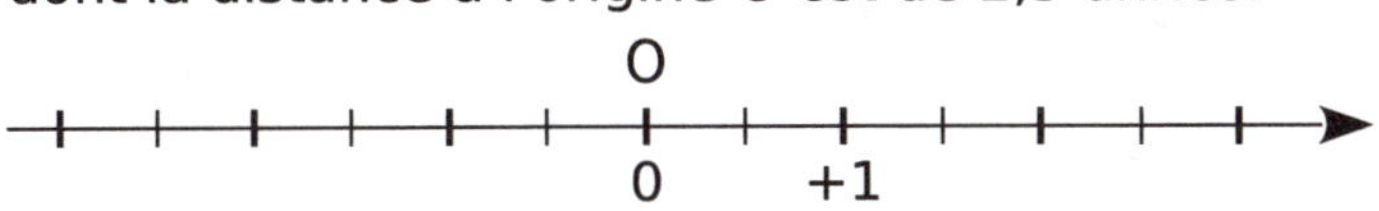

Combien de possibilités y a-t-il ? ....

4 Complète par <, > ou =.

a. +10 ...... +3

b. −5 ...... −5,0

c. −8 0

d. 0 ...... −4

e. +3 0

f. −7 ..... −8

g. +250 ..... +205

h. −82 ..... −83

i. −205 ..... −2 050

j. −1 141 ..... −1 414

5 Complète par <, > ou =.

a. +5,34 ..... +3,54

b. 0,05 1

c. −8,51 ..... −8,5

d. 11,9 ..... +11,9

e. 3,14 ..... −1,732

f. −9,27 ..... −9,272

g. +8,64 ..... −8,64

h. −19,2 ..... +9,2

i. −14,39 ... +14,4

j. −0,99 ..... −0,909

6 Barre l'intrus dans chacun des cas.

a. −9,84 < −9,72 < −9,67 < −9,78 < −9,18

b. −2,5 < −2,498 < −2,499 < +1,54 < +1,55

c. −10,1 > −10,02 > −10,2 > −10,22 > −10,222

7 Ordre croissant – Ordre décroissant

a. Range dans l'ordre croissant les nombres :
+3 ; −7 ; −8 ; +7 ; +14 ; +8 ; −9.0

....

b. Range dans l'ordre croissant les nombres :
+5,0 ; +2,7 ; −2,6 ; −3,1 ; +7,1 ; −8,3 ; −0,2.

....

c. Range dans l'ordre décroissant les nombres :
−10 ; +14 ; −8 ; −3 ; +4 ; +17 ; −11.

....

d. Range dans l'ordre décroissant les nombres :
−10,6 ; +14,52 ; −8,31 ; −3,8 ; +4,2 ; +14,6 ; −8,3.

....

....

8 Complète par des nombres relatifs.

a. −6,4 < .... < .... < .... < −5,8

b. −123 > .... > −124 > .... > −125

c. −0,52 < .... < .... < .... < −0,5

d. −6,1 > .... > −6,2 > .... > −6,29

Comparer des nombres relatifs

9 Donne tous les entiers relatifs compris entre :

a. −2 et +5 : ....

b. −15 et −20 : ....

10 Encadre par deux entiers relatifs consécutifs.

a. ..... < −2,3 < .....

b. ..... < +4,2 < .....

c. ..... > +0,14 > .....

d. ..... > −0,14 > .....

e. ..... < −0,98 < .....

f. ..... > −12,4 > .....

11 Opposés

a. Écris l'opposé de chaque nombre.

Nombre	−2,3	+7	−0,6	−5,2	+1,4
Opposé					

b. Range ces nombres et leurs opposés dans l'ordre croissant.

....

....

12 Voici les températures d'ébullition de différents gaz.

Gaz	Température d'ébullition en °C	Gaz	Température d'ébullition en °C
Néon	−246,053	Azote	−195,798
Xénon	−108,09	Fluor	−188,12
Radon	−61,7	Oxygène	−182,95
Argon	−185,85	Krypton	−153,34

a. Renseigne-toi sur ce qu'est une température d'ébullition.

b. Range ces gaz par ordre croissant de leur température d'ébullition.

....

....

....

13 Saïd dit : « Je peux trouver un nombre entier relatif inférieur à −7,1 et supérieur à −6,8. » Si Saïd dit vrai, donne un nombre qui convienne. Sinon, modifie la phrase de Saïd pour qu'elle devienne vraie.

....

....

....

....

14 Il s'agit, en partant de la case « ENTRÉE », de se déplacer de case en case pour atteindre la « SORTIE », en respectant la règle suivante : ne passer que par des cases dont l'inégalité est vraie.

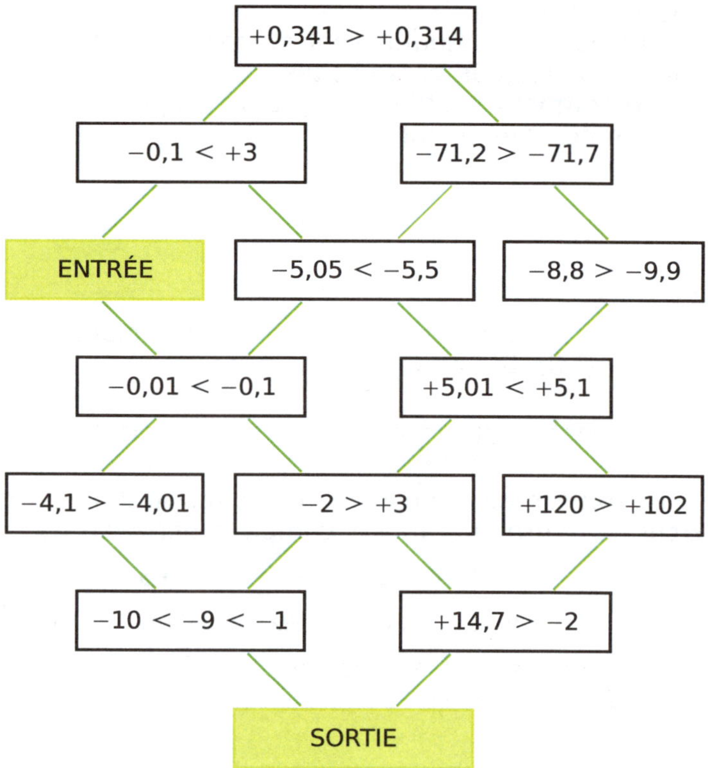

15 Chiffre manquant

Donne tous les chiffres que l'on peut placer dans la case □ pour que les inégalités soient justes.

a. −105,2□ < −105,24.

....

b. −6 052,53 > −6 052,□2.

....

c. +525,□ > −525,7.

....

d. −0,05 < −0,0□1.

....

16 Complète par <, > ou =.

a. $+\frac{1}{3}$ .... $-\frac{7}{9}$

b. $-\frac{14}{35}$ .... $-\frac{2}{35}$

c. $-\frac{1}{3}$ .... $-\frac{7}{9}$

d. $-\frac{3{,}2}{6{,}4}$ .... $-\frac{8}{16}$

e. $8+\frac{1}{3}$ ..... $9-\frac{2}{3}$

f. $-\frac{3}{7}$ .... $-\frac{3}{14}$

g. $-\frac{4{,}2}{2}$ .... $-\frac{9{,}6}{3}$

h. $-\frac{6}{5}$ .... $-\frac{7}{4}$

Série 3 Additionner deux nombres relatifs

Exercice corrigé

Calcule.

A = (−2) + (−3) | C = (+2) + (+4)

B = (−5) + (+7) | D = (+6) + (−9)

Correction

A est la somme de nombres de **même signe (négatif) : le résultat est négatif** et on **additionne** les distances à zéro.

B est la somme de nombres de signes **contraires** :
le résultat est positif car 7 > 5
et on **soustrait** les distances à zéro.

C est la somme de nombres de **même signe (positif) : le résultat est positif** et on **additionne** les distances à zéro.

D est la somme de nombres de signes **contraires** :
le résultat est négatif car 9 > 6
et on **soustrait** les distances à zéro.

A = (−2) + (−3)
A = −(2 + 3) = **−5**

C = (+2) + (+4)
C = +(2 + 4) = **+6**

B = (−5) + (+7)
B = +(7 − 5) = **+2**

D = (+6) + (−9)
D = −(9 − 6) = **−3**

1 Complète le tableau en suivant l'exemple de la première ligne.

perd 19 €	gagne 12 €	une perte de 7 €	(− 19) + (+12) = − 7
perd 4 €	perd 8 €		
gagne 15 €	perd 6 €		
gagne 17 €	gagne 13 €		
perd 25 €	gagne 26 €		
gagne 10 €	perd 10 €		
perd 319 €	gagne 234 €		
perd 1 055 €	perd 964 €		

2 Effectue les calculs suivants.

a. (− 11) + (− 5) = ...
b. (+ 11) + (+ 5) =........
c. (− 11) + (+ 5) = ...
d. (+ 11) + (− 5) = ...
e. (+ 11) + (− 11) =.......
f. (+ 5) + (− 5) =..........

3 Effectue les calculs suivants.

A = (−12) + (−15)
A = (........)
B = (−20) + (+18)
B = (........)
C = (+21) + (−21)
C = (........)
D = (+10) + (−13)
D = (........)
E = (−3) + (+16)
E = (........)

F = (+13) + (+7)
F = (........)
G = (+24) + (−20)
G = (........)
H = (−9) + (−21)
H = (........)
I = (−19) + (+11)
I = (........)
J = (−12) + (−11)
J = (........)

4 Effectue les calculs suivants.

A = (+2,1) + (+0,8)
A = (........)
B = (−1,51) + (−0,14)
B = (........)
C = (+0,3) + (−1)
C = (........)
D = (−1,17) + (+1,17)
D = (........)
E = (−1,1) + (−0,4)
E = (........)
F = (+2,15) + (−1,37)
F = (........)

G = (−2,3) + (+0,5)
G = (........)
H = (−0,48) + (+2,43)
H = (........)
I = (−3,87) + (−1,93)
I = (........)
J = (−1,15) + (+0,15)
J = (........)
K = (+13,4) + (−14,9)
K = (........)
L = (−12) + (+9,15)
L = (........)

5 Complète par le signe + ou le signe − pour que l'égalité soit vraie.

a. (−4) + (......6) =(−10)
b. (−10) + (......6) =(−4)
c. (.....3) + (......6) =(−9)
d. (.....3) + (......6) =(+3)
e. (−4) + (......6) = (+2)
f. (+4) + (......6) = (−2)
g. (.....3) + (......6) =(−3)
h. (.....3) + (......6) =(+9)

6 Effectue les calculs suivants.

A = (+12) + (−11,2)
A = ……………………
A = ……………………

B = (−2,1) + (−9)
B = ……………………
B = ……………………

C = (+7) + (−13)
C = ……………………
C = ……………………

D = (−71) + (+2 021)
D = ……………………
D = ……………………

E = (−40,7) + (+20,2)
E = ……………………
E = ……………………

F = (+14) + (−7)
F = ……………………
F = ……………………

G = (−31) + (+13)
G = ……………………
G = ……………………

H = (+13,5) + (−8,1)
H = ……………………
H = ……………………

I = (+10,3) + (−12)
I = ……………………
I = ……………………

J = (−7,41) + (−30,61)
J = ……………………
J = ……………………

Zone de brouillon pour poser les opérations

7 Traduis la phrase par un calcul et effectue-le.

a. La somme de 14 et de l'opposé de 6.

……………………………………………

b. La somme de l'opposé de −8 et de 6.

……………………………………………

c. La somme de l'opposé de −2 et de l'opposé de 8.

……………………………………………

d. la somme de −4 et de l'opposé de −20.

……………………………………………

8 Complète en tenant compte des sommes indiquées sur chaque ligne et chaque colonne.

	(−5)	→ (−7)
4		→ −2
↓ (+2)	↓ (−11)	

9 Pyramides de nombres

Complète, sachant que chaque nombre est la somme des nombres se trouvant dans les deux cases juste en dessous.

−1,2	8	−4,9	−8,3

6,3	−7,2	−5	−3,8

10 Chaud et froid

a. À Spearfish, dans le Dakota du Sud, aux États-Unis la température était de −20 °C et a gagné 27 °C en seulement 2 minutes ! Calcule cette nouvelle température.

……………………………………………

……………………………………………

b. En France, à Mouthe, le 13 janvier 1968, il y avait une température de −36,7 °C et, en seulement quelques heures, la température a augmenté de 37,8 °C. Quelle était alors cette nouvelle température ?

……………………………………………

……………………………………………

c. Le 23 mai 2015, il faisait −80,1 °C à Vostok en Antarctique alors qu'au Pakistan, le même jour, il faisait 130 °C de plus ! Calcule la température au Pakistan le 23 mai 2015.

……………………………………………

……………………………………………

d. En Sibérie Orientale, en 1892, à Verkhoïansk la plus basse température est mesurée à −67,7 °C. Il y a eu cette année-là une amplitude de 104,4 °C avec la plus haute température de l'année. Calcule la plus haute température observée à Verkhoïansk en 1892.

……………………………………………

……………………………………………

Soustraire deux nombres relatifs

Exercice corrigé

Calcule : C = (−2) − (−3).

Correction

On transforme la soustraction en addition : soustraire c'est ajouter l'**opposé** : −(−3) devient +(+3).

C = (−2) + (+3)

On effectue l'addition : C = +1.

1 Dans chaque cas, transforme la soustraction en addition.

A = (+10) − (−12)

A = (+10) ... (... 12)

B = (−21) − (+13)

B = (−21) ... (... 13)

C = (−9) − (+14)

C = (−9) ... (........)

D = (+12,4) − (−9,7)

D = (........) ... (........)

E = (−65) − (−78)

E = (........) ... (........)

F = (−17,2) − (+5,5)

F = ...

G = (−1,1) − (+0,2)

G = ...

H = (+8,4) − (−3,9)

H = ...

I = (+3) − (+3,5)

I = ...

J = (−0,1) − (−0,1)

J = ...

2 Pour chaque cas, transforme la soustraction en addition puis effectue le calcul.

A = (−12) − (+15)

A = (−12) ... (... 15)

A − (........)

B = (+12) − (−15)

B = (+12) ... (... 15)

B = (........)

C = (+32) − (+27)

C = (+32) ... (... .....)

C = (........)

D = (−45) − (−41)

D = (−45) ... (... 41)

D = (........)

E = (+37) − (−52)

E = (+37) ... (... 52)

E = (........)

F = (−26) − (+27)

F = ...

F = ...

G = (−14) − (−23)

G = ...

G = ...

H = (+37) − (+57)

H = ...

H = ...

3 Effectue les calculs avec une calculatrice.

A = 5,26 − (−4,78) − (+7,49)

A = ...

B = −10,78 + (−4,7) − (−13,21)

B = ...

C = (−12,4) − [(−7,14) − (+14,7)]

C = ...

D = [(−12,4) − (−7,14)] − (+14,7)

D = ...

4 Pour chaque cas, transforme la soustraction en addition puis effectue le calcul.

A = (−21) − (+25)

A = (−21) ... (... 25)

A = (........)

B = (−52) − (−14)

B = (−52) ... (... 14)

B = (........)

C = (+42) − (+29)

C = (+42) ... (........)

C = (........)

D = (−2,3) − (+2,4)

D = ...

D = ...

E = (−1,8) − (−2,5)

E = ...

E = ...

F = (−3,8) − (+5,8)

F = ...

F = ...

5 Calcule mentalement les soustractions suivantes.

A = (−4) − (−6)

A = (........)

B = (+1) − (−7)

B = (........)

C = (+11) − (+8)

C = (........)

D = (−6) − (−4)

D = (........)

E = (+9) − (+13)

E = (........)

F = (−2) − (+3)

F = (........)

6 Calcule mentalement les soustractions.

A = (−4,5) − (−6,7)

A = (........)

B = (+1,2) − (−7,1)

B = (........)

C = (+10,8) − (+8,8)

C = (........)

D = (−4,6) − (−4,3)

D = (........)

E = (+9,5) − (+13)

E = (........)

F = (−2,4) − (+3,7)

F = (........)

Série 5 Effectuer une suite d'additions et de soustractions

Exercice corrigé

Calcule.

D = (+4) + (−5) −(−8)

E = (−15) − (+14) + (−15) − (−20)

Correction

D = (+4) + (−5) − (−8)

D = (+4) + (−5) + (+8)

D = (−1) + (+8)

D = +7

E = (−15) − (+14) + (−15) − (−20)

E = (−15) + (−14) + (−15) + (+20)

E = (−44) + (+20)

E = −24

1 Effectue les calculs suivants en regroupant les termes de même signe.

A = (−4) + (+6) + (−3)

A = ...

A = ...

B = (−15) + (−118) + (−47)

B = ...

B = ...

B = ...

C = (+1,8) + (−1,2) + (+3,4)

C = ...

C = ...

C = ...

D = (−9) + (+13) + (+7) + (−11)

D = ...

D = ...

E = (+1,9) + (+2,4) + (−8,6) + (+12,7)

E = ...

E = ...

E = ...

F = (+8,92) + (+12) + (−8,92) + (−22)

F = ...

F = ...

F = ...

2 Effectue les calculs suivants.

A = (+12) + (−11) + (+25) + (−17)

A = ...

A = ...

A = ...

B = (−2,1) + (−9) + (+6,4) + (−8,3)

B = ...

B = ...

B = ...

C = (+14) + (−7) + (+2) + (−3,75) + (−5,25)

C = ...

C = ...

C = ...

D = (−31) + (+13) + (+8) + (−19) + (−17) + (+59)

D = ...

D = ...

D = ...

3 En regroupant astucieusement les termes, calcule le plus simplement possible chaque somme.

A = (+7) + (−13) + (−4) + (+13)

A = ...

A = ...

A = ...

A = ...

B = (+13,5) + (−8,1) + (−6,9) + (−5,5)

B = ...

B = ...

B = ...

B = ...

C = (−71) + (+2 023) + (−100) + 0 + (−23) + (+71)

C = ...

C = ...

C = ...

C = ...

Effectuer une suite d'additions et de soustractions

4 Dans chaque cas, transforme l'expression en suite d'additions.

A = (−7) + (+1) − (−10)

A = ...

B = (+9) − (−9) − (+20)

B = ...

C = (+10) + (−8) − (−3) + (+4) − (+2)

C = ...

D = (−108) − (+97) + (−31) − (−129) − (+61)

D = ...

5 Dans chaque cas, transforme la (ou les) soustraction(s) en addition(s) puis effectue les calculs en regroupant les termes de même signe.

A = (−3) + (+6) − (−8)

A = (−3) + (+6) + (........)

A = (+.....) + (−3)

A = (........)

B = (+2) − (+3) − (+4)

B = (+2) ... (........) ... (........)

B = (+.....) + (−.....)

B = (........)

C = (−5) − (+3) − (−4) + (−10)

C = (........) ... (........) ... (........) ... (........)

C = ...

C = ...

6 **Pyramides de nombres**

Complète, sachant que chaque nombre est la somme des nombres se trouvant dans les deux cases juste en dessous.

−1,2	3	−4,9	−5,3

7,2		−3,1	
6,3			−5,2

7 Complète en tenant compte des sommes indiquées sur chaque ligne et chaque colonne.

	5		→ 3
4			→ −2
↓ −2	↓ 3	↓ 0	

8 Complète les carrés magiques ci-dessous pour que les sommes de chaque ligne, de chaque colonne et de chaque diagonale soient égales.

		−4
−5	−1	
2		

−4	6	7	−7
1		−2	4
−3	3		0

9 **Carré magique ?**

Le carré ci-contre est-il magique ?

Justifie ta réponse par des calculs.

2,5	−2,5	−1,5
−4,5	−0,5	3,5
0,5	1,5	−3,5

....

....

....

....

10 Voici un programme de calcul.

- Choisis un nombre.
- Ajoute −12.
- Retire −3,5.
- Ajoute l'opposé du nombre choisi au départ.

Applique ce programme à 5 et (−4) en écrivant un seul calcul qui permette de trouver le résultat.

....

....

....

....

Simplifier l'écriture d'une somme

Exercice corrigé

Simplifie l'expression E = (+4) + (−11) − (+3) puis calcule.

Correction

E = (+4) + (−11) − (+3)
E = (+4) + (−11) + (−3)
E = +4 − 11 − 3
E = 4 − 11 − 3
E = −7 − 3
E = −10

1 Simplifie les sommes en supprimant les parenthèses et les signes qui ne sont pas nécessaires.

a. (+48) + (−45) = ...
b. (−14) + (−54) = ...
c. (−43) + (+41) = ...
d. (+27) + (+90) = ...
e. (−21) + (−11) = ...

2 Dans chaque expression, transforme la (ou les) soustraction(s) en addition(s) et supprime les parenthèses et les signes qui ne sont pas nécessaires.

A = (−8) − (−13)
A = (... 8) + (... 13)
A = ...
B = (+5) − (−4)
B = (... 5) + (... 4)
B = ...

C = (−26) − (+2)
C = ...
C = ...
D = (−2) − (+5) − (−4)
D = ...
D = ...

3 Complète le tableau.

	Écriture avec parenthèses	Écriture simplifiée
a.	(−3) − (+6) + (−5)	
b.	(+6) + (−7) − (+3) − (−5)	
c.		12 − 3 + 8 − 7
d.		−6 − 8 + 5 − 13
e.		−7 − 2 − 9 + 8
f.	(−5) − (−8) + (+13) − (+7)	
g.		9 − 12 + 13 − 3

4 Effectue mentalement les calculs.

a. 9 − 17 = ...
b. −34 + 6 = ...
c. −76 − 7 = ...
d. 13 − 14 = ...
e. −26 + 33 = ...
f. 25 − 12 = ...
g. −51 − 17 = ...
h. 38 − 47 = ...
i. −26 − 58 = ...
j. −13 − 13 = ...
k. −17 + 29 = ...
l. −34 − 6 = ...
m. 92 + 5 = ...
n. −56 − 9 = ...
o. −26 + 13 = ...
p. 35 − 12 = ...
q. −53 − 27 = ...
r. −47 + 68 = ...
s. −56 + 27 = ...
t. −27 + 27 = ...

5 Pour chaque expression, effectue le calcul de gauche à droite.

E = −5 − 6 + 13
E = ... + 13
E = ...
F = −2 + 12− 14
F = ... − 14
F = ...

G = 27 − 13 − 15
G = ...
G = ...
H = 7,8 − 8,9 − 2,3
H = ...
H = ...

6 Pour chaque expression, effectue les calculs en regroupant les termes de même signe.

K = −14 + 5 − 2
K = ... − ....
K = ...
L = −2 − 23 + 33
L = ... − ....
L = ...

M = 18 − 13 − 25
M = ...
M = ...
N = −0,8 + 2,7 − 3,7
N = ...
N = ...

7 Pour chaque expression, regroupe astucieusement puis calcule.

P = 18 − 7 + 9 − 18 − 9 + 7
P = 18 − ..... − 7 + ... + 9 − .....
P = ...
Q = −3 + 24 − 17 + 6
Q = ...
Q = ...

R = 14 − 4 + 8 − 8 + 7

R = ...

R = ...

S = 13,36 + 4 + 6 − 3,36

S = ...

S = ...

T = 6,4 + 11,95 − 3,4 + 0,05

T = ...

T = ...

U = 108,23 + 4,6 − 0,6 + 1,77

U = ...

U = ...

8 Pyramide

Complète, sachant que chaque nombre est la somme des nombres se trouvant dans les deux cases juste en dessous.

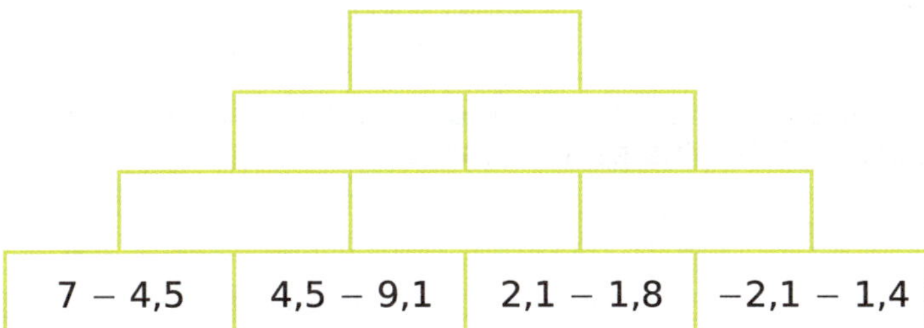

9 Fuseaux horaires

Dans le monde entier, les heures locales sont fixées par rapport à l’heure universelle (UT). Paris est à UT, New York est à UT − 6 et New Delhi est à UT + 4 h 30.

a. François, qui est à Paris, appelle à New York à 20 h et téléphone pendant trois quarts d’heure. Quelle heure est-il à New York à la fin de l’appel ?

....

....

....

b. Après ce coup de téléphone, François peut-il raisonnablement appeler à New Delhi ?

....

....

....

10 Dans un QCM de dix questions, une réponse juste rapporte 4 points, une absence de réponse 0 point et une mauvaise réponse enlève 3 points.

a. Louis a 2 bonnes réponses et 8 mauvaises. Quelle est sa note ?

....

b. Quelle est la plus mauvaise note qu’il est possible d’obtenir à ce QCM ? la meilleure note ?

....

....

....

c. Nina a obtenu 14 points. Donne une combinaison possible pour obtenir ce résultat.

....

....

11 Voici un programme de calcul :

```
• Choisis un nombre.
• Ajoute −3.
• Retire −1,5.
• Donne l’opposé du résultat.
```

Applique ce programme aux nombres suivants.

a. −2,25 | **b.** 0

a. ....

....

b. ....

12 Voici un programme réalisé avec le logiciel Scratch.

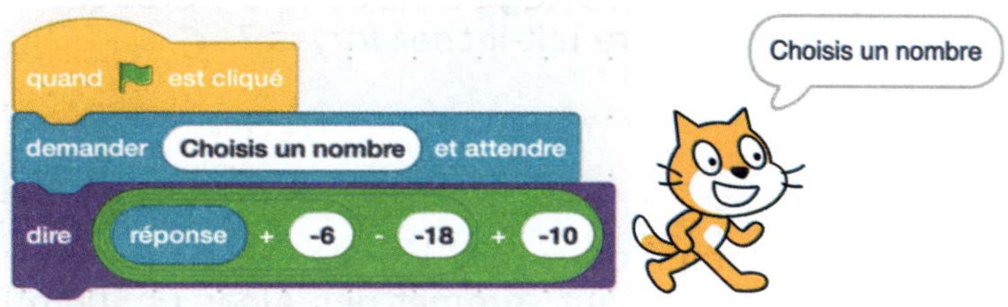

Que va dire le lutin « chat » si on choisit 6 ?

....

....

....

....

Série 6 Simplifier l'écriture d'une somme

13 Philosophes et savants grecs

a. Platon, philosophe antique, est né en 428 av J.-C. et est mort en 348 av. J.-C. Calcule l'âge de Platon au moment de sa mort.

b. Hippocrate, philosophe et médecin, est né en 460 av. J.-C. et a vécu 83 ans. En quelle année est-il mort ?

c. Aristote, philosophe grec, est mort en 322 av. J.-C. à l'âge de 62 ans. En quelle année est-il né ?

d. Thalès, philosophe et savant grec, est né 165 ans avant Hippocrate et a vécu 5 ans de moins que lui. Donne les dates de naissance et de mort de Thalès.

e. Classe ces philosophes du plus ancien au plus récent.

14 Température et altitude

On considère que le niveau de la mer est au niveau 0 d'altitude et on perd 6,5 °C chaque fois qu'on s'élève de 1 000 m.

a. Shana est en vacances à la mer où il fait une température de 24 °C. Idryss est en vacances à la montagne dans un village à 2 000 m d'altitude. Quelle température fait-il chez Idryss ?

b. Quelle température, ce jour là, trouve-t-on au Cervin, 12e plus haut sommet des Alpes (4 500 m) à la frontière Italo-Suisse ?

c. Quelle est la température extérieure, ce jour-là, d'un avion de ligne à 10 km d'altitude ?

15 Juliette, Roméo et Issam jouent avec un dé un peu particulier dont voici le patron.

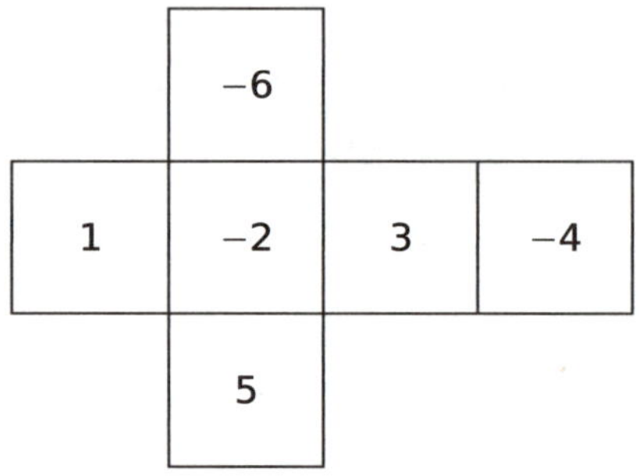

Ils lancent chacun 5 fois le dé et obtiennent les résultats suivants :

- Juliette : −2 ; 3 ; 1 ; −2 ; −6
- Roméo : 1 ; −4 ; 5 ; −6 ; 1
- Issam : 3 ; −4 ; −2 ; −2 ; 5

a. Calcule les résultats de chacun et dis qui a gagné.

b. Quel est le plus grand nombre que l'on peut obtenir ? le plus petit nombre ?

16 Voici un programme de calcul.

- Choisis un nombre.
- Ajoute 5.
- Ajoute −10.
- Ajoute l'opposé du nombre −15.
- Ajoute l'opposé du nombre 9.

a. Applique le programme aux nombres 8, puis −4.

b. Quel nombre faut-il ajouter au nombre de départ pour obtenir directement le résultat ? Explique.

Nombres rationnels

A3

Série 1 Définir de nouveaux nombres

Exercice corrigé

a. Quel est le nombre qui, multiplié par 3, donne 36 ?
b. Quel est le nombre qui, multiplié par 7, donne 9 ?

Correction

Il s'agit de compléter des multiplications à trou. L'opération qui permet de trouver le nombre manquant est la division dont le résultat est un quotient.

a. ... × 3 = 36, par définition c'est le quotient de 36 par 3 donc $\frac{36}{3} = 36 \div 3 = 12$.

b. ... × 7 = 9, par définition c'est le quotient de 9 par 7 qui s'écrit $\frac{9}{7}$.

1 Pour chaque figure, indique la fraction de la surface totale qui est colorée.

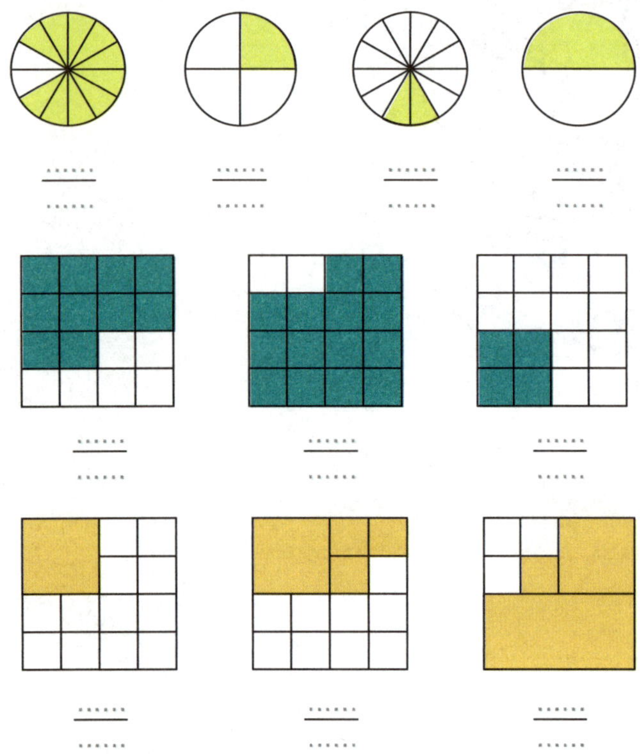

2 Colorie les trois quarts de la surface de chaque figure.

a.

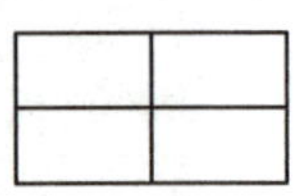

b.

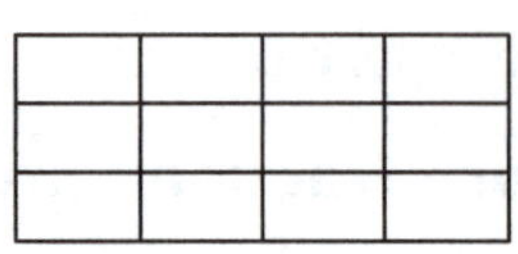

c.

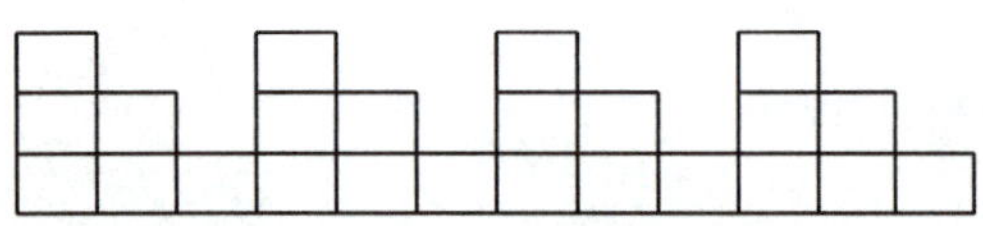

3 Par quel nombre faut-il :

a. multiplier 5 pour obtenir 3 ? $\frac{\dots}{\dots}$

b. multiplier 19 pour obtenir 97 ? $\frac{\dots}{\dots}$

c. multiplier 12 pour obtenir 11 ? $\frac{\dots}{\dots}$

4 Complète par le nombre manquant.

a. $68 \times \frac{\dots}{68} = 52$

b. $74 \times \frac{\dots}{74} = 38$

c. $\frac{57}{90} \times \dots = 57$

d. $\dots \times \frac{9}{85} = 9$

e. $\frac{\dots}{59} \times 59 = 17$

f. $23 \times \frac{\dots}{23} = 41$

g. $9 = \frac{\dots}{3}$

h. $3 = \frac{\dots}{9}$

5 Complète.

a. $6 \times \frac{8}{6} = \dots$

b. $13 \times \frac{55}{13} = \dots$

c. $7 \times \frac{\dots}{\dots} = 1$

d. $19 \times \frac{\dots}{\dots} = 76$

e. $\frac{100}{\dots} \times 7 = 100$

f. $8 \times \frac{\dots}{8} = 4$

g. $3 = \frac{\dots}{2}$

h. $15{,}5 = \frac{\dots}{2}$

6 Pour chacune des fractions suivantes, indique leur nature puis leur écriture décimale si possible.

Nombre	Nature	Forme décimale
$\frac{9}{6}$	☐ entier ☐ décimal ☐ quotient	
$\frac{12}{7}$	☐ entier ☐ décimal ☐ quotient	
$\frac{36}{4}$	☐ entier ☐ décimal ☐ quotient	
$\frac{29}{5}$	☐ entier ☐ décimal ☐ quotient	
$\frac{1}{6}$	☐ entier ☐ décimal ☐ quotient	
$\frac{77}{11}$	☐ entier ☐ décimal ☐ quotient	

1 À partir de représentations

a. Hachure une surface représentant $\frac{5}{4}$ de l'aire du rectangle unité.

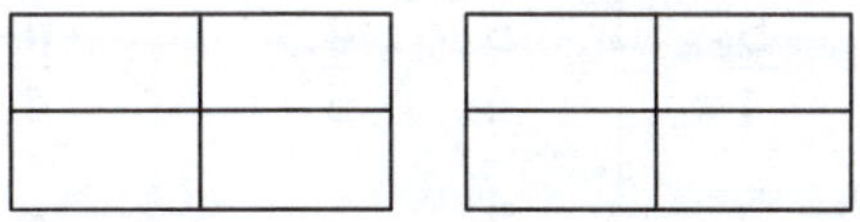

b. Place le point d'abscisse $\frac{6}{4}$ sur la demi-droite graduée suivante.

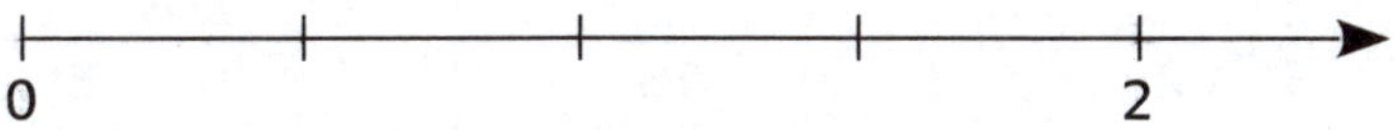

c. Écris ces nombres sous la forme :
un nombre entier + une fraction inférieure à 1.

• $\frac{5}{4}$ = ... + ... • $\frac{6}{4}$ = ... + ...

2 Voici six multiples de 13.

×	1	2	3	4	5	6
13	13	26	39	52	65	78

a. Écris chaque fraction sous la forme :
un nombre entier + une fraction inférieure à 1.

$\frac{34}{13}$ = ...

$\frac{62}{13}$ = ...

$\frac{5}{13}$ = ...

$\frac{30}{13}$ = ...

$\frac{77}{13}$ = ...

b. Encadre chaque fraction par deux entiers consécutifs.

.... < $\frac{34}{13}$ < ....

.... < $\frac{62}{13}$ < ....

.... < $\frac{5}{13}$ < ....

.... < $\frac{30}{13}$ < ....

.... < $\frac{77}{13}$ < ....

3 Avec la division euclidienne

a. Pose la division euclidienne de 87 par 4.

Quel est :
• le quotient ? ....
• le reste ? ....

b. Encadre $\frac{87}{4}$ par deux entiers consécutifs.

....

c. Écris $\frac{87}{4}$ sous la forme d'une somme d'un entier et d'une fraction plus petite que 1.

....

4 Écris chaque fraction sous la forme :
un nombre entier + une fraction inférieure à 1.

a. $\frac{78}{9}$ = ... + ...

b. $\frac{67}{12}$ = ... + ...

c. $\frac{123}{9}$ = ... + ...

d. $\frac{49}{12}$ = ... + ...

e. $\frac{37}{15}$ = ... + ...

f. $\frac{602}{100}$ = ... + ...

5 Écris sous la forme d'une seule fraction.

a. $25 + \frac{1}{2}$ = ...

b. $4 + \frac{5}{9}$ = ...

c. $7 + \frac{2}{3}$ = ...

d. $12 - \frac{1}{4}$ = ...

6 Encadre chaque fraction par deux entiers consécutifs.

a. .... < $\frac{2}{3}$ < ....

b. .... < $\frac{5}{6}$ < ....

c. .... < $\frac{9}{4}$ < ....

d. .... < $\frac{7}{2}$ < ....

7 Encadre chaque fraction par deux entiers consécutifs.

a. .... < $\frac{59}{4}$ < ....

b. .... < $\frac{115}{6}$ < ....

c. .... < $\frac{11}{3}$ < ....

d. .... < $\frac{167}{15}$ < ....

Déterminer deux fractions égales

Exercice corrigé

Détermine le nombre manquant dans l'égalité $\frac{12}{6} = \frac{\dots}{18}$

Correction

$\frac{12}{6} = \frac{\dots}{18}$ (×3 au numérateur, ×3 au dénominateur) donc $\frac{12}{6} = \frac{36}{18}$

1 Relie les figures dont les proportions de surface colorée sont égales. Écris alors les égalités de fractions correspondantes.

$\frac{\dots}{\dots} = \frac{\dots}{\dots}$

$\frac{\dots}{\dots} = \frac{\dots}{\dots}$

$\frac{\dots}{\dots} = \frac{\dots}{\dots}$

$\frac{\dots}{\dots} = \frac{\dots}{\dots}$

2 Place les points sur les axes gradués.

a. A$\left(\frac{3}{4}\right)$ B$\left(\frac{5}{4}\right)$ C$\left(\frac{7}{4}\right)$

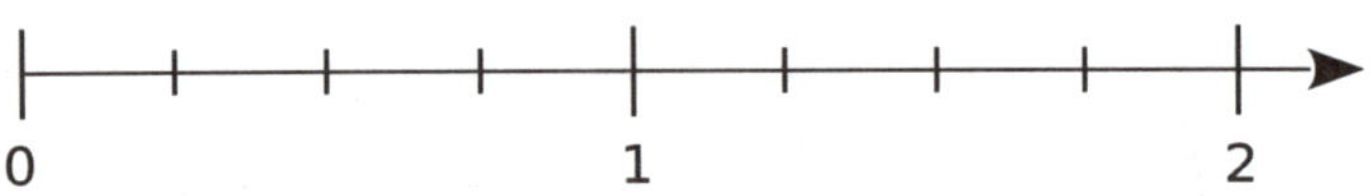

b. D$\left(\frac{5}{6}\right)$ E$\left(\frac{10}{6}\right)$ F$\left(\frac{7}{6}\right)$

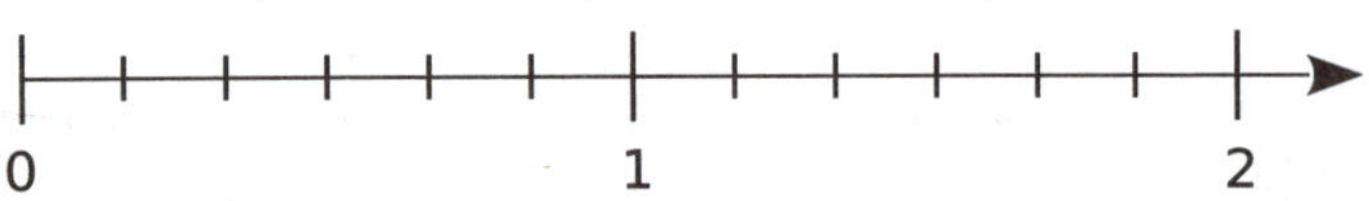

c. G$\left(\frac{9}{12}\right)$ H$\left(\frac{20}{12}\right)$ I$\left(\frac{10}{12}\right)$

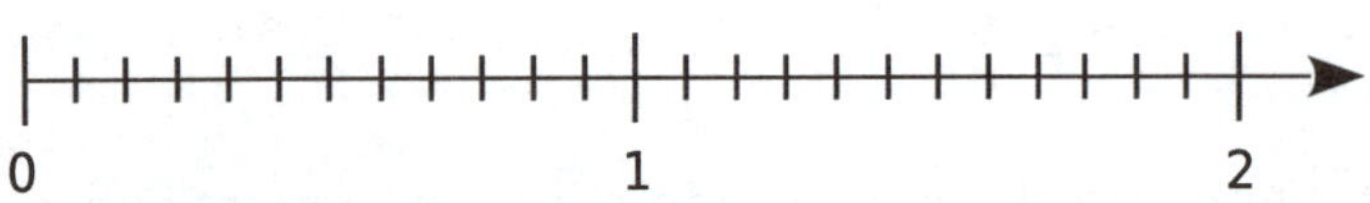

d. Quels sont les points situés à la même abscisse ?

....

e. Quelles égalités de fractions peux-tu écrire ?

....

3 Complète par le symbole = ou ≠.

a. $\frac{5+3}{4+3}$ ..... $\frac{5}{4}$

b. $\frac{5\times3}{4\times3}$ ..... $\frac{5}{4}$

c. $\frac{5\times4}{4\times5}$ ..... $\frac{5}{4}$

d. $\frac{44}{55}$ ..... $\frac{4}{5}$

e. $\frac{5}{4}$ ..... $\frac{4}{5}$

f. $\frac{4}{5}$ 4,5

g. $\frac{4}{5}$ ..... $\frac{8}{10}$

h. $\frac{4}{4}$ ..... $\frac{11}{11}$

i. 4 ..... $\frac{36}{8}$

4 Complète.

a. $\frac{2}{3} = \frac{\dots}{24}$

b. $\frac{3}{9} = \frac{\dots}{81}$

c. $\frac{9}{7} = \frac{\dots}{49}$

d. $\frac{1}{9} = \frac{\dots}{18}$

e. $\frac{9}{6} = \frac{\dots}{24}$

f. $\frac{9}{6} = \frac{\dots}{36}$

g. $7 = \frac{7}{1} = \frac{\dots}{8}$

h. $3 = \frac{3}{1} = \frac{\dots}{15}$

i. $6 = \frac{\dots}{6}$

5 Range les fractions suivantes dans le tableau.

$\frac{15}{18}$ $\frac{6}{9}$ $\frac{12}{18}$ $\frac{10}{12}$ $\frac{21}{28}$ $\frac{6}{8}$ $\frac{10}{15}$ $\frac{20}{24}$

Fractions égales à $\frac{2}{3}$	
Fractions égales à $\frac{3}{4}$	
Fractions égales à $\frac{5}{6}$	

6 Colorie d'une même couleur les cases contenant des nombres égaux.

$\frac{5}{4}$	$\frac{54}{45}$	$\frac{28}{42}$	$\frac{12}{15}$	$\frac{1}{2}$
$\frac{9}{8}$	$\frac{4}{6}$	$\frac{50}{40}$	$\frac{4}{36}$	$\frac{27}{54}$
$\frac{36}{4}$	$\frac{1}{9}$	$\frac{4}{5}$	$\frac{6}{5}$	9

7 Luc a reçu une boîte de bonbons. Il en a mangé les $\frac{3}{9}$, il en a donné les $\frac{8}{24}$ à Tom et les $\frac{7}{21}$ à Nadia. Montre qu'ils ont eu la même part.

....

....

....

....

Simplifier une fraction

Exercice corrigé

Simplifie le quotient $\frac{15}{21}$.

Correction

$\frac{15}{21} = \frac{5 \times 3}{7 \times 3} = \frac{5}{7}$

15 et 21 sont dans la table du 3, on simplifie le quotient par 3.

1 Pour chaque fraction, coche le (ou les) nombre(s) par le(s)quel(s) elle est simplifiable.

	$\frac{4}{6}$	$\frac{15}{20}$	$\frac{9}{12}$	$\frac{30}{60}$	$\frac{12}{36}$	$\frac{20}{80}$	$\frac{108}{117}$	$\frac{52}{28}$
2								
3								
4								
5								
9								

2 Complète les égalités suivantes pour simplifier chaque fraction.

a. $\frac{30}{48} = \frac{6 \times \dots}{6 \times \dots} = \frac{\dots}{\dots}$

b. $\frac{63}{35} = \frac{7 \times \dots}{7 \times \dots} = \frac{\dots}{\dots}$

c. $\frac{15}{60} = \frac{15 \times \dots}{15 \times \dots} = \frac{\dots}{\dots}$

d. $\frac{99}{44} = \frac{11 \times \dots}{11 \times \dots} = \frac{\dots}{\dots}$

e. $\frac{17}{34} = \frac{17 \times \dots}{17 \times \dots} = \frac{\dots}{\dots}$

f. $\frac{76}{95} = \frac{19 \times \dots}{19 \times \dots} = \frac{\dots}{\dots}$

g. $\frac{0,1}{0,3} = \frac{0,1 \times \dots}{0,1 \times \dots} = \frac{\dots}{\dots}$

h. $\frac{2,5}{25} = \frac{2,5 \times \dots}{2,5 \times \dots} = \frac{\dots}{\dots}$

3 Simplifie les fractions suivantes :

a. par 2 :
- $\frac{6}{10}$ = ...
- $\frac{18}{16}$ = ...

b. par 3 :
- $\frac{9}{12}$ = ...
- $\frac{3}{6}$ = ...
- $\frac{27}{30}$ = ...
- $\frac{15}{18}$ = ...

c. par 5 :
- $\frac{10}{25}$ = ...
- $\frac{45}{35}$ = ...
- $\frac{55}{100}$ = ...
- $\frac{15}{40}$ = ...

d. par le plus grand de 2 ; 3 ; 4 ; 5 ou 9.
- $\frac{16}{28}$ = ...
- $\frac{24}{33}$ = ...
- $\frac{35}{60}$ = ...
- $\frac{90}{81}$ = ...

4 Simplifie les fractions en utilisant les critères de divisibilité ou les tables de multiplication.

a. $\frac{35}{55} = \frac{\dots \times \dots}{\dots \times \dots} = \frac{\dots}{\dots}$ ....

b. $\frac{72}{135}$ = ...

c. $\frac{75}{24}$ = ...

d. $\frac{99}{22}$ = ...

e. $\frac{34}{51}$ = ...

5 Place les dominos dans le parcours en les recopiant, sachant qu'un domino ne peut servir qu'une seule fois. Les fractions adjacentes doivent être égales (regarde l'exemple).

$\frac{7}{3}$ / $\frac{10}{20}$	$\frac{1}{5}$ / $\frac{63}{49}$	$\frac{3}{4}$ / $\frac{4}{24}$	$\frac{7}{2}$ / $\frac{18}{27}$	3 / $\frac{50}{10}$	$\frac{1}{8}$ / $\frac{40}{50}$
8 / $\frac{15}{20}$	$\frac{1}{7}$ / $\frac{14}{4}$	$\frac{1}{2}$ / $\frac{9}{90}$	$\frac{1}{6}$ / $\frac{35}{28}$	6 / $\frac{80}{10}$	$\frac{2}{3}$ / $\frac{63}{14}$
$\frac{4}{5}$ / $\frac{30}{5}$	$\frac{5}{4}$ / $\frac{27}{9}$	5 / $\frac{2}{14}$	$\frac{1}{10}$ / $\frac{2}{10}$	$\frac{5}{2}$ / $\frac{14}{6}$	$\frac{9}{2}$ / $\frac{25}{10}$

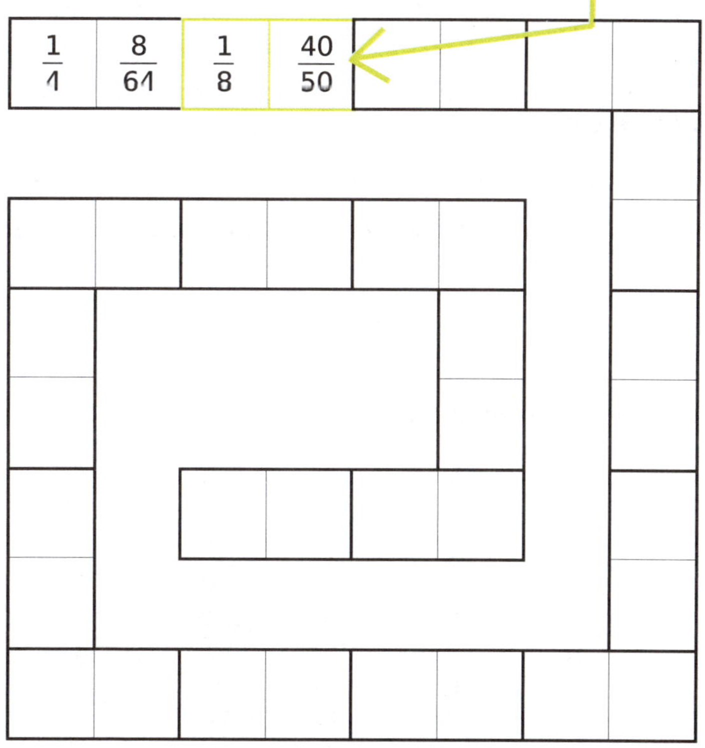

Exercice corrigé

Compare les nombres $\frac{1,2}{4}$ et $\frac{5,7}{20}$.

Correction

Pour comparer deux quotients, ils doivent avoir le même dénominateur.

$\frac{1,2}{4} = \frac{1,2 \times \mathbf{5}}{4 \times \mathbf{5}} = \frac{6}{20}$. Or, $6 > 5,7$

d'où $\frac{6}{20} > \frac{5,7}{20}$ donc $\frac{1,2}{4} > \frac{5,7}{20}$.

1 Compare les quotients suivants.

a. $\frac{2}{3}$ .... $\frac{4}{3}$

b. $\frac{7}{5}$ .... $\frac{8}{5}$

c. $\frac{45}{16}$ .... $\frac{54}{16}$

d. $\frac{28}{1}$ .... $\frac{0,5}{1}$

e. $\frac{3,2}{13}$ .... $\frac{3,02}{13}$

f. $\frac{0,3}{47}$ .... $\frac{0,31}{47}$

g. $\frac{0,7}{12}$ .... $\frac{0,08}{12}$

h. $\frac{1,82}{12}$ .... $\frac{1,802}{12}$

2 Dénominateurs différents

a. Écris les nombres suivants sous forme de fractions ayant 24 pour dénominateur.

$A = \frac{1}{2}$ $B = \frac{4}{6}$ $C = \frac{4}{3}$ $D = \frac{3}{12}$ $E = \frac{8}{24}$

$A = \frac{......}{24}$ $B = \frac{......}{24}$ $C = \frac{......}{24}$ $D = \frac{......}{24}$ $E = \frac{......}{24}$

b. Range les fractions de dénominateur 24 dans l'ordre croissant.

....

c. Déduis-en le classement des premiers quotients dans l'ordre croissant.

....

3 Compare les nombres.

a. $\frac{9}{4}$ .... $\frac{6}{2}$

b. $\frac{8}{9}$ .... $\frac{2}{3}$

c. $\frac{45}{16}$ .... $\frac{10}{4}$

d. $\frac{35}{63}$ .... $\frac{5}{7}$

e. $\frac{3,2}{5}$ .... $\frac{6,04}{10}$

f. $\frac{10}{210}$ .... $\frac{3}{420}$

g. $\frac{0,7}{12}$ .... $\frac{2,4}{36}$

h. $\frac{2}{12}$ 6

4 Compare les nombres suivants.

a. $\frac{2}{3}$ et $\frac{9}{12}$

....

....

....

....

b. $\frac{24,2}{36}$ et $\frac{6}{9}$

....

....

....

....

c. $\frac{1}{5}$ et $\frac{4}{25}$

....

....

....

....

d. $\frac{19}{7}$ et 3

....

....

....

....

5 Range les quotients dans l'ordre croissant.

a. $\frac{5}{6}$; $\frac{9}{6}$ et $\frac{10}{6}$: ....

b. $\frac{4}{3}$; $\frac{17}{3}$ et $\frac{15}{3}$: ....

c. $\frac{5}{13}$; $\frac{7}{13}$; $\frac{3}{13}$; $\frac{14}{13}$; $\frac{12}{13}$:

....

d. $\frac{1,2}{13}$; $\frac{4,5}{13}$; $\frac{1,7}{13}$; $\frac{4,52}{13}$; $\frac{4}{13}$:

....

6 Range les quotients dans l'ordre décroissant.

a. $\frac{7}{15}$; $\frac{17}{15}$; $\frac{2}{15}$; $\frac{37}{15}$; $\frac{12}{15}$

....

....

b. $\frac{3,8}{15}$; $\frac{17,1}{15}$; $\frac{17,02}{15}$; $\frac{3,07}{15}$; $\frac{17,002}{15}$

....

....

c. $\frac{12}{17}$; $\frac{7}{5}$; $\frac{8}{17}$; $\frac{16}{17}$; $\frac{12}{5}$; $\frac{14}{5}$; $\frac{5}{5}$; $\frac{7}{17}$

....

....

Comparer deux nombres en écriture fractionnaire

7 Entoure :
- en vert, les quotients inférieurs à 1 ;
- en bleu, les quotients égaux à 1 ;
- en rouge, les quotients supérieurs à 1.

$\frac{28}{13}$ $\frac{285\,698}{286\,598}$ $\frac{0,03}{0,3}$ $\frac{2,8}{1}$

$\frac{12,9}{12,9}$ $\frac{1\,287}{128}$ $\frac{90,02}{90,20}$ $\frac{3,2}{32}$

8 On se propose de comparer les deux fractions $A = \frac{128}{157}$ et $B = \frac{172}{113}$.

a. Compare les fractions A et B à 1.

A .... 1 et B 1

b. Compare A et B : A .... B.

9 Sans utiliser de calculatrice, compare les nombres suivants.

a. $\frac{154}{125}$ .... $\frac{158}{189}$

b. $\frac{678}{987}$ .... $\frac{998}{679}$

c. $\frac{4}{3}$ .... $\frac{3}{4}$

d. 6 .... $\frac{1}{6}$

e. $\frac{5,89}{5,98}$ .... $\frac{3,52}{3,25}$

f. $\frac{1,5}{1,5}$ .... $\frac{60}{51,54}$

g. $\frac{3,2}{1,3}$ .... $\frac{32}{13}$

h. $\frac{1,1}{1,1}$ .... $\frac{1,001}{1,010}$

10 **Avec une décomposition**

a. Écris chaque fraction sous la forme :
un nombre entier + une fraction inférieure à 1.

$\frac{5}{8}$ = ... + ...

$\frac{25}{9}$ = ... + ...

$\frac{5}{4}$ = ... + ...

$\frac{20}{3}$ = ... + ...

$\frac{9}{2}$ = ... + ...

$\frac{25}{7}$ = ... + ...

b. En utilisant la question précédente, compare les nombres suivants.

$\frac{5}{8}$ .... $\frac{5}{4}$

$\frac{20}{3}$ .... $\frac{25}{9}$

$\frac{25}{9}$ .... $\frac{25}{7}$

$\frac{25}{7}$ .... $\frac{9}{2}$

c. Compare les nombres suivants.

$\frac{9}{4}$ .... $\frac{4}{3}$

$\frac{25}{3}$ .... $\frac{17}{4}$

$\frac{785}{100}$ .... $\frac{1\,025}{1000}$

$\frac{29}{11}$ .... $\frac{40}{13}$

11 Range dans l'ordre croissant.

a. $\frac{9}{12}$; $\frac{3}{2}$ et $\frac{3}{4}$: ....

....

b. $\frac{29}{3}$; $\frac{52}{6}$ et $\frac{74}{7}$: ....

....

12 Sans utiliser la calculatrice, range les écritures fractionnaires suivantes dans l'ordre croissant, en utilisant la méthode de ton choix.

a. $\frac{12}{17}$; $\frac{12,01}{17}$; $\frac{11,99}{17}$; $\frac{12,2}{17}$; $\frac{11,099}{17}$

....

....

b. $\frac{4\,512,376}{356\,298}$; $\frac{388\,542}{4,523}$; $\frac{128,56}{128,56}$

....

....

c. $\frac{12}{18}$; $\frac{7}{6}$; $\frac{8}{18}$; $\frac{16}{18}$; $\frac{12}{6}$; $\frac{14}{6}$; $\frac{5}{6}$; $\frac{7}{18}$

....

13 Pour chaque cas, barre l'unique intrus.

a. $\frac{12}{17} < \frac{13}{17} < \frac{18}{17} < \frac{25}{17} < \frac{2,7}{17} < \frac{28}{17} < \frac{30}{17}$

b. $\frac{28}{20} < \frac{28}{19} < \frac{28}{21} < \frac{28}{14} < \frac{28}{11} < \frac{28}{9} < \frac{28}{5}$

14 Soient $a = \frac{816}{577}$ et $b = \frac{577}{408}$.

a. Donne les valeurs arrondies de a et de b au millième. Peux-tu en déduire la comparaison de a et de b ?

....

....

....

b. Donne des valeurs approchées de a et b qui permettent de les comparer. Compare a et b.

....

....

....

Additionner deux nombres en écriture fractionnaire

Exercice corrigé

Calcule les expressions : $A = \frac{7}{3} - \frac{5}{3}$ et $B = \frac{7}{3} + \frac{22}{6}$

Correction

Les quotients doivent avoir le même dénominateur. Si ce n'est pas le cas, on transforme les quotients pour qu'ils aient le même dénominateur.

$A = \frac{7}{3} - \frac{5}{3} = \frac{7-5}{3} = \frac{2}{3}$

$B = \frac{7}{3} + \frac{22}{6} = \frac{14}{6} + \frac{22}{6} = \frac{14+22}{6} = \frac{36}{6} = 6$

1 Calcule en passant par l'écriture décimale.

a. $\frac{3}{10} + \frac{5}{10}$ = ... + ... = ... = $\frac{.....}{.....}$

b. $\frac{84}{10} - \frac{65}{10}$ = ... − .... = ... = $\frac{.....}{.....}$

c. $\frac{154}{100} + \frac{623}{100}$ = ...

d. $\frac{571}{100} - \frac{219}{100}$ = ...

e. $\frac{1}{10} - \frac{1}{1\,000}$ = ...

2 Complète les calculs suivants en utilisant la règle d'addition ou de soustraction.

a. $\frac{5}{9} + \frac{3}{9} = \frac{..... + ...}{9} = \frac{.....}{9}$

b. $\frac{3}{7} - \frac{1}{7} = \frac{..... - .....}{7} = \frac{.....}{7}$

c. $\frac{3}{14} + \frac{1}{14} + \frac{5}{14} = \frac{..... + ... + ...}{14} = \frac{.....}{14}$

d. $\frac{6}{17} + \frac{.....}{17} = \frac{..... + ...}{17} = \frac{10}{17}$

3 Calcule mentalement.

a. $\frac{4}{9} + \frac{3}{9}$ = ...

b. $\frac{43}{78} + \frac{28}{78}$ = ...

c. $\frac{13}{17} - \frac{2}{17}$ = ...

d. $\frac{91}{121} - \frac{90}{121}$ = ...

e. $\frac{101}{4} + \frac{26}{4}$ = ...

f. $\frac{12}{12} - \frac{12}{12}$ = ...

4 Calcule puis, si c'est possible, simplifie.

a. $\frac{1}{6} + \frac{3}{6}$ = ...

b. $\frac{31}{14} - \frac{5}{14}$ = ...

c. $\frac{25}{33} + \frac{19}{33}$ = ...

d. $\frac{17}{18} + \frac{19}{18}$ = ...

e. $\frac{15}{37} + \frac{22}{37}$ = ...

f. $\frac{45}{143} + \frac{20}{143}$ = ...

g. $\frac{1}{27} + \frac{4}{27} + \frac{7}{27}$ = ...

h. $\frac{16}{28} - \frac{7}{28} - \frac{5}{28}$ = ...

i. $\frac{13}{19} - \frac{5}{19} + \frac{6}{19}$ = ...

5 **En commençant par simplifier...**

a. Simplifie les fractions suivantes.

$\frac{8}{12}$ = ...

$\frac{15}{35}$ = ...

$\frac{40}{72}$ = ...

$\frac{52}{39}$ = ...

b. Utilise les fractions simplifiées de la question a. pour effectuer les calculs suivants.

$A = \frac{8}{12} + \frac{5}{3}$

A = ...

A = ...

$C = \frac{15}{35} + \frac{2}{7}$

C = ...

C = ...

$B = \frac{40}{72} - \frac{1}{9}$

B = ...

B = ...

$D = \frac{5}{3} - \frac{52}{39}$

D = ...

D = ...

Additionner deux nombres en écriture fractionnaire

6 Réduis au même dénominateur puis calcule.

$A = \frac{7}{6} + \frac{2}{3}$

$A = \frac{7}{6} + \frac{2 \times \ldots}{3 \times \ldots}$

$A = \frac{7}{6} + \frac{\ldots}{\ldots}$

$A = \frac{\ldots}{\ldots}$

$B = \frac{3}{5} + \frac{11}{10}$

$B = \frac{3 \times \ldots}{5 \times \ldots} + \frac{11}{10}$

$B = \frac{\ldots}{\ldots} + \frac{11}{10}$

$B = \frac{\ldots}{\ldots}$

$C = \frac{8}{9} - \frac{1}{3}$

C = ...

C = ...

C = ...

$D = 5 + \frac{3}{2}$

D = ...

D = ...

D = ...

$E = 3 - \frac{5}{7}$

E = ...

E = ...

E = ...

$F = \frac{7}{5} + 1$

F = ...

F = ...

F = ...

$G = \frac{13}{12} + \frac{19}{48}$

G = ...

G = ...

G = ...

$H = \frac{17}{13} - \frac{11}{65}$

H = ...

H = ...

H = ...

7 Effectue les calculs suivants en utilisant la méthode de ton choix.

$A = \frac{13}{8} + \frac{5}{2} + \frac{3}{4}$

A = ...

A = ...

A = ...

$B = \frac{5}{12} + \frac{11}{24} + \frac{1}{6}$

B = ...

B = ...

B = ...

$C = 2 + \frac{3}{7} + \frac{11}{14}$

C = ...

C = ...

C = ...

$D = \frac{3}{5} + \frac{4}{15} + \frac{7}{30}$

D = ...

D = ...

D = ...

$E = \frac{15}{9} + \frac{2}{3} - \frac{6}{18}$

E = ...

E = ...

E = ...

$F = 1 + \frac{9}{34} + \frac{3}{2}$

F = ...

F = ...

F = ...

8 Au concours des jeunes créatrices, Noémie a remporté $\frac{3}{7}$ des suffrages, Samia $\frac{3}{14}$ et Alexia tous les autres. Qui a gagné ?

....

....

....

....

....

9 Effectue et donne le résultat sous forme de fraction.

$I = \frac{9}{11} - \frac{4}{121}$

I = ...

I = ...

I = ...

$J = \frac{10}{24} + \frac{21}{36}$

J = ...

J = ...

J = ...

$K = 9 - \frac{15}{2} - \frac{3}{2}$

K = ...

K = ...

K = ...

$L = 1 - \frac{5}{8} + \frac{3}{8}$

L = ...

L = ...

L = ...

$M = \frac{7}{18} + \frac{2}{6} + \frac{5}{9}$

M = ...

M = ...

M = ...

$N = \left(\frac{1}{10} + \frac{1}{30}\right) - \left(\frac{1}{5} - \frac{1}{15}\right)$

N = ...

N = ...

N = ...

$P = \frac{11}{7} + \frac{7}{49} + \frac{6}{21}$

P = ...

P = ...

P = ...

$Q = \frac{8}{5} - \left(\frac{1}{10} + \frac{2}{10}\right)$

Q = ...

Q = ...

Q = ...

10 Un adulte passe en moyenne $\frac{1}{4}$ de son temps à travailler (tous déplacements compris), $\frac{1}{3}$ à dormir, $\frac{1}{12}$ à gérer le quotidien et $\frac{5}{36}$ à manger. Quelle fraction de son temps lui reste-t-il pour ses loisirs ?

....

....

....

....

....

....

....

11 Pour chacune des figures ci-dessous, exprime la partie colorée à l'aide d'une fraction de la surface du grand carré. Explique ta méthode.

Figure 1 **Figure 2** **Figure 3**

....

....

....

....

....

....

....

....

....

....

....

Synthèse

1 Calcule le plus astucieusement possible.

$A = \frac{1}{7} + \frac{2}{9} + \frac{6}{7} + \frac{7}{9}$

A = ...

A = ...

A = ...

$B = \frac{4}{3} + \frac{11}{4} + \frac{22}{5} - \frac{1}{3} - \frac{3}{4} - \frac{7}{5}$

B = ...

B = ...

B = ...

$C = \left(\frac{171}{14} - \frac{234}{28}\right) \times \left(\frac{2}{4} - \frac{1}{2}\right)$

C = ...

C = ...

C = ...

2 Trois chaînes de télévision comparent l'audimat de leurs émissions phares du samedi soir. La chaîne A estime qu'elle a réuni $\frac{7}{17}$ des téléspectateurs. La chaîne B annonce que $\frac{20}{51}$ des téléspectateurs ont regardé son émission et la chaîne C prétend avoir rassemblé $\frac{39}{34}$ des téléspectateurs.

a. Quelle chaîne ment assurément ?

....

....

b. Parmi les deux autres chaînes, laquelle a réalisé la meilleure audience ?

....

....

3 Un primeur a vendu les $\frac{2}{3}$ de ses salades le matin. Le soir, $\frac{1}{8}$ des salades sont invendues.

a. Quelle fraction de ses salades lui reste-t-il à midi ?

....

....

b. Quelle fraction de ses salades a-t-il vendue dans la journée ?

....

....

....

4 Tao s'entraîne à marquer des paniers au basket. Lundi, sur 25 essais, il a marqué 15 fois. Mardi, sur 10 essais, 7 ont été réussis. Mercredi, il a réussi 65 % de ses tirs. Quel jour a-t-il été le meilleur ?

....

....

....

....

....

....

5 Un constructeur automobile crée plusieurs voitures différentes. On appelle « chevaux » la puissance du véhicule.

Plus le rapport $\frac{\text{chevaux}}{\text{poids}}$ est élevé, plus la voiture est rapide.

La voiture A pèse 780 kg et possède 78 chevaux, la voiture B pèse 854 kg et possède 185 chevaux, la voiture C pèse 996 kg et possède 156 chevaux et enfin la voiture D pèse 1,135 tonne et possède 122 chevaux.

Classe ces voitures de la plus lente à la plus rapide.

....

....

....

....

....

....

6 Dans les parkings, la loi exige que, sur 50 places, au moins une soit réservée aux personnes en situation de handicap.
Un parking de 600 places contient 10 places pour les personnes en situation de handicap.

a. Traduis cet énoncé à l'aide de deux fractions puis compare-les.

....

....

....

b. Le gérant du parking respecte-t-il la loi ?

....

....

....

7 Un confiseur prépare des sachets de bonbons en mettant un tiers de caramels, deux neuvièmes de bonbons aux fruits et pour le reste des bonbons au chocolat.

a. Quelle fraction de l'ensemble représentent les caramels ?

....

b. Quelle fraction de l'ensemble représentent les bonbons aux fruits et au caramel ?

....

c. Quelle fraction de l'ensemble représentent les bonbons au chocolat ?

....

8 Actuellement, 1,5 milliard d'êtres humains n'ont pas accès à l'eau potable et 2,6 milliards n'ont pas droit à un réseau d'assainissement des eaux usées (toilettes, égouts, ...).
Si l'on considère que la planète compte 6,6 milliards d'individus, donne la proportion d'êtres humains :

a. qui n'ont pas accès à l'eau potable.

....

b. qui ne disposent pas d'un accès à un réseau d'assainissement.

....

....

9 Steven mange $\frac{1}{8}$ de la tarte de sa grand-mère et Alice en mange les $\frac{2}{8}$.

Quelle fraction de la tarte ont-ils mangée à eux deux et quelle fraction en reste-t-il ?

....

....

....

....

10 Martine a lu 150 pages d'un livre de 420 pages. A-t-elle lu plus du tiers du livre ?

....

....

....

....

11 Dans un magasin, on dispose de 350 boîtes de chocolats. Au cours du premier mois, on en vend 200.

a. Quelle fraction du total représente cette vente ? Simplifie.

....

b. L'objectif était de vendre les $\frac{2}{3}$ du total. L'objectif a-t-il été atteint ? Explique.

....

....

....

c. Dans les jours qui suivent, on vend encore $\frac{1}{3}$ des boîtes qu'il reste. Quelle fraction du total initial reste-t-il à vendre ?

....

....

....

Nombres entiers

A5

Effectuer une division euclidienne

Exercice corrigé

a. Effectue la division euclidienne de 183 par 12.
b. 278 = 6 × 45 + 8 : quelle(s) division(s) euclidienne(s) cette égalité représente-t-elle ?

Correction

a.

183	12
63	15
3	

On peut donc écrire :
183 = 12 × 15 + 3
avec 3 < 12.

b. 8 < 45 mais 8 > 6 donc l'égalité représente la division euclidienne de 278 par 45, mais ne peut pas représenter celle de 278 par 6.

1 Entoure en bleu le dividende, en vert le reste, en noir le diviseur et en rouge le quotient entier puis complète.

1 5 4	2 5
− 1 5 0	6
4	

Le quotient entier de 154 par 25 est ...... et il reste ......

8 8 4	3 4
2 0 4	2 6
0	

Le quotient entier de 884 par 34 est .... et il reste ....

2 **Division posée**

Effectue les divisions euclidiennes suivantes.

3 7	5	1 4 1	8	6 3 5	9

3 Complète chacune de ces divisions d'après les indications, puis cherche le nombre manquant dans chaque division.

a. Le reste est 1.

265	11
....	....

b. Le quotient est 190.

954	5
....	....

c. 148 = 31 × 4 + ...

d. 789 = ... × 10 + 9

4 Pour chacune de ces divisions, qui sont correctes, écris l'égalité qui correspond.

a.

1 2 5	7
− 7	1 7
5 5	
− 4 9	
6	

....

b.

4 7 0	1 1
− 4 4	4 2
3 0	
− 2 2	
8	

....

c.

3 1 2	2 5
− 2 5	1 2
6 2	
− 5 0	
1 2	

....

d.

1 1 7	1 3
− 1 1 7	9
0	

....

5 Romain a effectué des divisions euclidiennes. Sont-elles justes ? Justifie sans poser les divisions.

a.

3 0 0	9
(...)	3 3
3	

....
....
....

b.

8 6 2	1 2
(...)	7 0
2 2	

....
....
....

c.

8 4 1	8
(...)	1 0 5
1	

....
....
....

d.

4 2 1 8	2 7
(...)	1 4 6
6	

....
....
....

6 **De tête...**

Complète les colonnes sans poser les divisions.

	Cas 1	Cas 2	Cas 3	Cas 4
Dividende			456	907
Diviseur	15	40	45	
Quotient	30	25	10	15
Reste	7	11		7

Effectuer une division euclidienne

7 Sans poser l'opération

a. On a 116 = (16 × 7) + 4.

• Quels sont le quotient entier et le reste dans la division euclidienne de 116 par 16 ?

....

• Quels sont le quotient entier et le reste dans la division euclidienne de 116 par 7 ?

....

b. On a 120 = (16 × 7) + 8.

• Quels sont le quotient entier et le reste dans la division euclidienne de 120 par 16 ?

....

• Quels sont le quotient entier et le reste dans la division euclidienne de 120 par 7 ?

....

8 Trouve le plus grand multiple de m inférieur à n dans les cas suivants.

a. $m = 3$; $n = 16$: ....

b. $m = 7$; $n = 48$: ....

c. $m = 6$; $n = 37$: ....

d. $m = 11$; $n = 39$: ......

e. $m = 61$; $n = 75$: ....

f. $m = 87$; $n = 274$: ....

9 Quelques problèmes

a. Une tarte pour 4 personnes coûte 6 €. La gestionnaire dispose de 85 €. Combien de tartes peut-elle acheter ? Combien d'argent lui reste-t-il ?

....

....

....

b. Avec ses bottes de 7 lieues, le géant fait des pas de 20 km et parcourt 1 040 km. En combien de pas les parcourt-il ?

....

....

....

10 Pour une sortie scolaire, on exige un adulte pour encadrer 15 enfants. Combien d'adultes doivent être présents pour accompagner 56 élèves ?

....

....

....

11 La fleuriste dispose de 158 fleurs. Elle doit réaliser des bouquets de 7 fleurs chacun.
Combien pourra-t-elle en confectionner ?
Combien de fleurs lui manquera-t-il pour en réaliser un de plus ?

....

....

....

....

12 Pour le C.D.I. du collège, la documentaliste reçoit 370 livres qu'elle doit ranger sur des étagères. Elle ne peut transporter que 13 livres à la fois.
Combien de voyages minimum devra-t-elle faire ?
Combien de livres transportera-t-elle au dernier voyage ?

....

....

....

....

....

13 Fondants au chocolat

La maman de Benjamin a cuisiné 27 fondants au chocolat pour son goûter d'anniversaire. Il doit les distribuer équitablement à lui et ses camarades. Il pourra garder le reste pour lui. Il a invité quatre copains. Mais pourquoi donc s'empresse-t-il d'aller chercher les deux enfants de la voisine avant le partage ?

....

....

....

....

....

....

14 Devinette

Dans une division euclidienne, le diviseur est 7 et le quotient est 18. Trouve tous les dividendes possibles.

....

....

Utiliser des multiples et des diviseurs

1 Écris la liste des dix premiers multiples de :

a. 10 : ....

b. 3 : ....

c. 14 : ....

2 Peut-on remplir un nombre exact de boîtes de 6 œufs si on a :

a. 29 œufs ? Pourquoi ? ....

....

b. 36 œufs ? Pourquoi ? ....

....

3 **Multiples communs**

a. Écris tous les multiples de 4 inférieurs à 90.

....

....

b. Écris tous les multiples de 6 inférieurs à 90.

....

....

c. Entoure les nombres qui apparaissent dans les deux listes.

....

d. Que remarques-tu ?

....

4 Élodie a réalisé la feuille de calcul suivante.

	A	B	C	D	E	F	G	H	I	J
1	1	2	3	4	5	6	7	8	9	10
2	=A1*7									

Elle recopie vers la droite la formule de la cellule A2. Quels nombres apparaissent dans la ligne 2 ?

....

5 Trouve :

a. les multiples de 7 compris entre 80 et 140 :

....

b. les multiples de 11 compris entre 100 et 200 :

....

c. le plus grand multiple de 15 inférieur à 200 : ....

d. le plus petit multiple de 14 supérieur à 710 : ....

6 Écris la liste des diviseurs de :

a. 12 : ....

b. 72 : ....

c. 90 : ....

7 **Diviseurs communs**

a. Écris tous les diviseurs de 18.

....

b. Écris tous les diviseurs de 24.

....

c. Entoure les nombres qui apparaissent dans les deux listes. Que remarques-tu ?

....

8 **Critères de divisibilité**

a. 157 326 est-il divisible par 2 ? Justifie.

....

b. 157 326 est-il divisible par 3 ? Justifie.

....

....

c. 157 326 est-il divisible par 5 ? Justifie.

....

d. 157 326 est-il divisible par 9 ? Justifie.

....

....

e. 157 326 est-il divisible par 10 ? Justifie.

....

9 Mets une croix quand c'est vrai.

Le nombre est divisible par...	2	3	5	9	10
a. 345					
b. 344					
c. 56 240					
d. 56 241					

10 Complète pour que les nombres soient divisibles :

a. par 2 :	6 4 …	7 0 4 …	2 … 5 …	… 4 8 …
b. par 3 :	… 4 2	8 0 …	6 4 3 …	8 … 2 4
c. par 6 :	6 4 …	8 5 3 …	… 2 4 …	3 3 3 …

Série 2 Utiliser des multiples et des diviseurs

11 Écris tous les nombres dont les trois chiffres sont 5 ; 4 et 3 et qui sont divisibles par :

a. 2 : ……………………………………

b. 3 : ……………………………………

c. 5 : ……………………………………

12 Réponds par Vrai ou Faux. Si un nombre est :

a. divisible par 4 alors il est divisible par 2.…………

b. divisible par 2 et 3 alors il est divisible par 5.……

c. d'unité 3 alors il est divisible par 3.…………

13 Trace le chemin pour aller de 180 à 1 sachant qu'on peut monter vers une brique qui contient un multiple ou descendre vers une brique qui contient un diviseur, et qu'on ne peut pas se déplacer à l'horizontale.

180	405	270	108	168	252	945	
60	90	135	54	126	84	126	189
20	45	25	2	42	18	63	
10	56	15	300	300	14	42	9
2	28	3	60	120	7	6	
21	14	42	12	30	45	3	4
7	6	3	5	15	9	1	

14 On donne $124 = 4 \times 31$. Fais deux phrases :

a. en employant le mot *multiple*.

b. en employant le mot *diviseur*.

15 Wassim doit répartir équitablement 36 roses et 24 tulipes pour confectionner des bouquets.

a. Peut-il réaliser 6 bouquets ?

b. Trouve toutes les répartitions possibles.

16 Dans mon village, il y a trois clubs :

- « sport bien-être » se réunit tous les quatre jours ;
- « village propre » se réunit un jour sur trois ;
- « agir ensemble » se réunit un jour sur deux ;

a. Aujourd'hui, tous les clubs se sont réunis. Seront-ils réunis à nouveau dans 6 jours ?

b. Dans combien de jours peuvent-ils se réunir ensemble à nouveau ?

17 **Nombres premiers**

a. Donne tous les diviseurs de chacun des nombres suivants : 11 ; 13 et 19.

b. Que remarques-tu ?

c. 22 ; 25 et 29 sont-ils premiers ? Justifie.

18 Donne tous les nombres premiers qui sont inférieurs à 30.

19 **Somme et produit de nombres premiers**

a. 2 et 5 sont deux nombres premiers. Qu'en est-il de leur produit ? Justifie.

b. Trouve deux nombres premiers dont la somme est un nombre premier.

c. Trouve deux nombres premiers dont la somme n'est pas un nombre premier.

Série 3 Utiliser des nombres premiers

Exercice corrigé

Décompose en produit de facteurs premiers le nombre 186.

Correction

186 est pair, donc divisible par 2.
$186 \div 2 = 93$ → $9 + 3 = 12$, divisible par 3.
$93 \div 3 = \mathbf{31}$ → nombre premier.
La décomposition de 186 est donc :

$$186 = 2 \times 3 \times \mathbf{31}$$

1 Colorie de la même couleur les nombres égaux.

2×15	$3 \times 3 \times 5$	6×7	42
30	9×5	$2 \times 3 \times 5$	3×15
	45	$2 \times 3 \times 7$	

2 Il existe 10 décompositions différentes de 90 en produit de nombres entiers, retrouve-les et entoure la décomposition en facteurs premiers.

....

....

....

....

3 Décomposition

Pour décomposer en produit de facteurs premiers, on peut utiliser la présentation suivante.

210	2
105	5
21	3
7	**7**

On essaye de diviser par les nombres premiers des plus petits au plus grands.

Ou bien par les plus faciles à identifier (2 ou 5).

Donc $210 = 2 \times 3 \times 5 \times \mathbf{7}$.

Détermine la décomposition en produit de facteurs premiers de :

a. 38 = ...

b. 98 = ...

c. 78 = ...

d. 60 = ...

e. 220 = ...

f. 435 = ...

g. 28×15 = ...

....

h. $34 \times 44 \times 21$ = ...

....

4 Montre, sans calculer les produits, que :
$A = 2 \times 15 \times 14$ et $B = 10 \times 21 \times 2$ sont égaux.

....

....

....

5 Rendre irréductible une fraction

a. Décompose 45 et 75 en produits de facteurs premiers.

....

....

b. Rends irréductible la fraction $\frac{45}{75}$.

....

6 Variante

a. Décompose les nombres suivants en produits de facteurs premiers.

42 = ...

105 = ...

91 = ...

b. Utilise les décompositions précédentes pour rendre irréductibles les fractions :

$\frac{42}{105}$ = ...

$\frac{91}{42}$ = ...

$\frac{105}{91}$ = ...

7 Explique pourquoi la fraction $\frac{27}{72}$ est simplifiable puis rends son écriture irréductible.

....

....

....

....

Le rôle de la lettre et du signe égal

A6

Série 1 Exprimer en fonction de x

Exercice corrigé

Sur internet, une BD manga coûte 6,90 € avec 10 € de frais de port.
Exprime le prix à payer en fonction du nombre de livres achetés.

Correction

J'appelle x le nombre de livres achetés.
6,90 € l'un font $6{,}90 \times x$ pour les livres achetés.
Avec les frais de port on obtient $6{,}90 \times x + 10$.
Le prix de x livres est $6{,}90\,x + 10$ €.

1 n est un nombre entier. Exprime en fonction de n :

a. la moitié de n : ....

b. le double de n : ....

c. le tiers de n : ....

d. le triple de n : ....

e. le nombre entier suivant n : ....

f. le nombre entier précédent n : ....

2 Si x représente un nombre, comment écrire les expressions suivantes ?

a. La somme de x et de 5 : ....

b. La différence de x et de 5 : ....

c. La différence de 5 et de x : ....

d. Le produit de x et de 5 : ....

e. Le quotient de x et de 5 : ....

3 Relie chaque phrase de gauche à l'expression littérale correspondante de droite.

somme de y et de 7 •	• $7 \times (y - 3)$
produit de 7 par la somme de y et de 3 •	• $7 - y$
produit de 7 par la différence entre y et 3 •	• $y + 7 \times 3$
différence du produit de 7 par y et de 3 •	• $y + 7$
différence entre 7 et y •	• $7 \times y + 3$
somme de y et du produit de 3 par 7 •	• $7 \times (y + 3)$
somme du produit de 7 par y et de 3 •	• $7 \times y - 3$

4 **Écrire en fonction de**

a. Dans une classe de 26 élèves, on note x le nombre de filles. Exprime le nombre de garçons en fonction de x.

....

b. Sur un parking, il y a x scooters et y voitures. Exprime le nombre de roues en fonction de x et de y.

....

c. On note c le côté d'un carré. Exprime son aire et son périmètre en fonction de c.

....

....

5 Dans un sac, il y a 18 billes rouges de plus que de billes noires.
On désigne par x le nombre de billes noires.

a. Exprime le nombre de billes rouges en fonction de x.

....

b. Exprime alors le nombre total de billes en fonction de x.

....

6 Dans une assemblée, il y a deux fois plus de Belges que de Luxembourgeois et 48 Néerlandais de plus que de Luxembourgeois.
On désigne par x le nombre de Luxembourgeois.
Quelle est la composition de l'assemblée ?

....

....

....

....

7 Paul calcule que, s'il achète deux croissants et une brioche à 1,83 €, il dépense 0,47 € de plus que s'il achète quatre croissants. On désigne par x le prix d'un croissant.

a. Écris, en fonction de x, le prix en euros de deux croissants et d'une brioche.

....

b. Écris le prix en euros de quatre croissants.

....

c. Écris une égalité.

....

8 Voici trois segments [AB], [CD] et [EF] dont on cherche à calculer les longueurs respectives AB, CD et EF.

a.

b.

c.

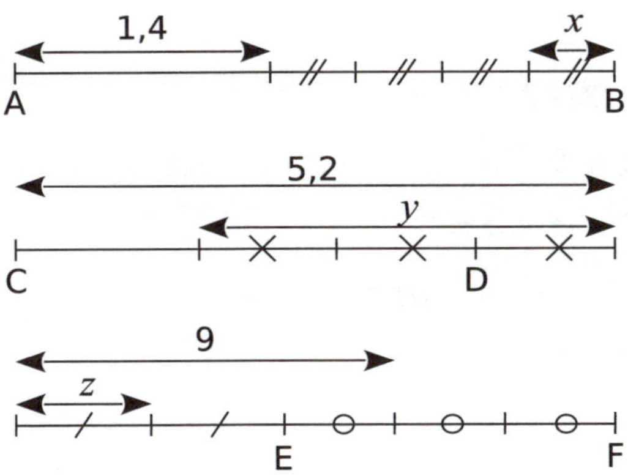

Dans chacun des cas, écris une expression permettant de calculer ces longueurs.

a. ……………………………………………………………

……………………………………………………………

b. ……………………………………………………………

……………………………………………………………

c. ……………………………………………………………

……………………………………………………………

9 Le mur d'une chambre a une forme rectangulaire. Sa longueur mesure le double de sa largeur.

a. Si la largeur mesure 5 m, calcule :

- la mesure de la longueur : ……………………
- le périmètre du mur : ……………………
- l'aire du mur : ……………………

b. En appelant x la mesure en mètres de la largeur, exprime :

- la mesure de la longueur : ……………………
- le périmètre du mur : ……………………
- l'aire du mur : ……………………

c. Manon refait la tapisserie du mur de sa chambre avec une frise le long du haut du mur. Un rouleau de tapisserie couvre 2 m² et un rouleau de frise mesure 50 cm. Exprime en fonction de x le nombre de rouleaux de tapisserie et de frise nécessaires.

……………………………………………………………

……………………………………………………………

……………………………………………………………

……………………………………………………………

10 La dernière étape du Tour de France 2020 se composait d'une partie sur route d'une longueur de 67,5 km et d'un nombre de tours de l'avenue des Champs-Élysées d'une longueur de 7 km.

a. Un coureur cycliste chute au début du 8e tour. Quelle distance a-t-il parcourue ?

……………………………………………………………

b. Soit t le nombre de tours parcourus. Exprime la longueur de l'étape en fonction de t.

……………………………………………………………

c. La longueur de l'étape est égale à 122 km. Écris une égalité.

……………………………………………………………

11 **Programmes de calculs**

Programme n° 1	Programme n° 2
1. Choisis un nombre.	1. Choisis un nombre.
2. Ajoute-lui 2.	2. Calcule son double.
3. Multiplie le résultat par 3.	3. Soustrais 6.
	4. Divise le résultat par 2.

a. Effectue les programmes de calcul pour 5.

Programme n° 1	Programme n° 2
1. ……………………	1. ……………………
2. ……………………	2. ……………………
3. ……………………	3. ……………………
	4. ……………………

b. Soit x le nombre choisi à l'étape 1.
Exprime le résultat des programmes de calcul en fonction de x.

Programme n° 1	Programme n° 2
1. ……………………	1. ……………………
2. ……………………	2. ……………………
3. ……………………	3. ……………………
	4. ……………………

c. **Question ouverte :** Morgan choisit un nombre et lui soustrait 3. Compare les résultats de ce programme et du programme n° 2.

……………………………………………………………

……………………………………………………………

……………………………………………………………

Série 2 Utiliser les conventions d'écriture

Exercice corrigé

Simplifie l'expression suivante en supprimant les signes × lorsque c'est possible :
$A = 5 \times x + 7 \times (3 \times x + 2 \times 4)$.

Correction

$A = 5 \times x + 7 \times (3 \times x + 2 \times 4)$

$A = 5 \times x + 7 \times (3 \times x + 2 \times 4)$

$A = 5x + 7(3x + 8)$

1 Place tous les signes « × » sous-entendus dans les expressions littérales suivantes.

a. $3a$ = ...

b. $-5b$ = ...

c. $23 + 8b$ = ...

d. $m^2 - 5g$ = ...

e. $12k(g + h)$ = ...

2 Simplifie les écritures littérales suivantes.

a. $6 \times a$ = ...

b. $8 \times b$ = ...

c. $23 \times d$ = ...

d. $a \times b$ = ...

e. $x \times 9$ = ... $\times x$ = ...

f. $y \times 3$ = ... $\times y$ = ...

g. $e \times 5$ = ... $\times e$ = ...

h. $g \times 12$ = ... $\times g$ = ...

3 Simplifie les écritures littérales suivantes.

a. $2 \times 5 \times d$ = ... $\times d$ = ...

b. $3 \times e \times 8$ = ...

c. $g \times 8 \times 9$ = ...

d. $3 \times (n + m)$ = ...

e. $(a + b) \times 5$ = ...

f. $b \times (5 \times e + 7)$ = ...

g. $2{,}5 \times d \times (d \times 9 + 7 \times 3)$

....

....

4 Donne l'écriture la plus simple possible de chacun des produits suivants.

a. $a \times 1$ = ...

b. $g \times 1$ = ...

c. $1 \times b$ = ...

d. $d \times 0$ = ...

e. $0 \times c$ = ...

f. $m \times 1$ = ...

5 Simplifie les expressions suivantes.

a. $2 \times a + 5 \times c$ = ...

b. $a \times d + 5 \times 8$ = ...

c. $38 \times (3 + 2 \times c)$ = ...

d. $3 \times z - 0 \times b$ = ...

e. $3 \times 7 - d \times b$ = ...

f. $a \times (3 \times 9 + b \times n)$ = ...

g. $0 \times u + 1 \times m$ = ...

h. $a \times 6 \times n + 3 \times p$ = ...

i. $9 \times m \times 5 + k \times j \times 8$ = ...

6 **Carré et cube**

- 9×9 se note 9^2 et se lit « 9 au carré ».
- $7 \times 7 \times 7$ se note 7^3 et se lit « 7 au cube ».

Écris, sans les calculer et en utilisant la notation « carré » ou « cube », les produits suivants.

a. 6×6 = ...

b. $n \times n$ = ...

c. $b \times b$ = ...

d. 23×23 = ...

e. $4 \times 4 \times 4$ = ...

f. $r \times r \times r$ = ...

g. $2 \times 2 \times p$ = ...

h. $r \times r \times t \times t \times t$ = ...

i. $3 \times 3 \times n \times n$ = ...

j. $1 \times 1 \times 1 \times y \times y$ = ...

k. $2 \times 2 \times \pi \times \pi$ = ...

l. $d \times d \times d \times 6 \times 6$ = ...

7 **Pour aller plus loin**

a. Place les signes « × » sous-entendus.

- $\frac{1}{8}q + \frac{7a}{3}$ = ...
- $3x^2 - 5x + 8$

....

- $3(2x - 5) - 3x^2 + 8$

....

b. Simplifie les écritures littérales suivantes.

- $2 \times 2 \times x + y \times y - 5$ = ...
- $7 + r \times 2r \times r - 5 \times r \times r + 8 \times 4$

....

- $5x \times 2x + 5 \times x + 8x + 2{,}5 \times 4 + x \times 7 \times x$

....

....

Série 3 Réduire une somme algébrique

Exercice corrigé

Réduis A = $5x + 2x$ et B = $4x - 9x$.

Correction

A = $5x + 2x = 7x$

B = $4x - 9x = -5x$

1 Dans chaque cas, indique si l'expression est une somme algébrique (S) ou un produit (P).

$12 \times 5{,}3 + 5{,}3 \times (-6)$:		$3(x + 5)$: ....
$3x + 5$:	$2y - 5y + 3y$:	$5u^2$: ....
$(2 - 4a) \times (a + 5)$:	$2 - 4a \times a + 5$:	
$v^2 + 5v - 4$:	$(t - 5s)^2$:	$3u + 6$: ....
$4m^2 + 5m$:	$(4x + 5) - (x + 6)$:	

2 Réduis l'expression quand c'est possible.

a. $4 + 5x$

....

b. $4 \times 5x$

....

c. $4x \times 5$

....

d. $4x + 5x$

....

e. $4x \times 5x$

....

f. $4x - 5x$

....

3 Relie chaque expression à sa forme réduite.

$7x + 3$ •	• $21x$
$7x + 3x$ •	• $10x$
$7x - 3x$ •	• $7x + 3$
$7x \times 3$ •	• $25x$
$5x + 5x$ •	• $21x^2$
$7x \times 3x$ •	• $4x$

4 Réduis en donnant le résultat simplifié.

A = $3a + 9a$ = ...

B = $17b + 3b$ = ...

C = $13d - 7d$ = ...

D = $45g - 22g$ = ...

E = $15a + 24a$ = ...

F = $87b + 13b$ = ...

G = $48d - 12d$ = ...

H = $61g - 67g$ = ...

5 Réduis les expressions le plus possible.

a. $15ac + 14ac$ = ...

b. $23xy - 35xy$ = ...

c. $2a^2 + 8a^2$ = ...

d. $7x^2 - 12x^2$ = ...

e. $7ab + 5ba$ = ...

f. $9{,}8yz - 15zy$ = ...

g. $11y^2 - 5 - 3y^2 + 13$ = ...

h. $2b^2 - 8b - 9b^2 + 6b$ = ...

6 On souhaite déterminer le périmètre de la figure suivante en fonction de a.

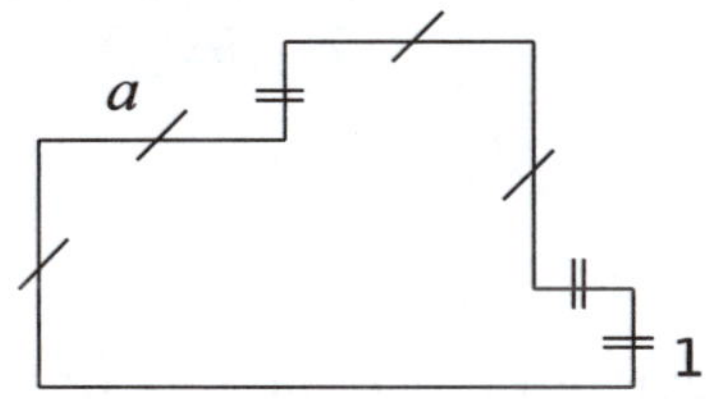

a. Parmi les expressions suivantes entoure celle(s) qui te semble(nt) correcte(s).

$a + 1 + a + a + 1 + 1 + 1 + a + a$

$a + 1 + 2a + 2 + 2a + 1 + 3a$

$a^2 + a^2 + a + 1$

$4a + 3 + 4a + 1$

$4a + 3$

$2a + 2 + 2a + 2 + 2a$

b. Propose une expression la plus réduite possible.

....

....

7 Souligne d'une même couleur les termes qui peuvent être regroupés puis réduits.

A = $8x + 10x + 4 + 9$

....

B = $-5 - 4w - 8w + 10$

....

C = $4m + 6 + 8m^2 + 1 + 6m + 12 + 4m^2 + 9$

....

D = $-4x - 6 + 12x^2 + 10 - 6x^2 + 12x + 4x + 9$

....

Série 4 Substituer une lettre par une valeur

Exercice corrigé

Calcule l'expression A = $5x(y + 2)$ pour $x = 3$ et $y = 4$.

Correction

A = $5x(y + 2)$

On écrit les signes × sous-entendus :

A = $5 \times x \times (y + 2)$

On remplace les lettres par leur valeur :

A = $5 \times 3 \times (4 + 2)$

On calcule :

A = 15×6

A = 90

1 Des nombres pour des lettres

a. Calcule la valeur de B et de Z pour $x = 5$.

B = $20x$	Z = $9x$
B = 20 × ………	Z = ……………………………
B = ………	Z = ……………………………

b. Calcule la valeur de M et de A pour $y = 10$.

M = $5y + 3$	A = $8y - 25$
M = 5 × ……… + 3	A = ……………………………
M = ……… + 3	A = ……………………………
M = ………	A = ……………………………

2 Avec deux lettres

a. Calcule la valeur de T et Y pour $a = 2$ et $b = 3$.

T = $7a + 3b - 3$	Y = $3a - 7b + 4$
T = ……………………………	Y = ……………………………
T = ……………………………	Y = ……………………………
T = ……………………………	Y = ……………………………
T = ……………………………	Y = ……………………………

b. Calcule la valeur de M, de E et de R pour $m = 5$ et $n = 9$.

M = $7m + 10n + mn$

……………………………………………………………………

……………………………………………………………………

……………………………………………………………………

……………………………………………………………………

E = $8n - 4m - 6mn$

……………………………………………………………………

……………………………………………………………………

……………………………………………………………………

……………………………………………………………………

R = $10n + 5mn - 8n$

……………………………………………………………………

……………………………………………………………………

……………………………………………………………………

……………………………………………………………………

3 En fonction de...

a. On considère ABC un triangle équilatéral dont la mesure du côté est représentée par la lettre x.

- Trace un schéma à main levée.
- Exprime, sous une forme réduite, le périmètre de ce triangle en fonction de x.

……………………………………………………………………

- Calcule ce périmètre pour x = 7,5 cm.

……………………………………………………………………

……………………………………………………………………

……………………………………………………………………

b. On considère le rectangle ROSE de largeur ℓ et de longueur L.

- Trace un schéma à main levée.
- Exprime le périmètre du rectangle ROSE en fonction de L et de ℓ, sous une forme réduite.

……………………………………………………………………

- Calcule le périmètre de ce rectangle pour L = 4 cm et ℓ = 3,5 cm.

……………………………………………………………………

……………………………………………………………………

……………………………………………………………………

Substituer une lettre par une valeur

4 Avec une figure

AB = 4 cm
DG = 2 cm
BE = x cm

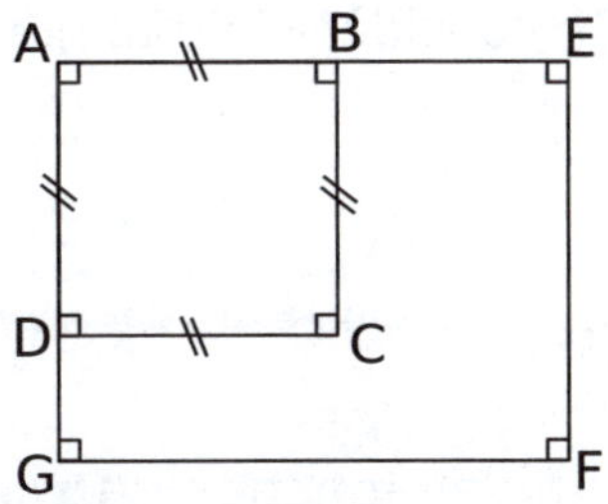

a. Calcule l'aire du carré ABCD.

....

b. Exprime en fonction de x et sous la forme d'une expression simplifiée l'aire du rectangle AEFG.

....

....

c. Calcule l'aire du rectangle AEFG pour $x = 4$.

....

....

5 Programme de calcul

```
1. Choisis un nombre.
2. Calcule le triple de ce nombre.
3. Calcule le double du nombre de départ.
4. Soustrais le nombre obtenu à l'étape 3
au nombre obtenu à l'étape 2.
```

a. Effectue ce programme pour le nombre 4.

....

....

b. Effectue ce programme pour le nombre 1,5.

....

....

c. Effectue ce programme pour un nombre x de départ et écris une expression simplifiée du résultat en fonction de x.

....

....

d. Utilise cette expression pour calculer le résultat obtenu à partir du nombre 3,5 puis du nombre 0.

....

....

....

....

6 Somme de nombres

a. Réduis $S = n + n + 1$.

....

b. Calcule la valeur de S pour $n = 15$, puis $n = 26$.

....

....

c. Que dire de la somme de deux nombres consécutifs ? Pourquoi ?

....

....

d. Que dire de la somme de trois nombres consécutifs ? Pourquoi ?

....

....

....

7

Calcule la valeur de V, de A et de R pour $x = 11$.

$V = 5(x + 9)$

....

....

$A = 9x(6x + 5)$

....

....

$R = (255 - 5x)(7x + 33)$

....

....

....

8

On donne $x = 21$; $y = 48$ et $z = 13$. Remplace les lettres par leurs valeurs puis calcule.

a. $A = x + \dfrac{y}{z}$

....

....

....

....

b. $B = \dfrac{x}{y + z}$

....

....

....

....

Tester une égalité

Exercice corrigé

3 rend-il vraie l'égalité $2x^2 - 5 = x + 10$?

Correction

Pour $x = 3$:
$2x^2 - 5 = 2 \times 3^2 - 5 = 2 \times 9 - 5 = 13$
$x + 10 = 3 + 10 = 13$
3 rend vraie l'égalité $2x^2 - 5 = x + 10$.

1 L'égalité $5x = 2x + 15$ est-elle vérifiée :

a. pour $x = 4$?

D'une part : .... | D'autre part : ....

Donc ....

b. pour $x = 5$?

2 **Solution unique ?**

a. Montre que, pour $x = 3$, l'égalité $2x^2 = 6x$ est vérifiée.

b. Peux-tu trouver un autre nombre pour lequel l'égalité précédente est vérifiée ?

3 **Vérifier un calcul**

a. Réduis $A = 7x - 6 - 2x + 10$.

b. Teste ton calcul pour $x = 0$ puis pour $x = 5$.

4 Détermine si l'égalité $3y = 4x - 3$ est vérifiée pour $y = 3$ et $x = 3$.

5 On considère le triangle équilatéral et le rectangle suivants.

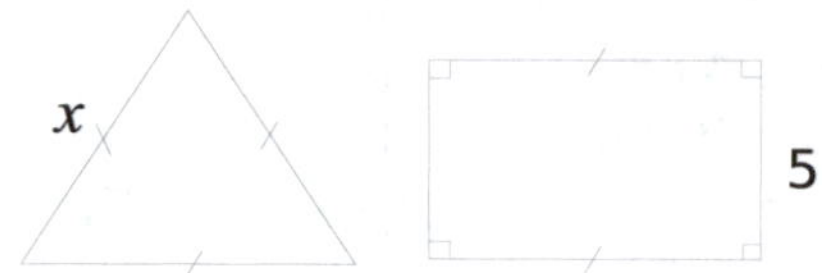

Exprime en fonction de x :

a. le périmètre du triangle ;

b. le périmètre du rectangle.

c. Quelle expression mathématique traduit la phrase : « le périmètre du triangle est égale au périmètre du rectangle » ?

d. Teste l'égalité pour $x = 8$ et $x = 10$?

e. Comment choisir x pour que le périmètre du triangle soit égal au périmètre du rectangle ?

6 Un disquaire en ligne propose de télécharger légalement de la musique.

- Offre A : 1,20 € par morceau téléchargé
- Offre B : 0,50 € par morceau téléchargé moyennant un abonnement annuel de 35 €

a. Soit n le nombre de morceaux téléchargés. Exprime chaque offre en fonction de n.

b. Mélanie achète 60 morceaux. Quelle offre doit-elle choisir pour dépenser le moins possible ?

c. Émir a dépensé 57,60 € pour 48 morceaux téléchargés. Quelle offre a-t-il choisie ? A-t-il eu raison ?

Proportionnalité

B1

Série 1 Reconnaître deux grandeurs proportionnelles

Exercice corrigé

a. Un papetier a collé l'affiche ci-dessous. Le nombre de cahiers est-il proportionnel au prix ?

2 cahiers : 4,50 €
4 cahiers : 9 €
10 cahiers : 22,50 €

b. Il propose en septembre 5 cahiers pour 10 €. Le prix des cahiers reste-t-il proportionnel au nombre de cahiers achetés ?

Correction

a. 2 cahiers coûtent 4,50 €, 1 cahier coûte 4,5 : 2 = 2,25 €.
4 × 2,25 € = 9 € et 10 × 2,25 = 22,50 €, donc le prix payé est proportionnel au nombre de cahiers achetés.

b. 5 cahiers devraient coûter 5 × 2,25 € = 11,25 €, c'est bien une promotion. Le prix payé n'est plus proportionnel au nombre de cahiers achetés.

1 Les prix pratiqués par ce cinéma sont-ils proportionnels au nombre de séances ?

Nombre de séances	1	4	14
Prix à payer (en €)	8	32	112

....

....

....

....

....

....

2 Les prix pratiqués par ce primeur sont-ils proportionnels à la masse de cerises ?

Masse de cerises	1	3,5	5
Prix à payer (en €)	3	10,50	15

....

....

....

....

....

....

3 Complète le tableau donnant le périmètre et l'aire de plusieurs carrés de côtés différents.

Côté (cm)	2	3	4	10
Périmètre (cm)	8			
Aire (cm²)	4			

a. Le périmètre est-il proportionnel au côté du carré ?

....

....

....

b. L'aire est-elle proportionnelle au côté du carré ?

....

....

....

c. Le périmètre est-il proportionnel à l'aire ?

....

....

....

4 Un fleuriste a affiché ses prix. Qu'en penses-tu ?

3 roses : 7,20 €
7 roses : 17,50 €

....

....

....

....

5 Le nombre de pas indiqué par mon podomètre est-il proportionnel à la distance parcourue ?

Nombre de pas	100	1 590	2 380
Distance (en m)	70	1 113	1 666

....

....

....

....

....

....

Reconnaître deux grandeurs proportionnelles

6 Températures : une question d'unité

a. Pour transformer des températures en degrés Celsius, utilisés en France, en degrés Fahrenheit, utilisés aux USA, on utilise la formule suivante :

$$[°F] = 1{,}8 \times [°C] + 32.$$

• Calcule 5 °C en °F : ....

• Calcule 20 °C en °F : ....

b. Ces deux mesures de températures sont-elles proportionnelles ? Justifie.

....

....

....

7 Triangles

a. On considère un triangle ABC dont les côtés mesurent 4 cm , 8 cm et 10 cm. Calcule le périmètre de ce triangle.

....

Pour les questions b. à d., réponds par vrai ou faux et justifie.

b. On multiplie chaque longueur des côtés du triangle ABC par 4. Le périmètre du triangle obtenu quadruple-t-il ?

....

....

....

....

c. On ajoute 4 cm à chaque longueur des côtés du triangle ABC. Le périmètre du triangle obtenu quadruple-t-il ?

....

....

....

....

d. On divise par 2 chaque longueur des côtés du triangle ABC. Le périmètre du triangle obtenu est-il divisé par 2 ?

....

....

....

....

8

ABCD est un rectangle tel que AD = 4. La longueur [DC] n'est pas connue.

E est le milieu de [DC].

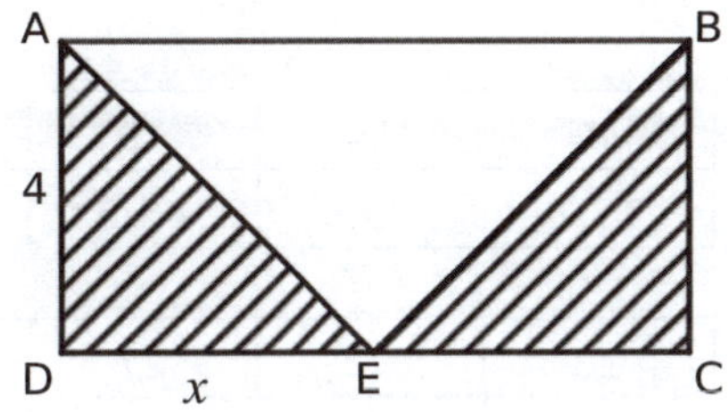

a. Complète le tableau donnant l'aire de la partie hachurée.

Longueur de [DE]	2	5	12
Aire de la partie hachurée			

b. L'aire de la partie hachurée est-elle proportionnelle à la longueur du côté [DE] ? Justifie.

....

....

....

....

....

....

9 Programme de calcul

Soit le programme de calcul suivant.

```
• Choisis un nombre.
• Multiplie par 9.
• Soustrais le double du nombre choisi.
```

a. Exécute ce programme de calcul :

pour $x = 3$	pour $x = 10$
....	....
....	....

b. Le résultat te semble-t-il proportionnel au nombre choisi au départ ? Justifie.

....

....

....

....

....

....

....

Reconnaître un tableau de proportionnalité

Exercice corrigé

Les tableaux ci-dessous sont-ils des tableaux de proportionnalité ?

a.

5	8	14	19	24
12	19,2	33,6	45,6	57,6

b.

12	18	32	27	54
8	12	20	18	36

Correction

a. On calcule les quotients, pouvant être le coefficient de proportionnalité :

$\frac{12}{5} = 2{,}4$; $\frac{19{,}2}{8} = 2{,}4$; $\frac{33{,}6}{14} = 2{,}4$;

$\frac{45{,}6}{19} = 2{,}4$; $\frac{57{,}6}{24} = 2{,}4$

Ils sont égaux donc c'est un tableau de proportionnalité de coefficient **2,4**.

b. $\frac{12}{8} = 1{,}5$; $\frac{18}{12} = 1{,}5$; $\frac{\mathbf{32}}{\mathbf{20}} = 1{,}6$

On a trouvé un quotient différent des deux précédents, il est donc inutile de calculer les suivants. Ce n'est pas un tableau de proportionnalité.

1 Explique pourquoi les tableaux suivants ne sont pas des tableaux de proportionnalité.

a.

10	15	30
15	25	50

b.

8	15
20	40

c.

20	60	80
50	150	220

d.

123,35	1 354,76
765,87	1 236,23

2 Complète ces tableaux de proportionnalité.

×…

1	12	8	
		24	75

×…

185		361	
	72	1 444	1 700

×5

			60
3	10	26	

3 Complète les tableaux de proportionnalité uniquement à l'aide d'opérations sur les colonnes.

6	9	15		30	
	21		63		84

4	2	6			14
		9	15	18	

4 Corrige une case de chaque tableau pour qu'il devienne un tableau de proportionnalité.

a.

3	21	50
5	35	70

b.

14	36	40
10,5	27	37,5

5 Des rouleaux de tapisserie sont vendus par lots de 6 au prix de 7 € le lot.

a. Quel est le prix de 24 rouleaux ?

b. Combien de rouleaux aurai-je pour 70 € ?

c. Complète alors le tableau ci-dessous à l'aide des questions précédentes.

Nombre de rouleaux			
Prix des rouleaux (en €)			

Résoudre un problème de proportionnalité

1 La pâtissière a pesé ses beignets et a trouvé :

300 g

450 g

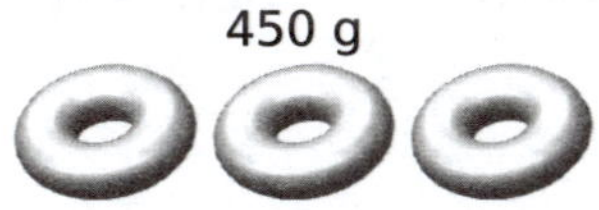

Combien pèse(nt) :

- 5 beignets ?
- 6 beignets ?
- 10 beignets ?
- 1 beignet ?

2 J'ai acheté 6 bouteilles de boisson gazeuse que j'ai payées 9 €.

a. Réalise un schéma qui traduit cette situation.

b. Donne le prix de 3 bouteilles.

c. Donne le prix de 5 bouteilles.

d. Donne le prix de 22 bouteilles.

3 Des yaourts sont vendus par lots de 4 au prix de 1,10 € le lot.

a. Quel est le prix de 12 yaourts ?

b. Combien de yaourts aurai-je pour 5,50 € ?

4 La classe des 23 élèves de 4e A va au ski. Les forfaits coûtent au total 356,50 €. Paul se demande combien cela coûtera pour les 27 élèves de sa classe de 5e B.

a. Complète le tableau de proportionnalité ci-dessous.

	23	1

b. Réponds à l'interrogation de Paul.

5 Une voiture consomme en moyenne 4,9 L d'essence pour 100 km parcourus. Quelle quantité d'essence faut-il prévoir pour parcourir 196 km ?

a. Représente cette situation dans le tableau de proportionnalité suivant.

b. Déduis-en la quantité d'essence cherchée.

6 Un robinet laisse échapper de façon continue trois litres d'eau en deux heures.

a. Quelle quantité d'eau se sera écoulée au bout d'une demi-journée ?

b. Quel temps s'est écoulé pour laisser s'échapper 51 litres ?

c. L'eau est facturée 0,003 1 € le litre. Quel montant coûtera cette fuite au bout d'un an ?

Série 3 Résoudre un problème de proportionnalité

7 On a remarqué que deux euros (€) valent trois dollars canadiens (CAD).

a. Combien valent 80 € en dollars canadiens ?

....

b. Combien valent 600 CAD en euros ?

....

8 Aux États-Unis, on achète l'essence au gallon et non au litre. Un gallon mesure environ 3,8 L et valait 2,5 dollars (US$) en moyenne en novembre 2020.

a. Combien payait-on pour un plein de 38 L ?

....

....

b. À la même période, un litre d'essence valait 1,35 €. Quel prix payait-on pour un plein de 38 L ?

....

c. Sachant qu'1 euro valait 1,19 US$, quelle économie a fait l'automobiliste américain ?

....

....

....

9 Un agriculteur a clôturé un premier champ carré de 250 m de côté.

a. Quelle longueur de clôture a-t-il utilisée ?

....

....

b. Quelle longueur de clôture utilisera-t-il pour un autre champ carré dont le côté est le triple du premier ?

....

....

....

10 Dans chaque cas, justifie ta réponse.

a. On double seulement la longueur d'un rectangle. Son périmètre double-t-il ?

....

....

....

....

b. On double la longueur et la largeur d'un rectangle. Son périmètre double-t-il ?

....

....

....

c. On triple le rayon d'un cercle. Son périmètre triple-t-il ?

....

....

11 Deux dockers ont réussi à charger en trois heures cinq tonnes de marchandises.

a. Combien de temps mettraient huit dockers pour charger cinq tonnes de marchandises ?

....

....

....

b. Combien de tonnes de marchandises pourraient charger dix dockers en trois heures ?

....

....

....

c. Combien de dockers faudrait-il pour charger quinze tonnes en une heure ?

....

....

....

....

12 Trois professeurs de maths ont corrigé en deux heures 100 copies d'élèves.

a. Combien de professeurs faudrait-il pour corriger 50 copies en 20 minutes ?

....

....

....

b. Combien de temps mettraient 9 professeurs pour corriger ces 100 copies?

....

....

....

Série 4 Utiliser un pourcentage

Exercice corrigé

Julien obtient une réduction de 15 % sur un vélo valant 158 €.
Quel est le montant de la réduction obtenue par Julien ?

Tri des données :

	En €	En %
Réduction	?	15
Total	158	100

Correction

Julien obtient une réduction de 15 % sur un vélo valant 158 € :

$158 \times \frac{15}{100} = 23,7$

Le montant de la réduction obtenue par Julien est de 23,70 €.

1 Une entreprise a produit 300 tonnes d'écrous et de vis. Elle a vendu un quart de sa production sur le marché national, 50 % sur le marché européen, 10 % sur le marché américain et le reste sur le marché asiatique. Dans chaque cas, calcule la masse d'écrous (en tonnes) vendue.

....

....

....

....

....

2 Quel est le volume de chlorure de sodium (sel) contenu dans un flacon de 2 L dont le sel représente 0,9 % du volume total ?

....

....

3 Au collège de Noémie, le foyer socio-éducatif (FSE) prend en charge 25 % du financement des voyages scolaires alors que, dans celui de Sofian, pour un voyage de 180 €, le FSE a donné 54 €.

a. Si Noémie participe à un voyage qui coûte 180 €, quel montant sera pris en charge par le FSE ?

....

....

....

b. Quel pourcentage du financement des voyages scolaires le FSE du collège de Sofian prend-il en charge ?

....

....

....

4 Un commerçant a accordé un rabais de 15 % sur un article qui coûtait initialement 230 €.

a. Quel sera le nouveau prix de vente ?

....

....

b. Il décide d'accorder un rabais de 69 € sur un article qui coûtait initialement 230 €. Quel est le pourcentage de réduction ?

....

....

5 On a relevé, dans les classes de 6e d'un collège, le nombre d'élèves qui font du sport dans un club.
En 6e A, 8 élèves sur 25 font du sport en club.
En 6e B, 13 élèves sur 26 font du sport en club.

a. Complète les tableaux de proportionnalité.

6e A

8	
25	100

6e B

13	
26	100

b. Complète les phrases suivantes.

- .... % des élèves de 6e A font du sport en club.
- .... % des élèves de 6e B font du sport en club.

6 Un concessionnaire automobile a vendu, cette année, 600 véhicules dont 420 berlines.
Dresse un tableau de proportionnalité te permettant de déterminer le pourcentage de berlines vendues par ce concessionnaire.

....

....

....

Série 4 Utiliser un pourcentage

7 Un collège de 620 élèves compte 372 élèves demi-pensionnaires. Quel est le pourcentage d'élèves demi-pensionnaires de ce collège ?

8 Dans un stade de 25 000 places, il y a eu 21 250 spectateurs lors du dernier match.

a. Complète le tableau de proportionnalité.

21 250	
25 000	100

b. Quel était le pourcentage de places occupées lors de cette rencontre ?

9 Au football, Rinaldo a réussi 102 buts sur ses 120 derniers matchs alors que Massi en a réussi 72 sur 84 derniers matchs. Quel est le meilleur buteur ?

10 « Fin 2020, quatre élèves de 5e sur cinq déclarent posséder un téléphone portable et 31 sur 50 faire partie d'au moins un réseau social. »
Écris cette phrase avec des pourcentages.

11 On mélange deux verres identiques contenant des boissons au sirop : dans l'un des verres il y a 3 % de sirop et dans l'autre 5 %. Quel est le pourcentage de sirop dans le mélange ?

12 **Élections présidentielles 2017**

a. Lors de l'élection en Bretagne, 1 726 688 personnes se sont exprimées. M. Macron a obtenu 75,36 % des suffrages exprimés. Calcule le nombre de personnes qui ont voté pour lui.

b. Pour la même élection, en Bretagne, il y avait 1 954 928 votants. Calcule le pourcentage de votes exprimés parmi les votants.

c. En PACA (Provence-Alpes-Côte d'Azur), il y a eu 2 355 752 votes exprimés. M. Macron a obtenu 55,47 % de ces votes. Calcule le nombre de personnes qui ont voté pour lui en région PACA.

13 **Réchauffement climatique**

Ce tableau indique la quantité de CO_2, en millions de tonnes (Mt), émise par trois continents.

Années	Amérique	Asie	Europe
1990	6 461	5 209	8 382
2017	7 564	17 570	

a. Calcule le pourcentage d'augmentation d'émissions de CO_2 émis par l'Asie en 27 ans.

b. Calcule la quantité de CO_2 émise par l'Europe en 2017 sachant qu'elle a diminué de 25,2 % en 27 ans.

c. Calcule le pourcentage d'émissions de CO_2 de l'Asie par rapport aux trois continents en 2017.

Série 5 Utiliser ou calculer une échelle

Exercice corrigé

La maquette d'une maison est à l'échelle 1/48.
a. Quelle est la taille réelle d'une pièce longue de 12 cm sur la maquette ?
b. Quelle est la taille sur la maquette d'une pièce de 7,2 m de long dans la réalité ?

Correction

On exprime toutes les dimensions en cm.
L'échelle est le coefficient de proportionnalité.

Sur la maquette (en cm)	1	12	x
En réalité (en cm)	48	y	720

×48

Après calcul, on conclut.
a. La taille réelle d'une pièce longue de 12 cm sur la maquette est 576 cm (ou 5,76 m).
b. La taille sur la maquette d'une pièce de 7,2 m de long dans la réalité est 15 cm.

1 Lorsqu'un plan est réalisé à l'échelle, il y a proportionnalité entre les dimensions sur le plan et les dimensions réelles. Complète le tableau.

Dimensions sur le plan (en cm)	1	5		30
Dimensions réelles (en km)	4		50	

2 Complète.

Échelle 1/2 000

Plan	Réalité
1 cm ↔	.... cm
1 cm ↔	.... m
10 cm ↔	.... m
.... cm ↔	18 m

Échelle 1/500 000

Plan	Réalité
1 cm ↔	.... km
.... cm ↔	15 km
25 cm ↔	.... km
1 mm ↔	.... km

3 Sur un plan de maison à l'échelle 1/100, la salle à manger est représentée par un rectangle de 8 cm de long sur 6 cm de large. Quelles sont les dimensions réelles de cette pièce ?

....

....

....

....

4 **Calcul de l'échelle de la carte**

a. Sur une carte, la distance entre deux villes est de 5 cm. En réalité, elle est de 15 km.

Carte	5 cm	1 cm
Réalité	15 km	.... km

1 cm sur le plan représente .... cm en réalité donc l'échelle est de ....

b. Sur une carte, 2 cm représentent 800 m.

Carte	2 cm	1 cm
Réalité	800 m	.... m

1 cm sur le plan représente .... cm en réalité donc l'échelle est de ....

c. Sur une carte, 0,5 cm représente 2 000 m.

Carte	0,5 cm	1 cm
Réalité	2 000 m	.... m

1 cm sur le plan représente .... cm en réalité donc l'échelle est de ....

5 Complète les phrases suivantes.

a. 1 cm sur le plan correspond à 50 cm en réalité.

L'échelle du plan est donc : ..... / ....

b. 1 cm sur le plan correspond à 5 000 cm en réalité.

L'échelle du plan est donc : ..... / ....

c. 1 cm sur le plan correspond à 1 km en réalité.

1 km = ... cm.

L'échelle du plan est donc : ..... / ....

6 Sur le plan d'une maison, les portes sont représentées par un segment de 1,2 cm de long. En réalité, elles sont larges de 0,80 m. Quelle est l'échelle de ce plan ?

....

....

....

....

....

....

Série 6 Utiliser un ratio

Exercice corrigé

300 € sont partagés entre Julie et Rayan dans le ratio 2:3 (on lit « deux pour trois »).
Combien chacun d'entre eux recevra-t-il ?

Correction

1re méthode :
Julie aura **2** parts et Rayan **3** parts soit un total de **5** parts. On partage donc 300 € en 5 parts :
300 : 5 = 60 €.
Julie recevra : 60 × 2 = 120 €.
Rayan recevra : 60 × 3 = 180 €.

2e méthode :
On établit un tableau de proportionnalité.

	Julie	Rayan	Total
Ratio	2	3	5
Somme (€)			**300**

On calcule le coefficient de proportionnalité :
300 : 5 = 60
Puis on calcule les parts de Julie et Rayan.

1 Donne le ratio dans lesquelles sont représentées les étoiles et les lunes.

✶✶✶✶☾☾☾	Ratio = ...
✶✶✶✶✶✶✶☾☾	Ratio = ...
✶✶☾☾☾☾☾ ✶✶☾☾☾☾☾	Ratio = ...

2 Simplifier des ratios

a. Simplifie $\frac{30}{48}$ puis le ratio 30:48.

....

b. Simplifie les ratios suivants.

14:16 = ...
8:72 = ...
35:15 = ...
70:50 = ...
36:81 = ...
42:48 = ...

3 Dans chaque cas, complète les égalités pour obtenir deux ratios égaux.

a. 18:........ = 9:4
b. 8:3 = ... :24
c. ....:30 = 5:6
d. 2:3 = 24:........
e. ....:3 = 7:1
f. 1:2:3 = 4:....:....

4 Une vinaigrette de 450 mL composée d'huile et de vinaigre est réalisée dans le ratio 3:1.

a. Quelles sont les quantités d'huile et de vinaigre ?

....
....
....

b. Si on rajoute 6 cL d'huile, quelle quantité de vinaigre doit-on mettre ?

....
....
....

5 Un paquet de 20 bonbons en contient à la menthe et 8 au citron. Quel est le ratio bonbons à la menthe et bonbons au citron ?

....
....
....

6 Amine a ramassé 32 champignons composés de 2 cèpes et des girolles. Dans quel ratio sont les girolles et les cèpes ?

....
....

7 En France, les garçons et les filles naissent dans un ratio de 105:100. En 2019, on a dénombré 753 000 naissances. Combien de garçons et de filles sont nés cette année-là ?

....
....

8 Pour le dosage du béton, les volumes de ciment, de sable et de gravier sont dans le ratio 1:2:3.

a. Quelle masse de sable et de gravier faut-il si on dispose de 300 kg de ciment ?

....
....
....

b. Quelle est la quantité de béton obtenue ?

....
....
....

Statistiques et probabilités

B2

Lire et interpréter des données

Exercice corrigé

Le tableau suivant présente les résultats d'une enquête sur les animaux domestiques.

		Chien	
		OUI	NON
Chat	OUI	56	344
	NON	405	165

Combien de personnes :

a. ont un chien mais pas de chat ?
b. ont un chat mais pas de chien ?
c. ont un chien ?

Correction

a. 405 personnes ont un chien mais pas de chat.
b. 344 personnes ont un chat mais pas de chien.
c. 405 + 56 = 461 donc 461 personnes ont un chien.

1 Ce tableau présente les distances en kilomètres entre des grandes villes françaises.

	Bordeaux	Lille	Lyon	Marseille	Paris	Toulouse
Bordeaux	-	786	549	657	559	250
Lille	786	-	668	979	224	905
Lyon	549	668	-	316	473	467
Marseille	657	979	316	-	769	400
Paris	559	224	473	769	-	681
Toulouse	250	905	467	400	682	-

a. Quelle est la distance :

• entre Bordeaux et Paris ? ....

• entre Toulouse et Marseille ? ....

b. Quelles sont les deux villes distantes d'exactement 668 km ?

....

c. Quelles sont les deux villes les plus proches ?

....

d. Quelles sont les deux villes les plus éloignées ?

....

e. Il y a une erreur dans ce tableau. Trouve-la !

....

....

2 Le tableau suivant donne la répartition (en millions d'habitants) par âge et par sexe de la population en France métropolitaine au 1er janvier 2020 (*source : Insee*).

	Ensemble	Hommes	Femmes
Population totale	67	32,3	34,7
Moins de 20 ans	16,1	8,2	7,9
De 20 à 64 ans	37,2	18,2	19
65 ans ou plus	13,7	5,9	7,8

En observant le tableau, lis ou calcule le nombre :

a. d'hommes de moins de 20 ans : ....

b. d'hommes de 20 ans ou plus : ....

c. de femmes de 20 à 64 ans : ....

d. de femmes de 64 ans ou moins : ....

e. d'habitants de 65 ans ou plus : ....

f. d'habitants de 20 ans ou plus : ....

g. de femmes : ....

h. d'habitants : ....

3 Le tableau suivant indique le nombre de livres lus en 2012 par les Français *(source : Insee)*.

	Femmes	Hommes
Aucun livre	33 %	55 %
de 1 à 5 livres	29 %	23 %
de 6 à 11 livres	19 %	12 %
de 12 à 23 livres	11 %	6 %
24 livres ou plus	8 %	4 %

Donne, si possible, le pourcentage :

a. de femmes ayant lu de 1 à 5 livres :

....

b. de femmes ayant lu moins de 12 livres :

....

c. d'hommes ayant lu au moins 6 livres :

....

d. de Français qui n'ont lu aucun livre :

....

e. d'hommes ayant lu plus de 11 livres :

....

f. de Français ayant lu au plus 5 livres :

....

4 D'après brevet

Cet exercice porte sur la consommation d'énergie en France. Le tableau ci-dessous donne la répartition (exprimée en pourcentage) de la consommation des différents types d'énergie entre 1973 et 2014.

	Électricité	Pétrole	Énergies renouvelables	Charbon
1973	4,3	67,6	5,2	15,5
1980	11,7	56,4	4,4	16,4
1990	36,4	38,7	5,0	8,4
2002	41,7	34,6	4,3	4,7
2014	45,4	30,2	7,0	3,4

Source : INSEE

a. Quel pourcentage de la consommation d'énergie le pétrole représentait-il en 1980 ?

....

b. Quel type d'énergie était la plus consommée :

en 1973 ? ....

en 2014 ? ....

c. Quel type d'énergie était la moins consommée :

en 1973 ? ....

en 2014 ? ....

d. Quel est le type d'énergie dont la consommation n'a cessé de diminuer de 1973 à 2014 ?

....

e. À partir du tableau précédent, on a créé, pour une des années, un diagramme représentant la répartition des différents types d'énergie.
Détermine de quelle année il s'agit.

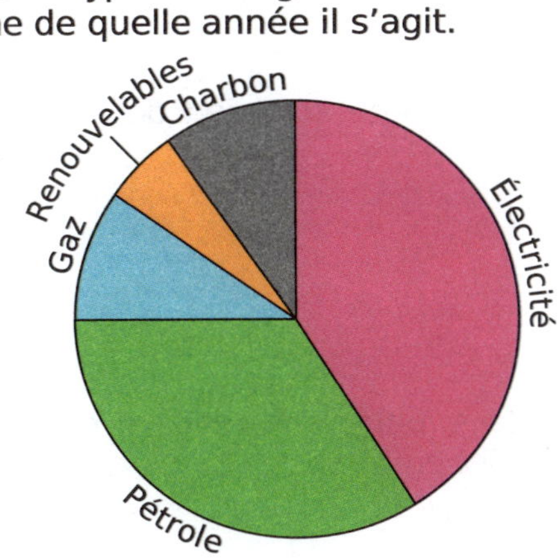

....

....

5 Ce tableau indique le temps mis par trois concurrentes, en course à pied, par étapes.

	Étape 1	Étape 2	Étape 3	Étape 4
Lise	6 min 32 s	12 min 4 s	3 min 49 s	6 min 8 s
Nadia	6 min 24 s	12 min 48 s	3 min 12 s	5 min 16 s
Julie	5 min 51 s	13 min 11 s	4 min 47 s	7 min 37 s

a. Qui a été la plus rapide à l'étape 1 ?

....

b. À quelle étape Lise a-t-elle été la plus rapide ?

....

c. En combien de temps Nadia a-t-elle couru les deux premières étapes ?

....

6 Le graphique suivant donne le **poids (en kg)** de Jérôme. Les courbes en **rouge** représentent les poids minimum et maximum conseillés.

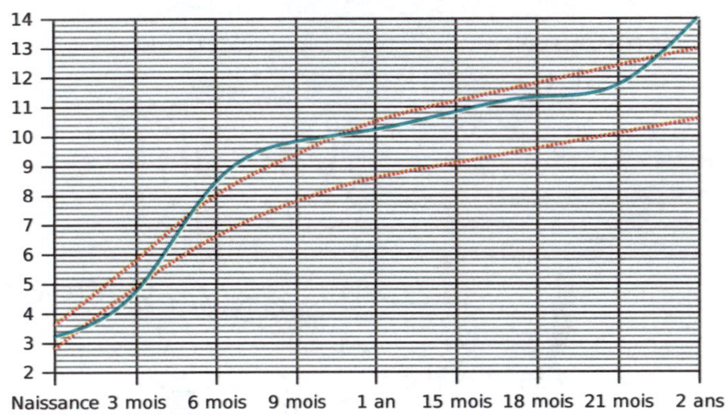

a. À quels âges Jérôme est-il au-dessus du poids maximum conseillé ?

....

....

b. À quel âge Jérôme est-il en dessous du poids minimum conseillé ?

....

c. Complète le tableau à l'aide du graphique.

Âge en mois	0	3	6	9	12	15	18	21	24
Poids en kg									

d. De combien de kilogrammes son poids a-t-il augmenté entre ses deux anniversaires ?

....

....

7 Autour de la forêt (source : www.ifn.fr)

Document 1 :

Couverture du sol en France en 2008 (en %)

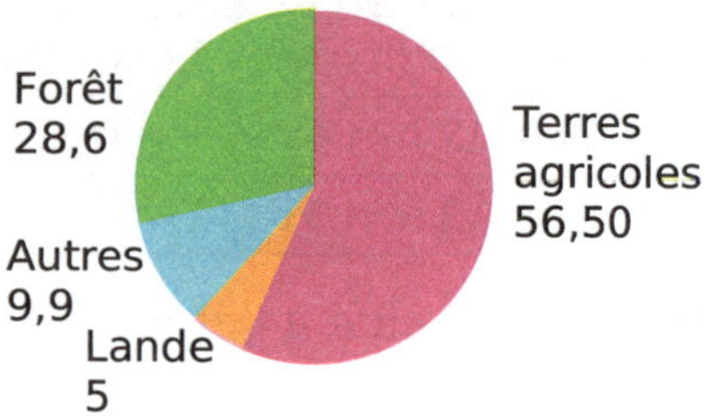

Document 2 : En 2013, dix départements ont un taux de boisement inférieur à 10 %. Six départements sont couverts pour plus de moitié de forêt.

Département	Var	Landes	Alpes-Maritimes	Alpes-de-Haute-Provence	Ardèche	Corse du Sud
Taux de boisement en %	64 %	62 %	60 %	56 %	55 %	68 %

Document 3 : Superficie forestière en milliers d'hectares

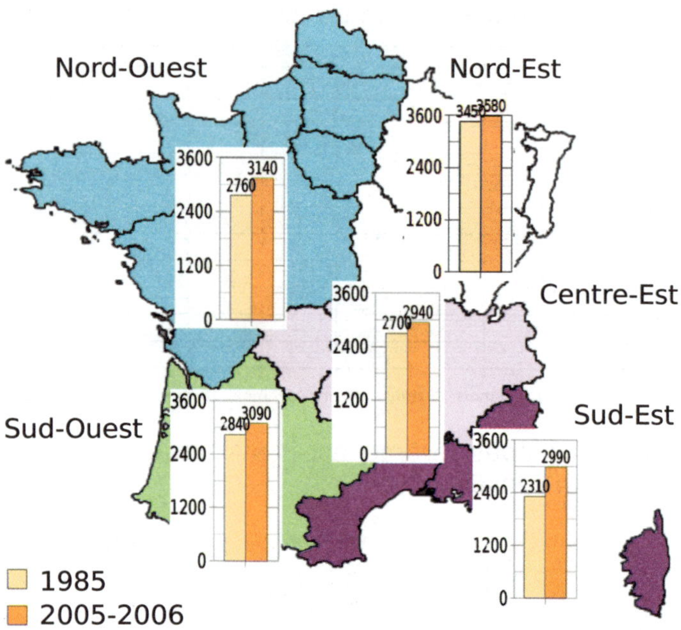

Document 4 :

En 2008 / Essence	Superficie des forêts dédiées à la production de bois (en milliers d'ha)	Volume sur pied (en millions de m³)	Production brute annuelle (en millions de m³)
Chêne	5 440	681	19,6
Hêtre	1 390	260	8,4
Autres feuillus	3 550	560	27,9
Sapin-Épicéa	1 210	368	16,5
Pin maritime	1 100	179	11,1
Autres conifères	2 170	358	17,6
Total	14 860	2 406	101,1

Document 5 :

Évolution de la surface forestière française

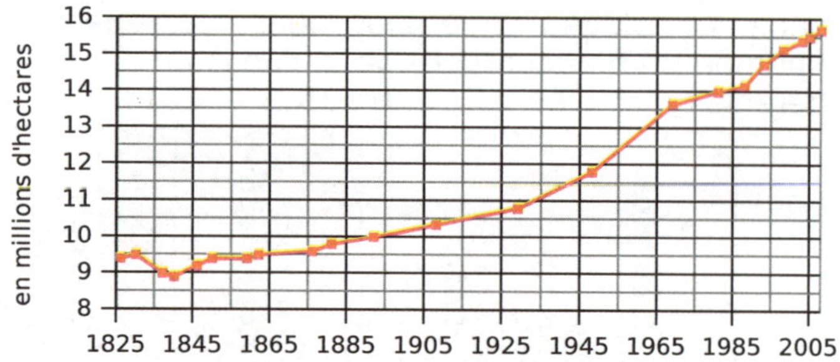

Tu répondras à chacune de ces questions en précisant quel document t'a permis de répondre.

a. Comment la surface forestière française a-t-elle évolué depuis 1825 ?

....

....

....

b. Quel pourcentage de la couverture du sol la forêt représente-t-elle en 2008 ? Compare avec les terres agricoles.

....

....

....

c. Que signifie le 62 % dans le **document 2** ?

....

....

....

d. Quelles sont les superficies forestières dans le Sud-Est en 1985 et en 2005-2006 ?

....

....

....

e. Quel est le volume sur pied de l'ensemble des feuillus en 2008 ?

....

....

....

f. Compare la superficie forestière du Nord-Ouest et du Centre-Est en 1985.

....

....

....

Calculer des effectifs et des fréquences

Exercice corrigé

Dans une classe de 30 élèves, il y a 12 filles. Calcule la fréquence des filles dans cette classe puis exprime celle-ci en pourcentage.

Correction

Il y a dans la classe **12** filles **sur 30** élèves.

La fréquence des filles est donc $\frac{12}{30}$ soit $\frac{2}{5}$ ou 0,4.

Or $\frac{2}{5} \times 100 = 40$ ou $0{,}4 \times 100 = 40$

Donc 40 % des élèves de cette classe sont des filles.

1 On a écrit la même expression dans différentes langues (néerlandaise, italienne, anglaise, allemande, française et espagnole).

① Gelukkige verjaardag

② Buon compleanno

③ Happy Birthday

④ Alles Gute zum Geburtstag

⑤ Joyeux anniversaire

⑥ Feliz cumpleaños

Calcule la fréquence des voyelles dans chaque expression.

....

....

....

....

....

....

2 Dans les classes de 5ᵉ 1 et 5ᵉ 2 d'un collège, 32 élèves sont demi-pensionnaires (DP) dont 14 sont en 5ᵉ 2. Les 11 autres élèves de la classe sont externes comme 9 élèves de la classe de 5ᵉ 1.

a. Complète le tableau suivant.

	5ᵉ 1	5ᵉ 2	Total
Externes			
DP			
Total			

b. Combien d'élèves y a-t-il en 5ᵉ 1 ?

....

c. Quel est le nombre total d'élèves pour ces deux classes ?

....

....

3 Le diagramme en bâtons ci-dessous représente le temps de trajet pour venir au collège des élèves de 5ᵉ A.

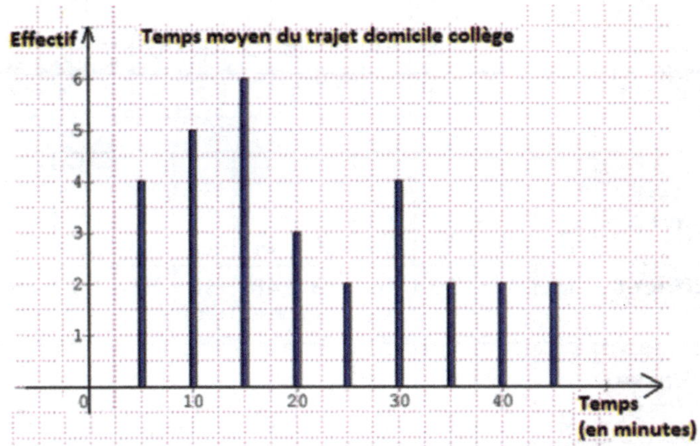

a. Calcule l'effectif total de la classe de 5ᵉ A.

....

....

....

b. Quelle est la fréquence des élèves dont le temps de trajet est égal à 15 minutes ?

....

....

....

c. Quelle est la fréquence des élèves dont le temps de trajet est égal à 45 minutes ?

....

....

d. Quelle est la fréquence des élèves dont le temps de trajet est compris entre 5 et 30 minutes incluses ? Écris le résultat sous la forme d'un pourcentage.

....

....

4 **Logique**

Dans un collège, on a demandé aux élèves de 5ᵉ, le sport qu'ils pratiquent au sein d'un club. Le tableau suivant récapitule les différentes réponses. Complète-le.

Sport	Football	Basket	Rugby	Tennis	Danse	Équitation	Total
Effectif	52	48	35	27	46		250
Fréquence							

Calculer des effectifs et des fréquences

5 Ces tableaux donnent la répartition des masses des œufs (en grammes) d'un élevage de poules.

Masse en g	41 et –	42	43	44	45	46	47	48	49	50	51	52	53
Effectif	4	1	2	1	2	2	3	2	2	3	4	4	10

Masse en g	54	55	56	57	58	59	60	61	62	63
Effectif	15	17	30	46	39	48	57	55	53	68

Masse en g	64	65	66	67	68	69	70	71	72	73 et +
Effectif	72	91	94	93	85	75	68	59	55	140

a. Calcule le nombre d'œufs répertoriés.

....

b. Suivant les pays, les œufs ne sont pas calibrés de la même façon. Complète la colonne E (effectif) pour chaque tableau.

Canada			
Calibre		E	F
Pee wee	41 g et moins		
Petit	42 g à 48 g		
Moyen	49 g à 55 g		
Gros	56 g à 63 g		
Extra gros	64 g à 69 g		
Jumbo	70 g et plus		

France			
Calibre		E	F
S	52 g et moins		
M	53 g à 62 g		
L	63 g à 72 g		
XL	73 g et plus		

Suisse			
Calibre		E	F
Petit	49 g et moins		
Moyen	50 g à 65 g		
Gros	66 g et plus		

c. Complète la colonne F (fréquence en pourcentage) de chaque tableau.

d. Compare les pourcentages obtenus dans chaque pays pour la catégorie gros (L pour la France).

....

....

....

6 Voici le classement des 21 pays ayant obtenu des médailles d'or lors des jeux Olympiques d'hiver de Pyeongchang 2018 en Corée.

Norvège	14	Suisse	5	Biélorussie	2
Allemagne	14	France	5	Chine	1
Canada	11	Autriche	5	Slovaquie	1
États-Unis	9	Japon	4	Finlande	1
Pays-Bas	7	Italie	3	Grande-Bretagne	1
Suède	7	Russie	2	Pologne	1
République de Corée	5	République Tchèque	2	Hongrie	1

a. Quels sont les pays qui ont remporté 5 médailles d'or ?

....

....

b. Complète le tableau suivant.

Nombre de médailles	**1**	**2**	**3**	**4**	**5**	**7**	**8**	**9**	**11**	**14**
Effectif										

c. Combien de pays ont remporté moins de 6 médailles d'or ?

....

....

d. Détermine le nombre total de médailles d'or remportées par ces 21 pays.

....

....

e. Quelle est la fréquence des pays ayant remporté plus de 10 médailles d'or lors de ces jeux Olympiques parmi ces 21 pays ?

....

....

....

7 Le tableau représente le choix de la langue vivante 1 en classe de cinquième. Des données ont été effacées. Retrouve-les.

	Anglais	**Espagnol**	**Allemand**	**Total**
Garçons			5	58
Filles	38	15		
Total	82			122

Représenter une série statistique

Exercice corrigé

Voici les réponses des élèves d'une classe de 5e à un sondage portant sur leur couleur préférée.

Couleur	Rouge	Vert	Bleu	Violet	Jaune
Effectif	6	8	5	3	5

Représente cette série statistique à l'aide d'un diagramme en bâtons.

Correction

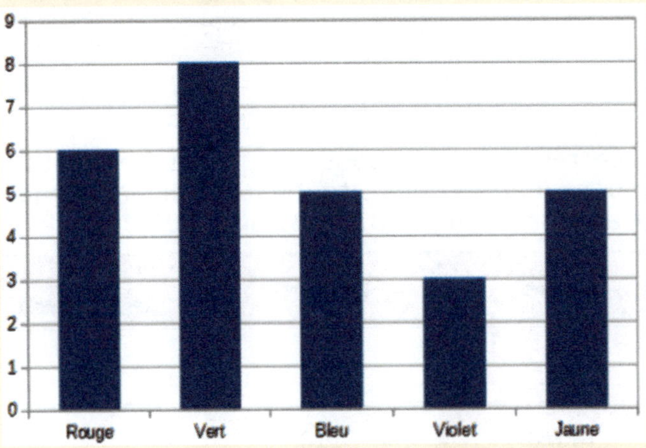

1 Histogramme

On a relevé les précipitations mensuelles (en mm) à Lille en 2009.

Mois	J	F	M	A	M	J	J	A	S	O	N	D
Précipitations	62	68	57	29	70	96	71	27	26	54	163	95

Représente ces données par un diagramme en bâtons.

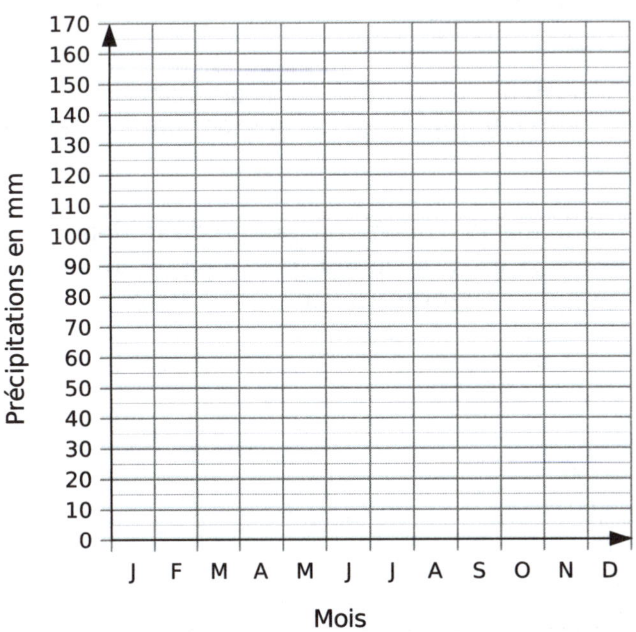

2 Diagramme circulaire

La répartition du régime alimentaire d'un sanglier en France est donnée dans le tableau ci-dessous. L'objectif est de représenter les données sous forme d'un diagramme circulaire.

a. Complète le tableau suivant en écrivant tes calculs.

Aliments	Pourcentage	Angle (en degré)
Fruits Forestiers	60	
Graminées	18	
Céréales	11	
Animaux	4	
Racines	7	
Total	100	360

....

....

....

....

b. Représente cette répartition alimentaire à l'aide d'un diagramme circulaire.

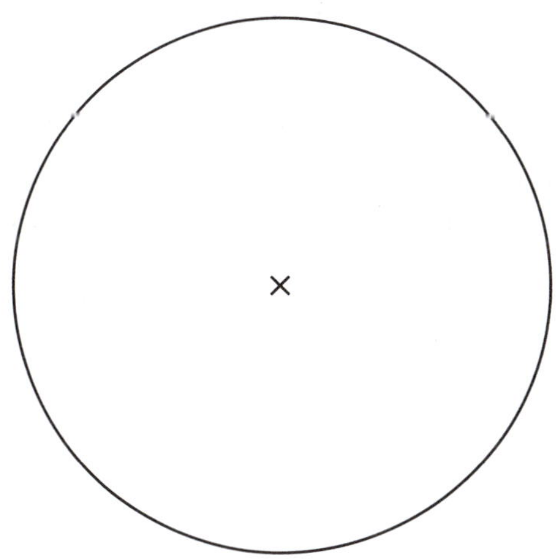

c. Quelle est l'alimentation principale du sanglier ?

....

d. Quels pourcentages représentent les graminées et les céréales dans l'alimentation du sanglier ?

....

Représenter une série statistique

3 On a demandé à 648 enfants ce qui leur ferait plaisir à Noël parmi cinq choix possibles et on a obtenu les résultats suivants.

	Console	Lecteur MP3	Scooter	Ordinateur	Téléphone portable
Fréquence	$\frac{1}{9}$	$\frac{2}{9}$	$\frac{1}{18}$	$\frac{1}{6}$	$\frac{4}{9}$
Angle en degrés					

a. Vérifie que la somme des fréquences est 1.

....

b. Complète le tableau puis le diagramme sachant que le disque est gradué de 10° en 10°.

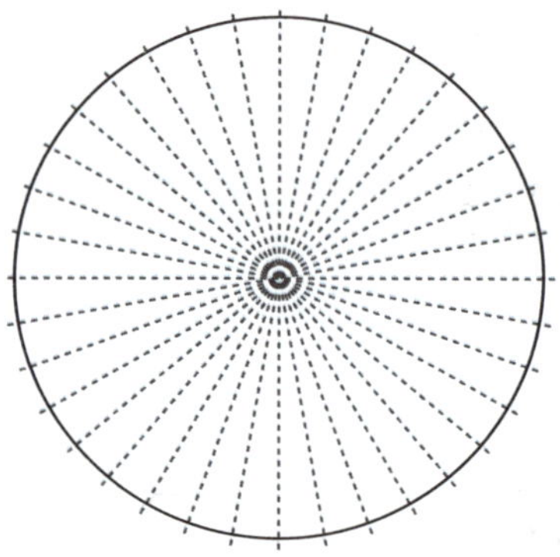

☐ Console
☐ Lecteur MP3
☐ Scooter
☐ Ordinateur
☐ Téléphone portable

4 **D'après brevet**

Madame A et Monsieur B sont tous les deux professeurs de mathématiques et ont tous les deux une classe de cinquième ayant 20 élèves. Ils souhaitent comparer les notes obtenues par leurs élèves au dernier devoir commun.

Notes attribuées par Madame A :
7-8-12-12-18-5-11-6-3-8-5-18-9-20-6-16-6-18-7-15

Notes attribuées par Monsieur B :
8-8-9-12-11-8-13-15-7-9-10-10-12-8-10-14-12-11-14-9

a. Construis sur le même graphique les diagrammes en bâtons représentant les deux séries de notes. Utilise deux couleurs.

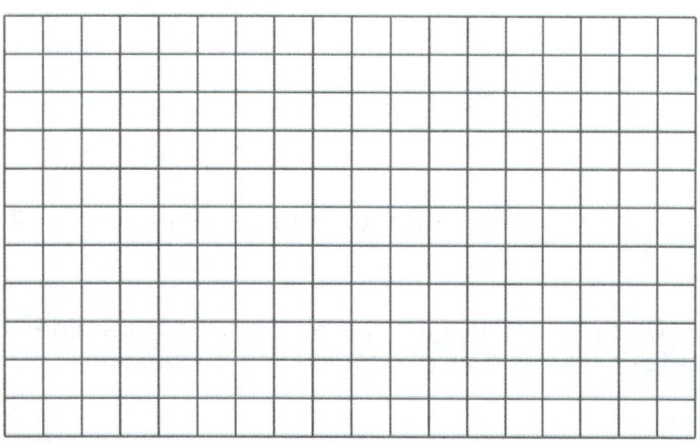

b. Calcule la moyenne de chaque classe.

....

....

....

c. En observant le diagramme en bâtons de la question a. et la réponse à la question b., peut-on conclure que les deux classes ont le même profil ?

....

....

....

5 Le tableau ci-dessous indique la fréquentation du parc d'attractions AtoutMaths suivant les jours de la semaine du 18/01/2021 au 24/01/2021.

Jours	Effectif	Angle (en degré)
Lundi	105	
Mardi	118	
Mercredi	220	
Jeudi	89	
Vendredi	102	
Samedi	135	
Dimanche	131	
Total		180

a. Détermine le nombre total de visiteurs pendant cette semaine puis écris ce nombre dans le tableau.

....

b. Complète la troisième colonne du tableau.

c. Représente la fréquentation du parc Atoutmaths à l'aide d'un diagramme semi-circulaire.

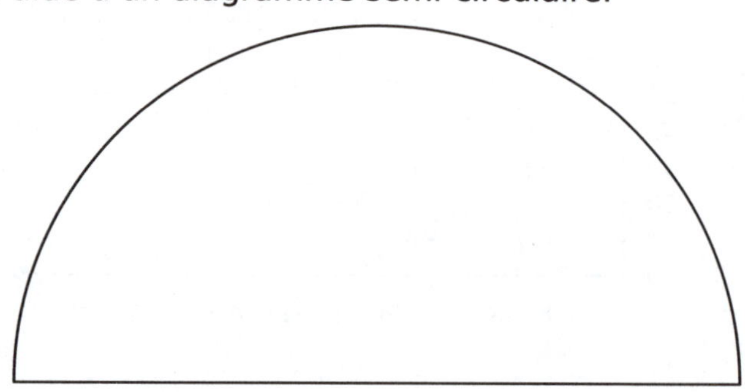

Série 4 Calculer une moyenne

Exercice corrigé

Les élèves de 5e B du collège de Potigny ont indiqué le nombre de livres qu'ils ont lus durant le mois de septembre. Voici les résultats de l'enquête.

Nombre de livres lus	0	1	2	3	7	8	15
Effectif	12	4	3	3	1	1	1

Calcule le nombre de livres lus, en moyenne par les élèves de 5e B en septembre.

Correction

On calcule l'effectif total de la classe :
$12 + 4 + 3 + 3 + 1 + 1 + 1 = 25$.

$$M = \frac{0 \times 12 + 1 \times 4 + 2 \times 3 + 3 \times 3 + 7 \times 1 + 8 \times 1 + 15 \times 1}{25}$$

$$M = \frac{49}{25} = 1,96$$

Les élèves de 5e B de ce collège ont lu, en moyenne, 1,96 livre au mois de septembre.

1 Une équipe de volley-ball comporte neuf joueurs. Voici leurs tailles et le nombre de points que chacun a marqués cette saison.

Marc	1,95 m	35 pts
Akim	1,90 m	24 pts
Alex	2,01 m	31 pts
Loïc	1,86 m	32 pts
Chris	1,92 m	33 pts

Olivier	2,03 m	27 pts
Sylvain	1,74 m	3 pts
Thomas	1,65 m	0 pt
Laurent	1,97 m	22 pts

a. Calcule la taille moyenne des joueurs de cette équipe. Arrondis au cm.

....

....

....

....

....

....

....

b. Calcule le nombre moyen de points marqués par cette équipe au cours de cette saison.

....

....

....

....

2 Lors d'une compétition de snowboard, Tom passe deux épreuves : un slalom et une session freestyle en half-pipe.

a. Voici les temps que Tom a réalisés lors de trois descentes en slalom.

Descente 1	Descente 2	Descente 3
2 min 45 s	3 min 1 s	2 min 41 s

Quel est le temps moyen de Tom sur le slalom ?

....

....

Pour ce temps, Tom obtient 175 points.

b. Voici maintenant les résultats de Tom sur les trois runs de half-pipe.

Run 1	Run 2	Run 3
187 pts	236 pts	192 pts

Quelle est la moyenne des points obtenus par Tom sur cette seconde épreuve ?

....

....

c. Le score final est la moyenne des points pour le slalom et pour le freestyle.
Quel score Tom obtient-il finalement ?

....

....

3 Voici le discours d'un entraîneur de football en fin de saison à son équipe :
« Après avoir marqué 8 buts lors des 4 premières rencontres, on a eu un petit passage à vide avec seulement 3 buts marqués lors des 5 matchs suivants ! Par contre, un grand bravo les gars avec le réveil de fin de saison et les 11 buts marqués sur les 3 derniers matchs ! »
Calcule la moyenne de buts marqués par match par l'équipe lors de cette saison.

....

....

....

....

....

....

....

....

4 Calcule la moyenne pondérée de la série statistique suivante.

Valeur	10	15	8	15	6
Effectif	3	2	5	4	5

....

....

....

5 Voici les températures en degrés Celsius, relevées chaque jour d'un mois de novembre.

5 4 6 2 1 4 5 6 3 0 −2 −1 −1 4 6
6 6 0 0 4 3 3 5 5 −1 5 6 0 −2 0

a. Classe les données dans le tableau.

Température	−2	−1	0	1	2	3	4	5	6
Nombre de jours	2	3	5	1	9	3	4	5	6

b. Calcule la température moyenne en ce mois de novembre (arrondis au dixième).

La temperature moyenne en novembre est de ....

....

6 Le diagramme en barres ci-dessous représente le nombre de frères et sœurs des élèves de 5ᵉ du collège Sophie Germain de Strasbourg.

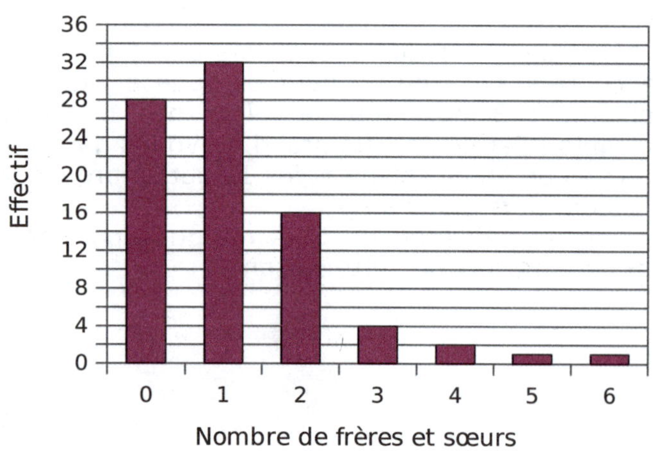

Calcule la moyenne du nombre de frères et sœurs par élève de 5ᵉ dans ce collège.

....

....

....

7 Une chocolaterie propose plusieurs coffrets contenant chacun un nombre précis de chocolats.

- Coffret 1 : 12 chocolats
- Coffret 2 : 18 chocolats
- Coffret 3 : 24 chocolats
- Coffret 4 : 36 chocolats
- Coffret 5 : 48 chocolats
- Coffret 6 : 54 chocolats

Le vendeur a noté dans le tableau ci-dessous ses ventes sur une semaine.

Numéro du coffret	**1**	**2**	**3**	**4**	**5**	**6**
Lundi	3	5	6	8	2	0
Mardi	5	3	2	2	0	1
Mercredi	11	8	9	3	2	3
Jeudi	4	14	7	10	3	2
Vendredi	17	18	9	12	5	5
Samedi	25	12	12	15	6	6
Dimanche	22	9	7	4	10	6
Total						

a. Complète la dernière ligne du tableau.

b. Détermine le nombre moyen de chocolats vendus le samedi.

....

c. Détermine le nombre moyen de chocolats vendus sur la semaine.

....

8 Soit S la série des moyennes annuelles d'Hélène : 10 ; 9 ; 15 ; 5 ; 3 ; 8 ; 15 ; 15.

a. Quelle est sa moyenne générale annuelle ?

....

b. On ajoute une note à la série S. La moyenne augmente. Que peux-tu affirmer sur cette note ?

....

c. On ajoute un 9,5 à la série S. Que se passe-t-il alors pour la moyenne générale d'Hélène ?

....

d. Modifie 2 notes de la série S, au plus, pour que la moyenne générale d'Hélène soit égale à 12,5.

....

....

Série 5 Calculer des probabilités

Exercice corrigé

Détermine la probabilité de tirer un as ou un trèfle dans un jeu de 32 cartes.

Correction

Dans un jeu de 32 cartes, il y a quatre as et huit trèfles (dont un as). Il y a donc onze chances sur 32 de tirer un as ou un trèfle soit une probabilité de $\frac{11}{32}$.

1 Pour chacun des événements suivants, indique s'il relève du hasard et si oui place-le sur l'échelle ci-dessous comme dans l'exemple.

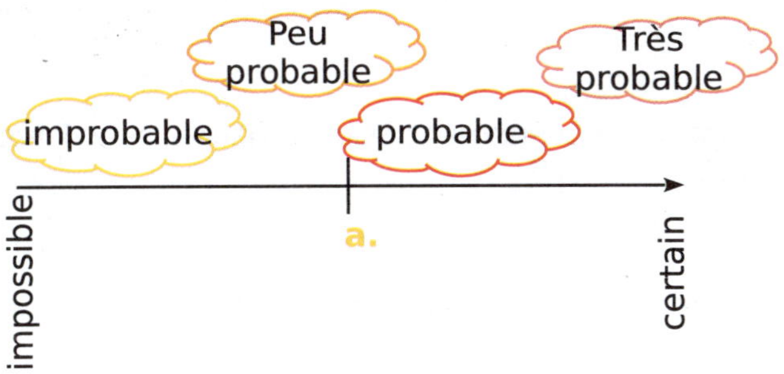

a. Obtenir pile au jeu de pile ou face. ....oui........

b. La fête nationale aura lieu le 14 juillet. ....

c. Un élève aura un tee-shirt blanc demain. ....

d. Obtenir 6 avec un dé à 6 faces. ....

e. Trouver la bonne combinaison au loto. ....

f. Demain il fera beau. ....

2 Une roue de loterie est partagée en huit secteurs identiques numérotés de 1 à 8.

Gradue l'échelle ci-dessous et places-y les événements suivants.

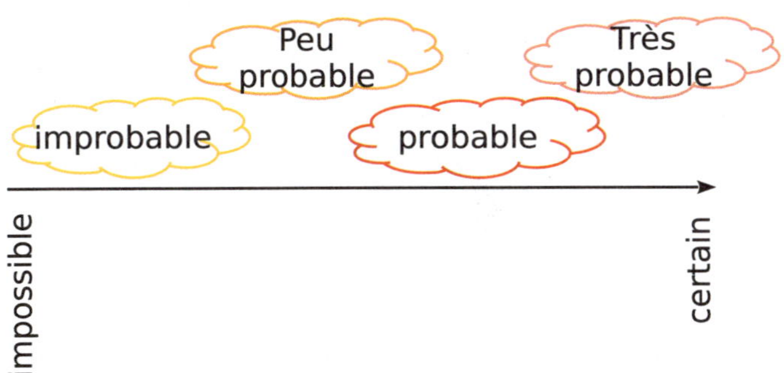

a. « Obtenir 2. »

b. « Obtenir un multiple de 2. »

c. « Obtenir un nombre supérieur à 4. »

3 On tire au hasard un jeton parmi vingt-six jetons marqués chacun d'une lettre différente de l'alphabet.

Gradue l'axe ci-dessous et places-y les probabilités des événements suivants.

a. « Obtenir un Z. »

b. « Obtenir une consonne. »

c. « Obtenir une voyelle. »

4 On lance un dé non truqué à six faces.
Pour chacun des événements aléatoires ci-dessous, indique s'il est impossible, improbable, peu probable, probable, très probable, certain.

a. « Obtenir un nombre inférieur à six. »

....

b. « Obtenir deux. »

....

c. « Obtenir un multiple de 3. »

....

d. « Obtenir un multiple de 7. »

....

e. « Obtenir un diviseur de 7. »

....

f. « Obtenir un diviseur de 60. »

....

5 **Extrait du brevet**

Trois personnes, Aline, Bernard et Claude, ont chacune un sac contenant des billes.
Chacune tire au hasard une bille de son sac.
Le contenu des sacs est le suivant :

Sac d'Aline :	Sac de Bernard :	Sac de Claude :
5 billes rouges	10 billes rouges et 30 billes noires	100 billes rouges et 3 billes noires

Laquelle de ces trois personnes a-t-elle la plus grande probabilité de tirer une bille rouge ? Justifie.

....

....

....

Calculer des probabilités

6 D'après sujet du brevet

On écrit sur les faces d'un dé équilibré à six faces, chacune des lettres suivantes : **NOTOUS**.
On lance le dé et on regarde la lettre inscrite sur la face supérieure.

a. Quelles sont les issues de cette expérience ?

....

Détermine la probabilité de chacun des évènements :

b. E1 : « On obtient la lettre O. »

....

c. Soit E2 l'évènement contraire de E1. Décris E2 et calcule sa probabilité.

....

....

....

d. E3 : « On obtient une consonne. »

....

....

e. E4 : « On obtient une lettre du mot KIWI. »

....

....

f. E5 : « On obtient une lettre du mot CAGOUS. »

....

....

g. Gradue l'axe ci-dessous et places-y les probabilités des événements précédents.

7 Une urne contient 4 boules rouges et 6 boules vertes, toutes indiscernables au toucher. On tire une boule au hasard. Réponds par vrai (V) ou faux (F).

a.	Il y a autant de chances d'avoir une boule verte qu'une boule rouge.	
b.	Il y a 4 chances sur 10 d'obtenir une boule verte.	
c.	Il y a 6 chances sur 4 d'obtenir une boule verte.	
d.	La probabilité de tirer une boule rouge est $\frac{2}{5}$.	

8 On tire une carte au hasard dans un jeu de 32 cartes. On considère les événements suivants :

- A : « On obtient un roi. »
- B : « On obtient un as. »
- C : « On obtient un trèfle. »

a. Les événements A et B sont-ils compatibles ? et les événements B et C ? Justifie tes réponses.

....

....

b. Décris par une phrase sans négation l'événement contraire de l'événement C.

....

....

c. Propose un événement D incompatible avec l'événement C.

....

d. Détermine les probabilités des événements A, B, C et D.

....

....

9 Un sac opaque contient des bonbons bleus, rouges ou verts, tous indiscernables au toucher.

Quand on tire un bonbon au hasard, on a deux chances sur cinq de prendre un bonbon rouge et une chance sur deux de prendre un bonbon bleu.

a. Quelle est la probabilité d'obtenir un bonbon rouge ou un bonbon bleu ?

....

....

....

b. Déduis-en la probabilité d'obtenir un bonbon vert. Justifie ta réponse.

....

....

....

c. Peux-tu estimer le nombre de bonbons dans le sac ?

....

....

....

Grandeurs

C1

Série 1 Convertir des durées

Exercice corrigé

a. Convertis 7 650 s en heures, minutes et secondes.
b. Convertis 2,4 h en heures et minutes.

Correction

a. On effectue la division euclidienne de 7 650 par 3 600 → 7 650 = 2 × 3 600 + 450.
Donc 7 650 s = **2 h** et 450 s.
On effectue la division euclidienne de 450 par 60 → 450 = 7 × 60 + 30.
Donc 450 s = **7 min** et **30 s**.
On en déduit que 7 650 s = 2 h 7 min 30 s.
b. 2,4 h = 2 heures et 0,4 heure.
1 h = 60 min donc 0,4 h = 0,4 × 60 = 24 min.
2,4 h = 2 h 24 min.

1 Convertis les durées suivantes.

a. 65 min = ... s.
b. 26 h = ... min.
c. 3 jours = ... h.
d. 4 min 12 s = ... s.
e. 1 h 10 min = ... s.

2 **Convertir en heures et minutes**

Une heure vaut .... minutes. Pour connaître le nombre d'heures dans 456 minutes, on réalise la .... euclidienne de .... par ....

456 = ... × 60 + ..., donc

456 minutes = ... h .... min.

3 À l'aide de l'exercice précédent, convertis les durées suivantes en heures et minutes. Écris le calcul effectué.

a. 135 minutes = ...
....
b. 346 minutes = ...
....

4 Convertis les durées suivantes.

a. 67 minutes = ... h .... min
b. 79 secondes = ... min .... s
c. 237 secondes = ... min .... s
d. 138 heures = ... jours .... h
e. 45 jours = ... semaines .... j

5 **En heures, minutes et secondes**

Convertis en heures, minutes et secondes les durées suivantes. Détaille tes calculs.

a. 34 990 s
....
....
....

b. 1 234 s
....
....
....

6 Relie les durées égales.

2 h 15 min	•	•	4 440 s
74 min	•	•	5 040 s
1 h 24 min	•	•	7 456 s
124 min 16 s	•	•	8 100 s

7 Convertis en heures et minutes. Détaille tes calculs.

a. 4,5 h
....
....
....

b. 12,25 h
....
....
....

c. 6,2 h
....
....
....

d. 0,45 h
....
....
....

Série 2 Convertir des unités d'aires et de longueurs

1 Est-il possible que…

a. de Paris à Lyon il y ait 391,16 m ? non

b. la hauteur du plafond soit de 250 cm ? Oui

c. la taille d'un nourrisson soit de 4,9 dm ? Oui

d. le rayon de la Terre soit de 6 371 km ? oui

2 Donne un ordre de grandeur :

a. de la longueur d'un stylo : 15cm

b. de la hauteur d'un immeuble : 30m de 10 étages

c. de la longueur d'une voiture : 5m

d. de la hauteur d'une montagne : 4808m

3 Complète avec l'unité de longueur qui convient.

a. 3,5 km = 3 500 m	d. 8 355 cm = 83,55 m
b. 864 m = 0,864 km	e. 0,075 m = 75 mm
c. 1 685 mm = 1,685 m	f. 2 500 mm = 2,5 m

4 Convertis chaque longueur en mètres.

a. 4 km = 4000 m	d. 73,5 km = 73500
b. 7,5 km = 7500 m	e. 135 km = 135000
c. 0,25 hm = 25 m	f. 150 cm = 1,5 m

5 **Le système anglo-saxon**

En Grande-Bretagne, on utilise d'autres unités que le système international, dont voici le tableau de conversion.

1 *inch* = 2,54 cm	1 *yard* = 3 *foots*
1 *foot* = 12 *inches*	1 *mile* = 1 760 *yards*

Complète.

a. 1 *inch* = 25,4 mm	d. 15 *miles* = 79200 *foot*
b. 456 mm = 17,95 *inches*	e. 128 *inch* = 3,55 *yards*
c. 1 *foot* = 30,48 cm	f. 30 *miles* = 48,28 km

6 **Avec des unités d'aires**

Choisis une unité de sorte que le nombre s'écrive avec le moins de zéros possible.

a. La superficie de la Corse est 87 000 000 dam².

8700 km²

b. L'aire de la salle de classe est 500 000 cm².

50 m²

c. L'aire d'une pièce de monnaie est 0,000 425 m².

425 mm²

7 Relie chaque surface à une aire adéquate.

Une feuille A4 •	• 5 cm²
La France •	• 9 000 m²
Un timbre •	• 620 cm²
Un terrain de football •	• 180 mm²
Une carte SIM •	• 1 000 000 hm²
Une forêt •	• 675 000 km²

8 Complète.

a. 4 dam² = 400 m²	e. 5,2 km² = 5200 m²
b. 15 hm² = 1500 m²	f. 0,7 m² = 0,07 dam²
c. 5,1 cm² = 51 mm²	g. 320 dam² = 3200 m²
d. 1 350 mm² = 135 cm²	h. 2,5 hm² = 250 m²

i. 15 300 mm² = 1530 cm² = 15,3 m²

9 Convertis les aires suivantes en cm².

a. 15 mm² = 1,5 cm²	c. 17 300 mm² = 1730 cm²
b. 28 dm² = 280 cm²	d. 73,1 m² = 7310 cm²

10 Convertis les aires suivantes en m².

a. 17,3 dam² = 173 m²	c. 34 600 cm² = 346 m²
b. 147 dm² = 1470 m²	d. 73,1 hm² = 7310 m²

11 Range dans l'ordre croissant.

5 m² ; 1 360 mm² ; 0,08 km² ; 91 dam² ; 15 cm²

15 cm² < 1360 mm² < 5 m² < 0,08 km² < 91 dam²

12 Une pousse de bambou moso de 3,4 cm a une vitesse de croissance de 115 cm en 24 h. Quelle sera sa taille au bout d'un mois de 30 jours ? Tu répondras en utilisant l'unité la plus appropriée.

30 × 115 = 3450

3450 + 3,4 = 3453,4 cm = 34,534 m

13 Le père de Magali a partagé un terrain de 10 000 m² entre ses deux enfants. Il donne 45 dam² à son fils aîné. Quelle est la superficie du terrain de Magali ?

45 dam² = 450 m²

10000 − 450 = 9550 m²

Convertir des unités de capacités et de volumes

Exercice corrigé

Convertis 25 000 mL en m^3.

Correction

1 Litre correspond à 1 dm^3.

On convertit 25 000 mL en L :
25 000 mL = 25 L.

kL	hL	daL	L	dL	cL	mL
		2	5,	0	0	0

25 L correspond à 25 dm^3.
25 dm^3 = 0,025 m^3.

km^3	hm^3	dam^3	m^3	dm^3	cm^3	mm^3
			. . 0,	0 2 5	. . .	. . .

25 000 mL = 0,025 m^3.

1 Avec des unités de volumes

Effectue les conversions suivantes.

a. 12 dm^3 = ... mm^3

b. 5 dam^3 = ... km^3

c. 205 mm^3 = ... cm^3

d. 15,42 km^3 = ... dam^3

e. 45,678 cm^3 = ... mm^3

f. 678 543,6 m^3 = ... km^3

2 Complète avec l'unité adéquate.

a. 2 560 000 mm^3 = 2,56 ....

b. 5 768 m^3 = 0,005 768 ....

c. 67 dam^3 = 67 000 000 ....

d. 0,002 36 km^3 = 2 360 ....

3 Choisis une unité pour que le nombre s'écrive avec le moins de zéros possible.

a. 23 000 cm^3 = ...

b. 0,000 07 m^3 = ...

c. 199 700 000 dam^3 = ...

d. 0,060 8 dam^3 = ...

4 Avec des unités de capacités

Complète avec l'unité adéquate.

a. 350 L = 3,5 ....

b. 0,455 hL = 455 ....

c. 46 700 mL = 46,7 .....

d. 9,5 mL = 0,95 ....

e. 7,82 hL = 7 820 ....

f. 5 767 daL = 576,7 ....

5 Relie chaque capacité à l'objet correspondant.

24 L •	• Pichet d'eau
1 L •	• Cartable
20 cL •	• Baignoire
0,05 mL •	• Piscine
56 000 L •	• Verre
200 L •	• Ballon de football
12 L •	• Goutte d'eau

6 Entre capacités et volumes

Effectue les conversions suivantes.

a. 1 dm^3 = ... L

b. 1 m^3 = ... L

c. 1 mL = ... cm^3

d. 232,4 L = ... m^3

e. 56,78 cm^3 = ... dL

f. 7 302 L = ... dam^3

7 Complète avec l'unité de capacité qui convient.

a. 26 dm^3 = 26 ....

b. 0,502 dm^3 = 502 ......

c. 2 m^3 = 2 000 ....

d. 3 542 mm^3 = 3,542 ...

e. 7,8 cm^3 = 0,78..........

f. 0,17 dam^3 = 17 000 ...

8 Complète avec l'unité de volume qui convient.

a. 5 000 L = 5 ....

b. 768 cL = 7,68 ....

c. 75 L = 75 000 ....

d. 657 hL = 65,7 ....

e. 0,43 dL = 43 ....

f. 1 746 hL = 1,746 .....

9 On veut mettre en bouteilles 1 m^3 d'eau pétillante. On prévoit 600 bouteilles de 1,5 L.

a. Le nombre de bouteilles est-il suffisant ?

....

....

b. Calcule le nombre de bouteilles nécessaires.

....

....

....

C2

Mesures

Série 1 Calculer des durées et des horaires

1 Yacine dis : « 13 ans c'est plus long que 160 mois ». A-t-il raison ?

2 En mai 1989, Olivier de Kersauson réalise le tour du monde à la voile en 125 j 19 h. Exprime cette durée en heures, puis en semaines, jours et heures.

3 Un coureur de marathon est parti à 9 h 36. Il est arrivé à 12 h 25. Combien de temps a-t-il mis pour le courir ?

4 Augustin part de chez lui à 14 h 15 et rentre à 20 h 46. Calcule la durée de son absence en heures et minutes, puis en minutes.

5 Kelly reçoit pour Thanksgiving. La dinde cuit en 2 h 15 min. À quelle heure devra-t-elle la mettre au four pour qu'elle soit prête à 13 h 10 ?

6 Jérémy voyage de Nantes à Marseille. Son train part de Nantes à 11 h 40. La durée du trajet est de 6 h 25 min mais il arrive à Marseille à 21 h 34 du fait d'une avarie sur le trajet. Calcule, en minutes, le retard de son train.

7 Mayanne travaille environ 1 h 15 min par soir. Combien de temps aura-t-elle travaillé en une semaine ?

8 Il est 10 h 32, quelle heure sera-t-il dans 25 678 s ?

9 Voici la playlist de Samuel. Combien de temps dure-t-elle ? Donne le résultat en minutes secondes, puis en secondes.

♪ Blind Kiss	3:10
♪ Fever	2:36
♪ Sugar	2:54
♪ All Shiny	3:05
♪ Control	2:34

10 Joshua quitte le collège à 16 h 30. Il arrive chez lui pour goûter à 16 h 50. Trente minutes plus tard, il se rend à son cours de tennis qui dure 1 h 30 min. La durée du trajet entre le court de tennis et la maison de Joshua est de 12 minutes. À quelle heure rentre-t-il chez lui ?

11 M. Durand est électricien, il demande 45 € de l'heure pour une intervention. Combien facture-t-il s'il intervient 1 h 15 min ?

Série 2 Calculer des périmètres

Exercice corrigé

Calcule le périmètre du quadrilatère ACDE ci-dessous.

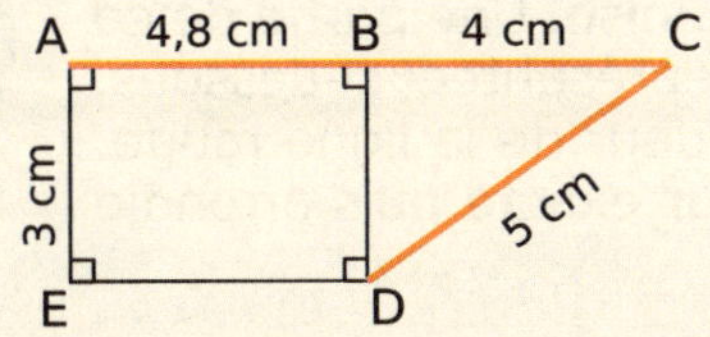

Correction

Le périmètre est la longueur du tour de la figure, dans ce cas :

périmètre = AC + CD + ED + AE

périmètre = 8,8 + 5 + 4,8 + 3 = 21,6 cm.

1 Calcule le périmètre des figures suivantes.

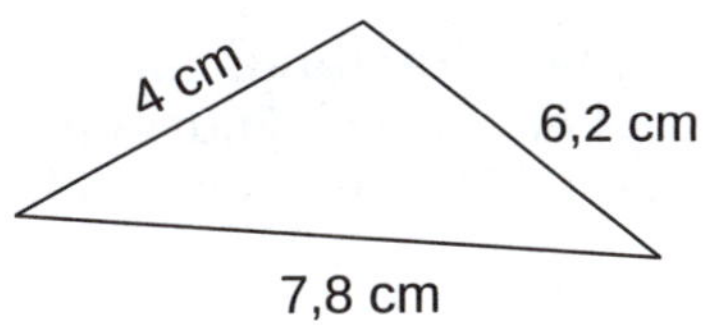

a. ....

b. ....

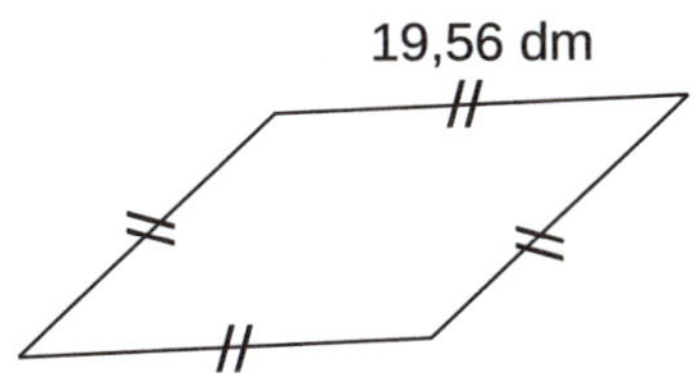

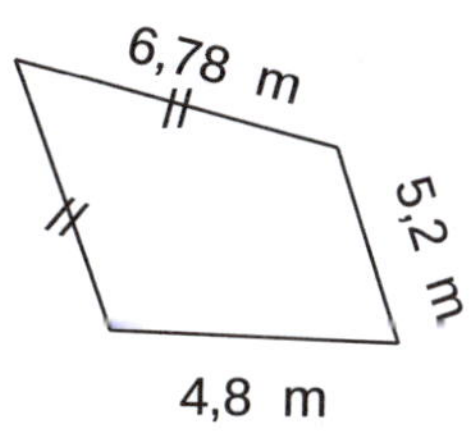

c. ....

d. ....

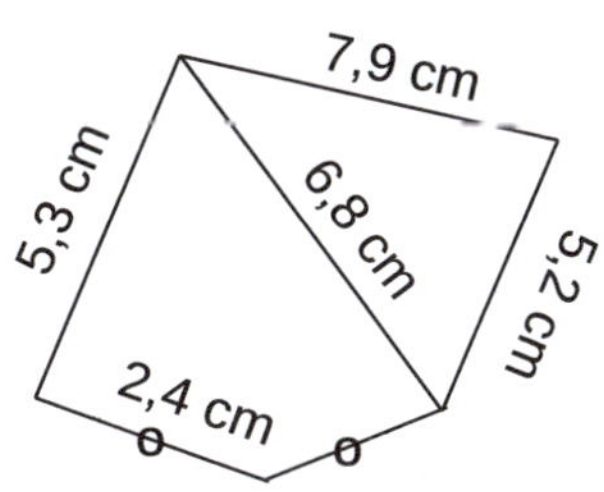

2 Périmètre des figures usuelles

Calcule les périmètres suivants.

a. Le périmètre d'un carré dont la longueur du côté est 3,6 m.

....

b. Le périmètre un rectangle de longueur 7,8 dm et de largeur 1,5 dm.

....

c. Le périmètre d'un triangle équilatéral dont la longueur du côté est 145,7 mm.

....

d. La longueur d'un cercle de diamètre 1,34 hm.

....

e. La longueur d'un quart de cercle de rayon 2 cm.

....

3 Joséphine dit : « La valeur exacte de la longueur d'un cercle de 5 cm de rayon est 31,41 cm. » « Pardon mais je pense que c'est 10π cm », lui répond son frère Martin. Qui a raison ? Explique.

....

4 Construis en vraie grandeur la figure ci-contre, puis calcule son périmètre.

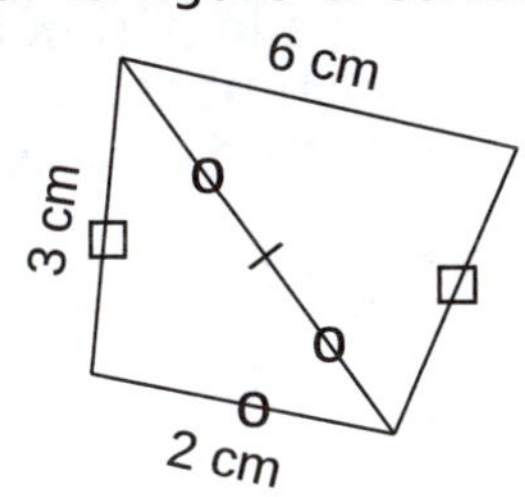

....

5 Calcule le périmètre des figures suivantes. Donne la valeur exacte puis une valeur approchée au dixième.

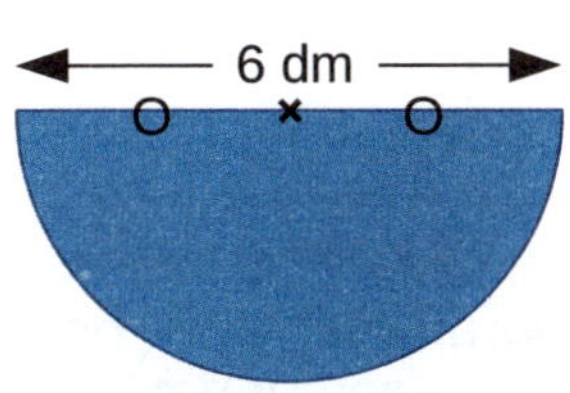

a. ....

b. ....

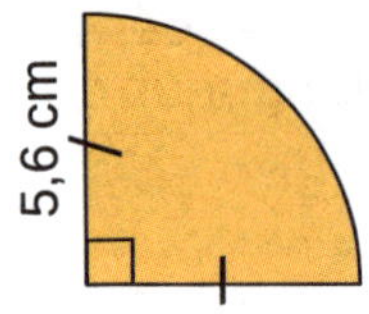

....

....

....

c.

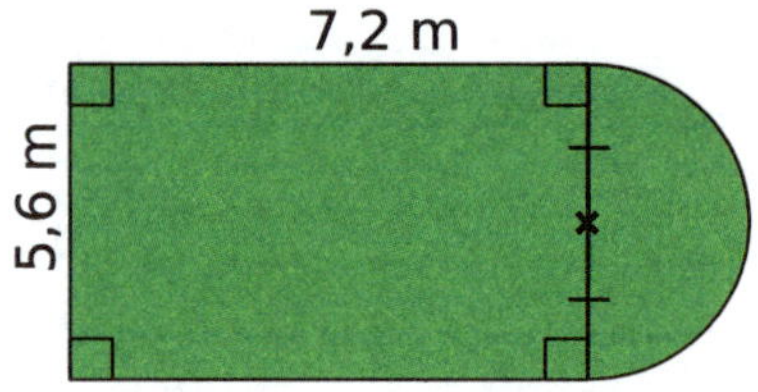

....

....

....

....

6 Calcule le périmètre des figures suivantes. Elles sont constituées avec des demi-cercles. Donne une valeur arrondie au centimètre près.

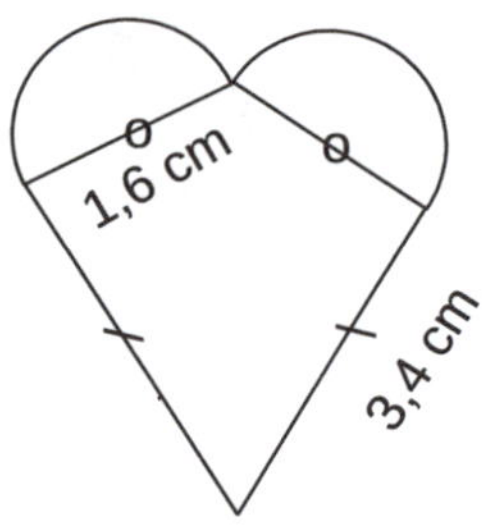

a. ....

....

....

....

....

b.

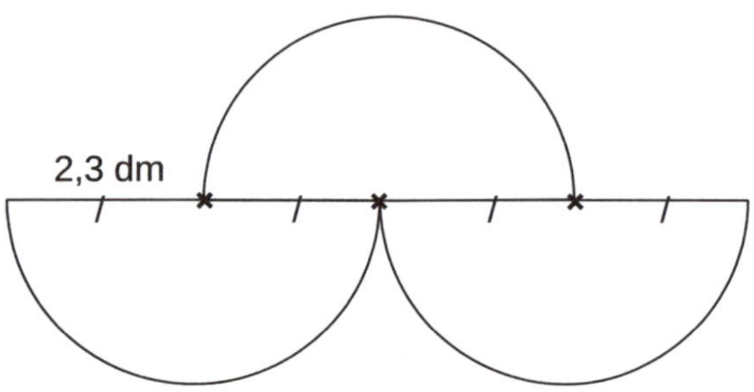

....

....

....

....

7 Deux côtés d'un parallélogramme ont pour longueurs 4,5 cm et 0,73 cm. Calcule son périmètre.

....

....

8 Le Ying et le Yang

Le Ying et le Yang symbolisent deux catégories complémentaires dans la philosophie chinoise. Une partie de ce symbole est représentée ci-dessous. Calcule la longueur de la ligne rouge. Donne sa valeur exacte puis arrondie au dixième.

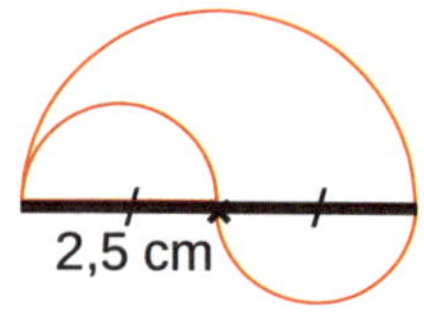

....

....

....

....

....

....

9 Béatrice a réalisé un tableau rectangulaire de 41 cm × 3,3 dm. Elle veut l'encadrer. Pour cela, elle achète une baguette de 1 500 mm. Sera-t-elle assez longue ?

....

....

....

....

....

10 Une pièce de 2 € a un diamètre de 25,75 mm. Combien de tours fait une telle pièce si on la fait rouler sur la tranche sur 1,34 m ?

....

....

....

....

....

11 Un ring de boxe est carré. Il est entouré de 4 rangées de cordes. Il a fallu 84,8 m de cordes pour réaliser l'entourage complet. Quelle est la longueur du côté de ce ring de boxe ?

....

....

....

....

....

Calculer des aires

Exercice corrigé

Calcule l'aire de la figure ABCDE ci-dessous.

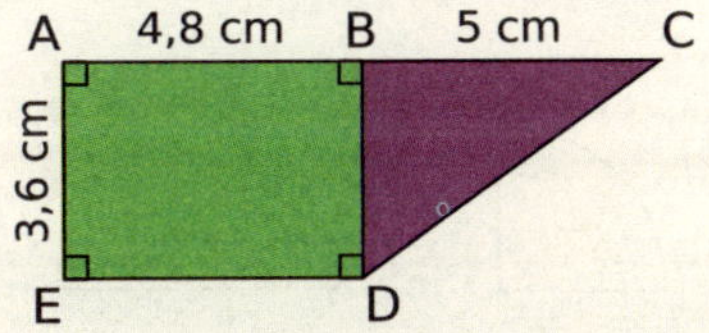

Correction

La figure est constituée d'un rectangle ABDE et d'un triangle rectangle BCD.

- La formule de l'aire d'un rectangle est :
  $\mathcal{A}$ = Longueur × largeur
  Ici, $\mathcal{A}_{ABDE}$ = 4,8 cm × 3,6 cm = **17,28 cm²**
- La formule de l'aire d'un triangle rectangle est : $\mathcal{A}$ = base × hauteur ÷ 2
  Ici, $\mathcal{A}_{BCD}$ = 3,6 cm × 5 cm ÷ 2 = **9 cm²**

$\mathcal{A}_{ABCDE} = \mathcal{A}_{ABDE} + \mathcal{A}_{BCD}$ = **17,28 cm² + 9 cm²**

$\mathcal{A}_{ABCDE}$ = 26,28 cm²

1 Calcule l'aire du triangle ABC ci-contre.

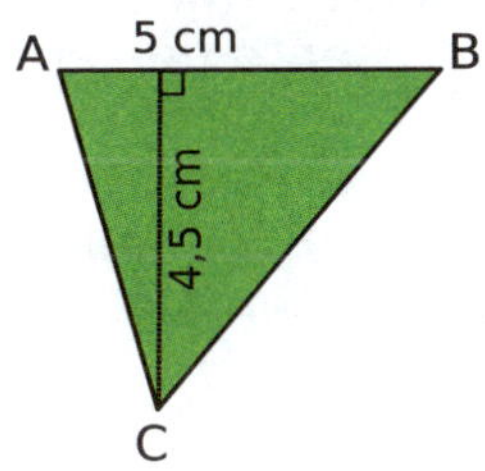

....

....

....

2 Calcule l'aire du triangle ABC en mesurant les longueurs nécessaires.

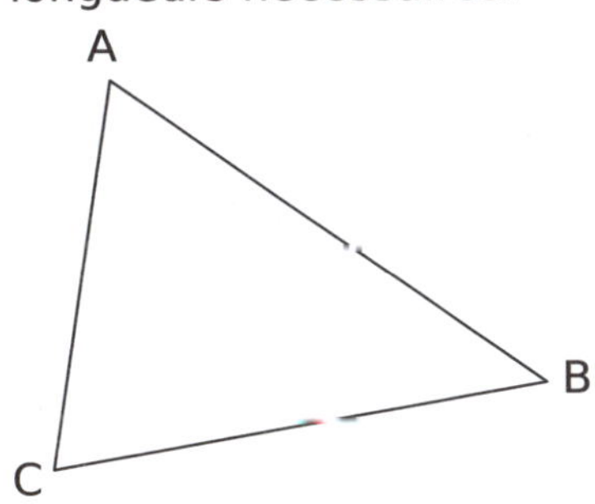

- Côté choisi : ....

Longueur : ....

- Longueur de la hauteur associée :

....

Aire du triangle : ....

....

3 Que peux-tu dire de l'aire de ABC et BCD ? Explique.

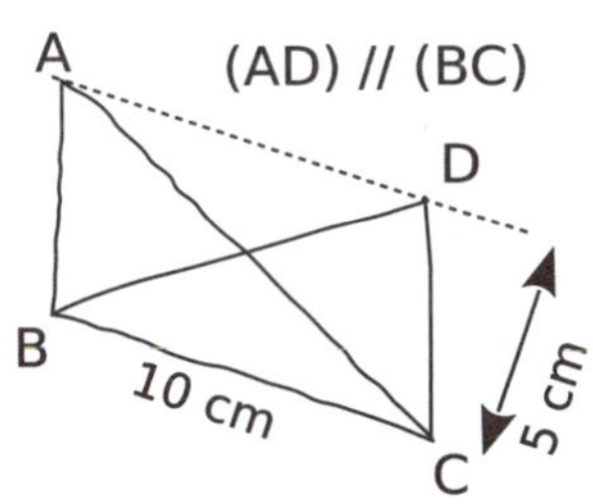

....

....

....

....

....

....

4 Avec un parallélogramme

Calcule l'aire du parallélogramme ABCD ci-contre.

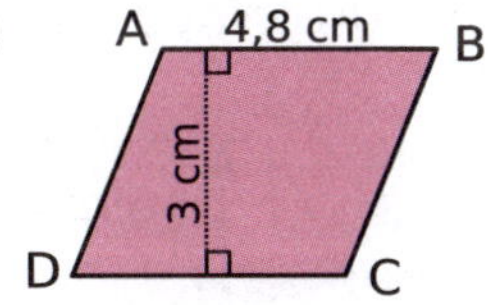

....

....

....

....

5 Dans chaque cas, calcule l'aire du parallélogramme ABCD en mesurant les longueurs nécessaires.

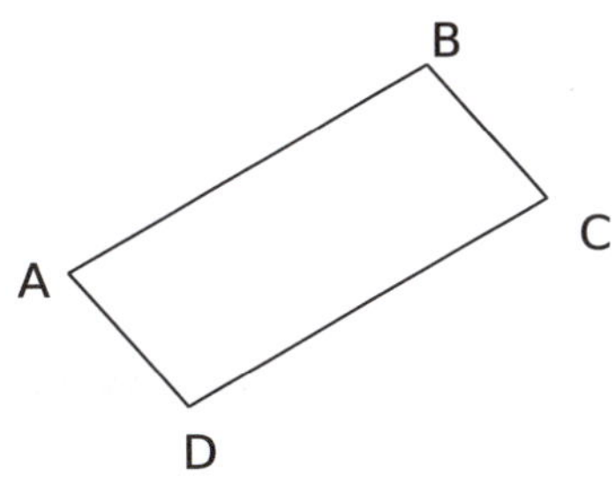

a. ....

....

....

....

....

b. ....

....

....

....

....

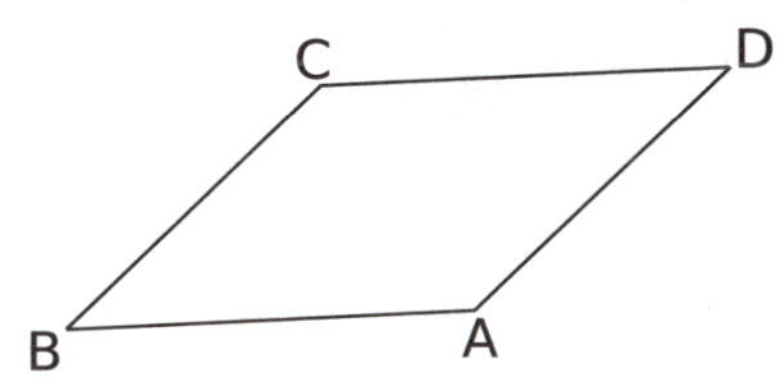

6 Pour chaque parallélogramme, trace une hauteur puis détermine son aire en cm².

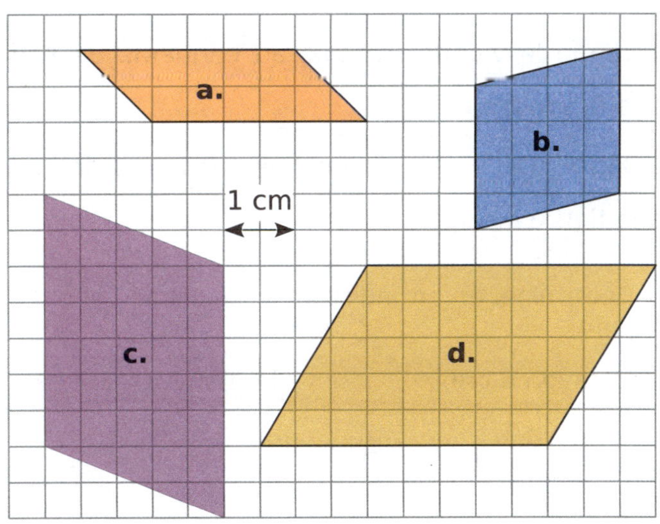

a. ....

b. ....

c. ....

d. ....

Calculer des aires

7 Pour chaque figure, calcule la longueur marquée par un point d'interrogation.

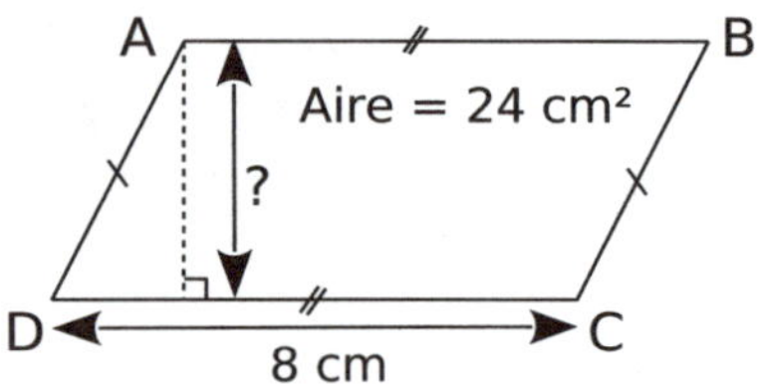

EG = 10 cm

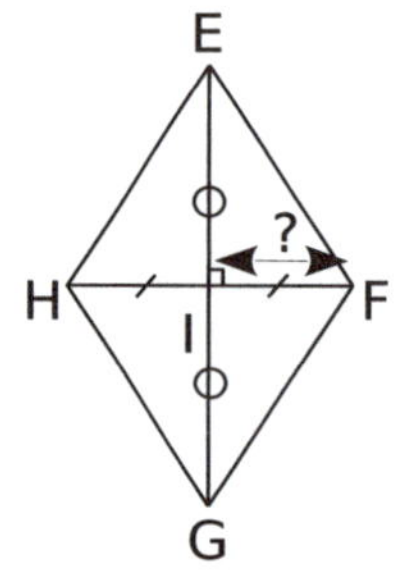

Aire $_{EFGH}$ = 20 cm²

....

....

....

8 **Avec un disque**

a. Donne la valeur exacte de l'aire en cm² de chacun des disques suivants.

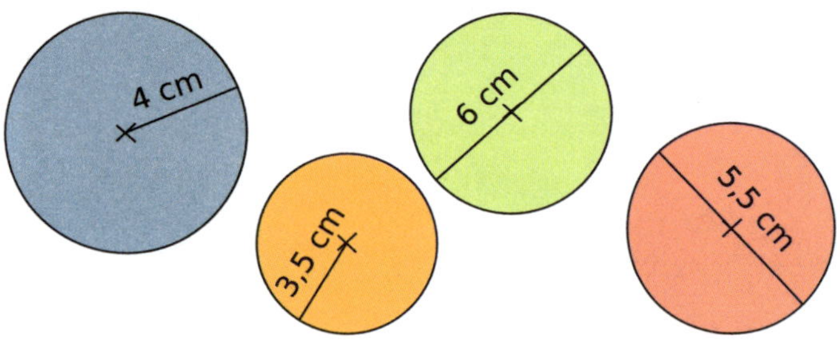

Bleu : ....cm² **Orange :** .... cm²

Vert : ....cm² **Rouge :** .... cm²

b. Donne la valeur arrondie au centième de l'aire de la figure bleue : ....

c. Donne une valeur approchée à 0,1 près de l'aire de la figure orange : ....

9 Détermine, en arrondissant au dixième, l'aire d'un disque :

a. de rayon 6 cm.

....

....

b. de diamètre 5,2 cm.

....

....

10 Un rapporteur plein a la forme d'un demi-disque de diamètre 15 cm. Calcule son aire en valeur exacte puis arrondie au mm².

....

....

11 Donne une valeur approchée au centième de l'aire de chacune de ces figures qui sont des portions d'un cercle de 2,5 cm de rayon.

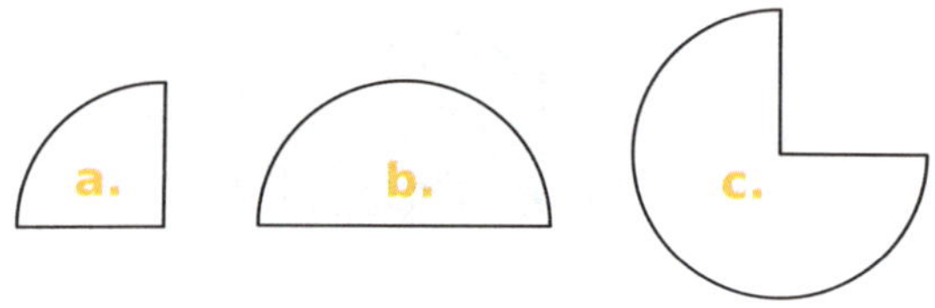

a. ....

....

b. ....

....

c. ....

....

12 On donne la figure ci-contre, qui représente un cerf-volant.
À l'aide du codage et des informations fournies, calcule son aire.

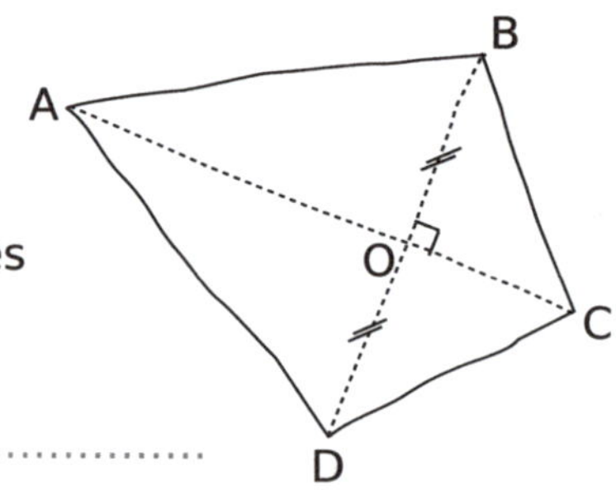

AC = 6 cm
OB = 3 cm
OC = 2,5 cm

....

....

....

....

13 Calcule la valeur exacte de l'aire de chaque figure.

a.

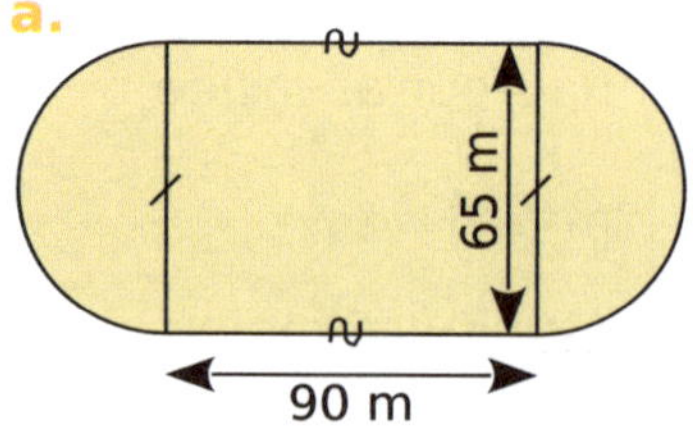

b.

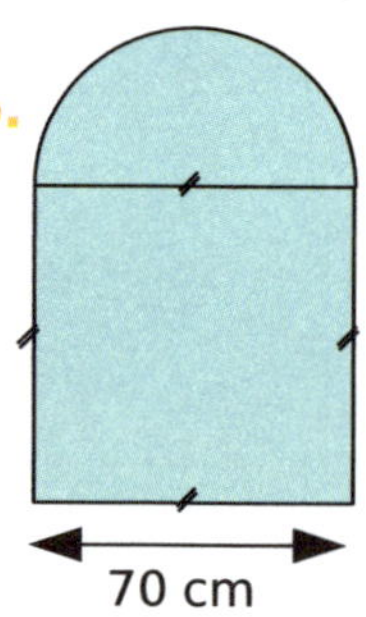

a. ....

....

....

....

b. ....

....

....

....

Série 3 Calculer des aires

14 a. Construis deux cercles de même centre O, l'un de rayon 3 cm et l'autre de rayon 4 cm.

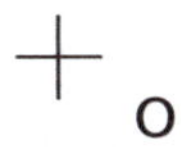

b. Quelle est l'aire de la couronne ainsi formée (à 0,1 cm² près) ?

15 Pour réaliser les dés d'un jeu pour enfants, on dessine sur toutes les faces d'un cube d'arête 3 cm un disque de diamètre l'arête du cube. On peint ensuite les disques de couleurs différentes.

a. Complète ce carré pour réaliser une figure qui représente une face et le disque qui est peint dessus.

b. Combien doit-on peindre de disques ? ....

c. Calcule, au dixième près, l'aire totale qui n'est pas peinte.

16 Calcule l'aire de la partie colorée, en arrondissant au centième.

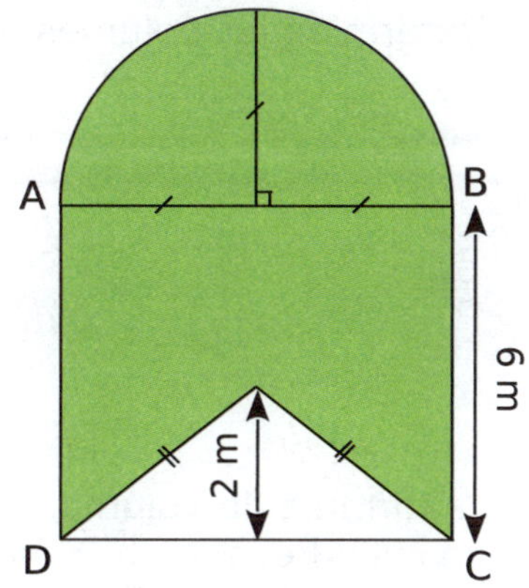

ABCD est un carré.

17 On arrose une parcelle de gazon carrée de 15 m de côté. Pour cela on place deux canons à eau pivotants qui ont une portée de 15 m dans les coins diagonalement opposés. On règle leur angle de tir à 90° pour qu'ils arrosent uniquement la parcelle.

a. Représente la situation à l'échelle 1/300.

b. Quelle est la surface de gazon qui sera arrosée deux fois plus (au m² près) ?

Calculer des volumes

Exercice corrigé

Détermine les volumes des solides suivants.

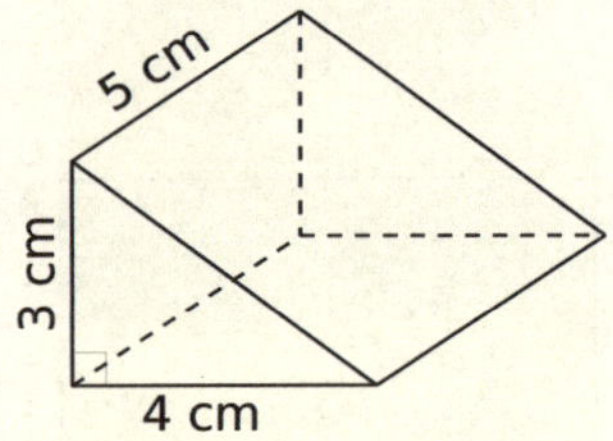

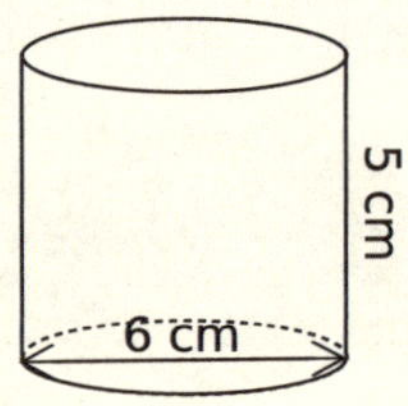

Correction

La formule du volume, pour un prisme droit ou un cylindre, est : $\mathcal{V}$ = Aire de la base × hauteur

- **Pour le prisme droit** :

Ici, la base est un triangle rectangle.

$\mathcal{A}$ = 4 cm × 3 cm ÷ 2 = 6 cm²

$\mathcal{V}$ = 6 cm² × 5 cm = **30 cm³**

Le volume du prisme est de 30 cm³.

- **Pour le cylindre** :

Ici, la base est un disque de rayon 3 cm.

$\mathcal{A} = \pi \times 3^2 = 9\pi$ cm²

$\mathcal{V} = 9\pi$ cm² × 5 cm = 45π cm³ ≈ **141 cm³**

Le volume du cylindre est d'environ 141 cm³.

1 Colorie une base, repasse en couleur une hauteur et détermine le volume.

a.

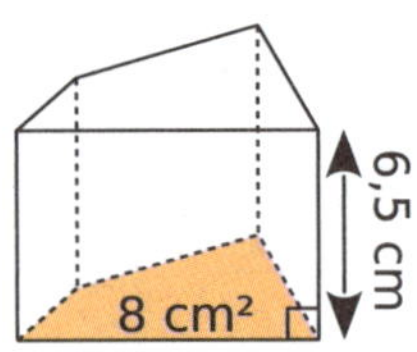

$\mathcal{V}$ = ...

$\mathcal{V}$ = ...

b.

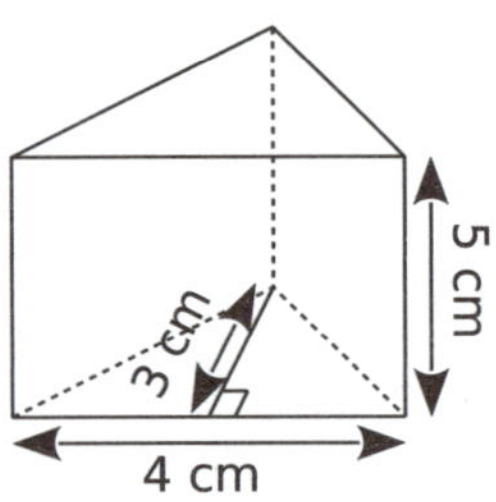

Aire de la base :

$\dfrac{\ldots\ldots \times \ldots\ldots}{2}$ = ... cm²

Volume :

.... × .... = ... cm³

c.

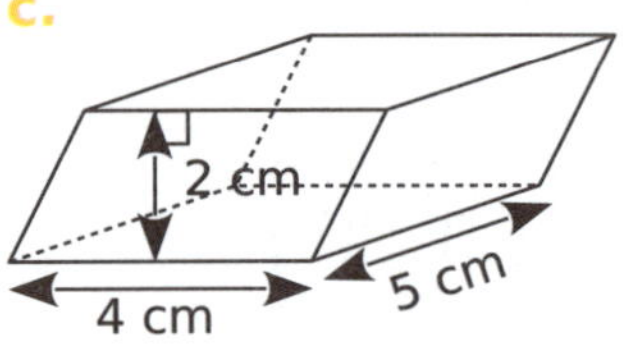

Aire de la base :

.... × .... = ... cm²

Volume :

.... × .... = ... cm³

d.

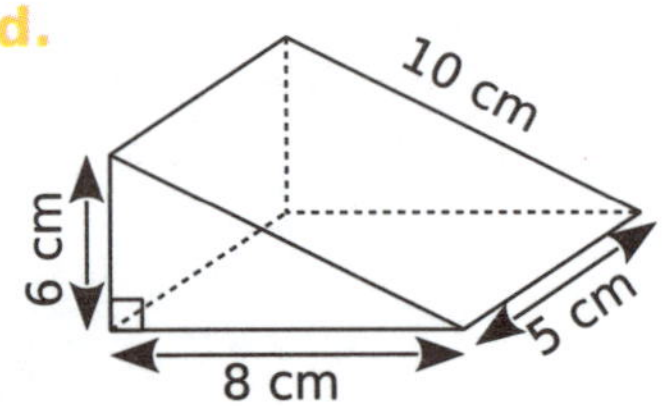

Aire de la base :

....

Volume :

....

2 Complète les calculs pour déterminer le volume exact de chaque cylindre de révolution.

a.

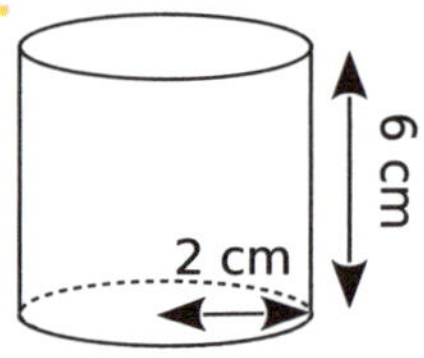

Aire de la base :

$\pi \times$ ....² = ... $\times \pi$ cm²

Volume du cylindre :

.... $\times \pi \times$ .... = ... cm³

b.

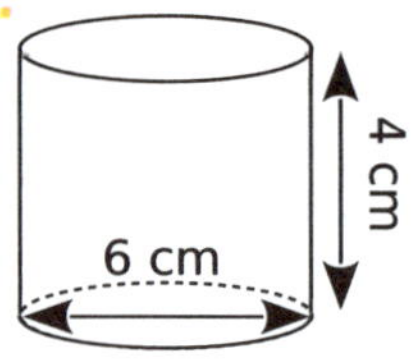

Aire de la base :

$\pi \times$ ....² = ... $\times \pi$ cm²

Volume du cylindre :

.... $\times \pi \times$ .... = ... cm³

c.

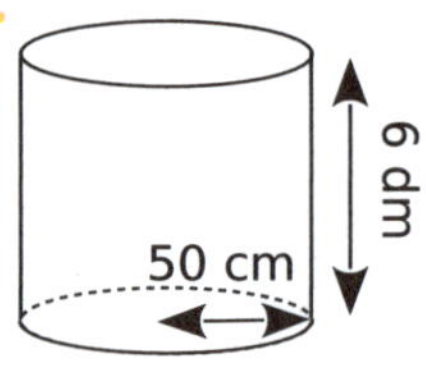

Aire de la base :

....

Volume du cylindre :

....

d.

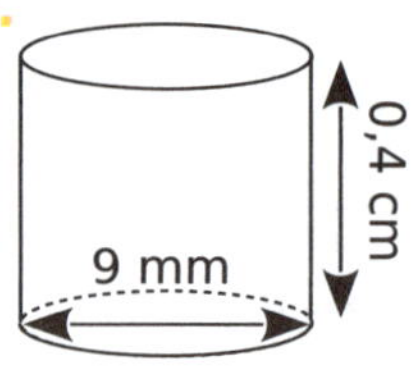

Aire de la base :

....

Volume du cylindre :

....

3 On considère des cylindres de rayon r, de diamètre D et de hauteur h. Complète le tableau.

	r	D	h	Volume exact	Volume arrondi au centième
a.	3 cm			45π cm³	
b.		3,8 cm	4 dm	.... cm³	
c.			8 dm	392π dm³	
d.	2 m			$25{,}2\pi$ m³	
e.				36π dam³	

4 Un vase cylindrique de 10 cm de diamètre et de 13 cm de hauteur contient 0,7 L d'eau. Peut-on ajouter 0,3 L d'eau sans que cela déborde ?

....

....

....

....

Calculer des volumes

5 Calcule les volumes des solides suivants.

a. Un prisme droit à base rectangulaire de 6,1 cm de long, 42 mm de large et 7 cm de hauteur.

b. Un prisme droit de 0,5 dm de hauteur. Le triangle de base a un côté de 0,3 dm et la hauteur relative à ce côté est de 1,3 dm.

c. Un cylindre de révolution de 54 mm de hauteur et 2,2 cm de diamètre de base.

6 Calcule le volume de chacun des solides suivants. (Tu donneras la valeur exacte, puis une valeur arrondie au mm^3.)

a.

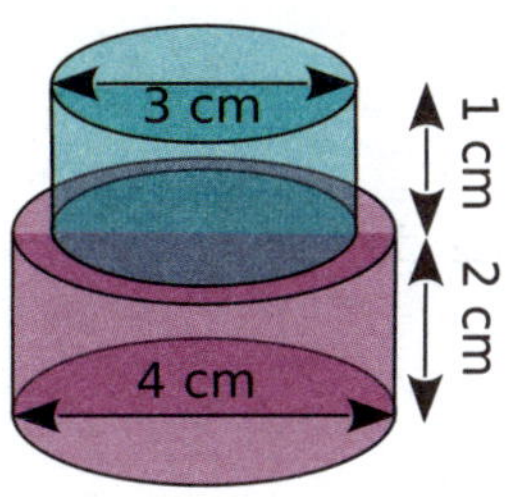

b. Parallélépipède troué par un cylindre de révolution.

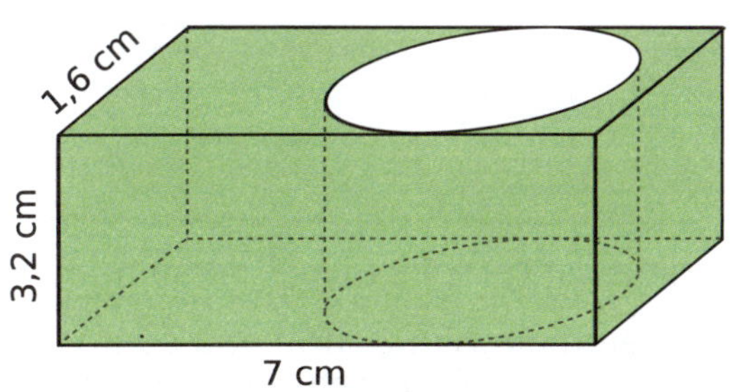

7 Pour un chantier, un maçon doit construire quatre colonnes en béton de forme cylindrique, de 50 cm de rayon et de 4 m de hauteur.

a. Quel est le volume d'une colonne (au centième de m^3 près) ?

Pour 1 m^3 de béton, il faut :

Ciment	Sable	Gravillons	Eau
400 kg	460 L	780 L	200 L

b. Donne alors les quantités de ciment, de sable, de gravillons et d'eau nécessaires pour les quatre colonnes.

8 Sans faire de calculs, range les cylindres de révolution dans l'ordre croissant de leur volume. Explique ta réponse.

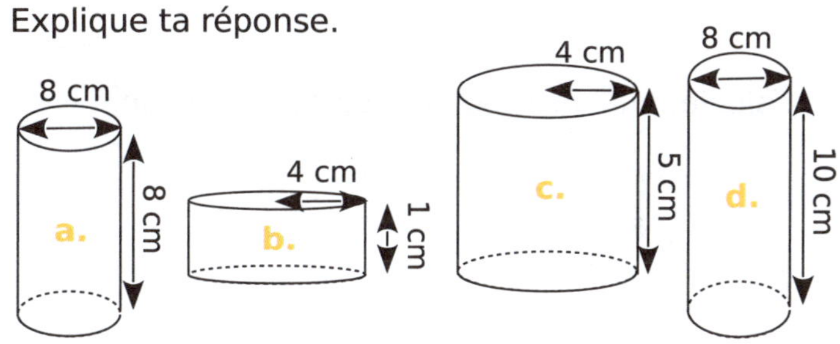

9 Paul dispose de deux seaux d'exactement 3 et 5 litres. Chaque seau a une forme cylindrique et l'aire de leur base est de 200 cm^2.

a. Calcule la hauteur de chacun de ces seaux.

b. Comment Paul va-t-il procéder pour obtenir 4 L en utilisant uniquement ses seaux de 3 L et 5 L ?

Calculer des volumes

10 Voici la représentation en perspective cavalière d'une maison de poupée. (Toutes les longueurs sont données en centimètres.)

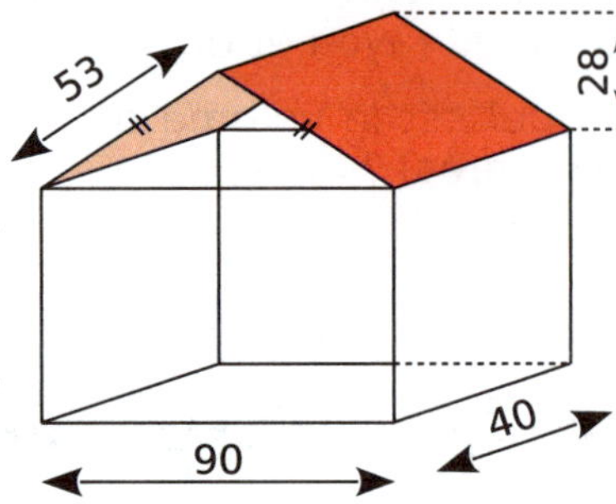

a. Calcule la surface de bois nécessaire pour réaliser le modèle ci-dessus.

....

....

....

....

....

b. Sachant que le bois choisi coûte 28,90 € le m², calcule le montant de sa dépense.

....

....

....

c. Calcule, au L près, le volume de la maison.

....

....

....

11 Une borne kilométrique est un parallélépipède rectangle surmonté d'un demi-cylindre.
La hauteur totale de la borne est de 650 mm ; sa largeur est de 470 mm et sa profondeur est de 380 mm.

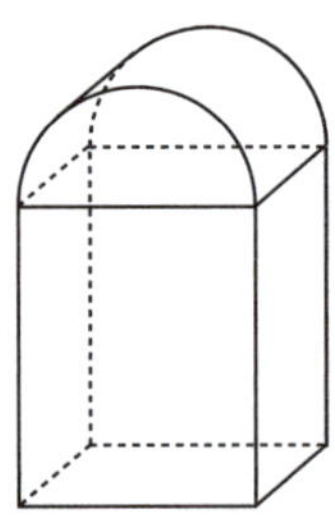

a. Calcule le volume d'une borne.

....

....

....

....

b. Sur les routes nationales, le demi-cylindre est rouge. Calcule la surface à peindre en rouge.

....

....

....

12 Voici la représentation en perspective d'une piscine. (Les proportions ne sont pas respectées.)

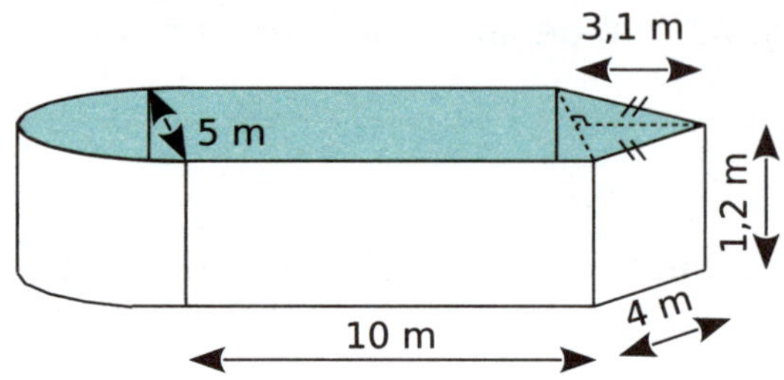

a. Calcule l'aire latérale de la piscine.

....

....

....

b. Sur un pot de peinture, il est noté : « 1 L pour 1,3 m². » Combien de pots de peinture de 1 L faudra-t-il pour peindre l'aire latérale de la piscine ?

....

....

....

....

c. Restera-t-il assez de peinture pour peindre le fond de la piscine ?

....

....

....

....

d. Calcule, au litre près, le volume d'eau que peut contenir la piscine.

....

....

....

....

e. La piscine est remplie aux $\frac{5}{6}$ de sa hauteur.
En France, en moyenne 1 m³ d'eau coûte 2,95 €. Combien coûte le remplissage de la piscine ?

....

....

....

....

Angles et triangles

D1

Reconnaître des droites parallèles et perpendiculaires

1 Observe le codage du dessin puis complète par : parallèles | perpendiculaires | sécantes et non perpendiculaires.

Les droites de même couleur sont parallèles.

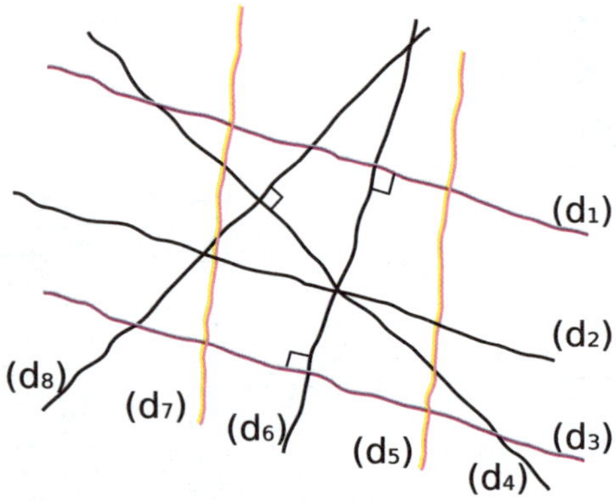

a. (d_1) et (d_6) sont ....

b. (d_1) et (d_3) sont ....

c. (d_1) et (d_2) sont ....

d. (d_5) et (d_7) sont ....

e. (d_6) et (d_7) sont ....

f. (d_4) et (d_8) sont ....

g. (d_3) et (d_6) sont ....

2 Dans chaque cas, trace d'abord, **à main levée**, la droite perpendiculaire à la droite (d) passant par le point A, puis reprends la construction **avec l'équerre et la règle** pour vérifier ton tracé.

a.
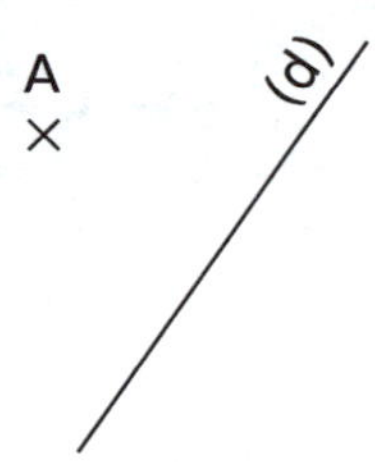

b.
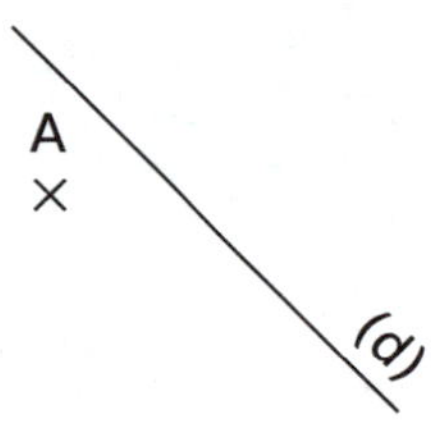

c.
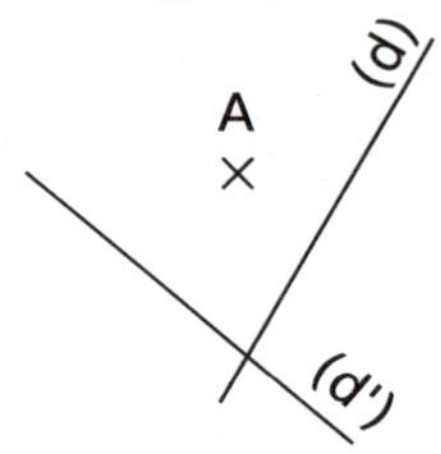

d.
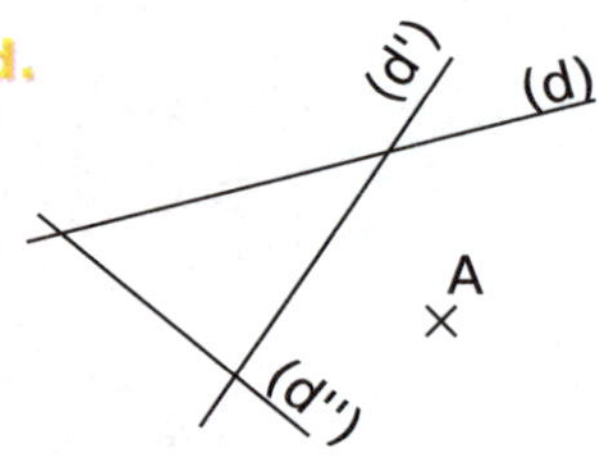

3 Dans chaque cas, trace d'abord, **à main levée**, la droite parallèle à la droite (d) passant par le point A, puis reprends la construction en dessous **avec l'équerre et la règle** pour vérifier ton tracé.

a.
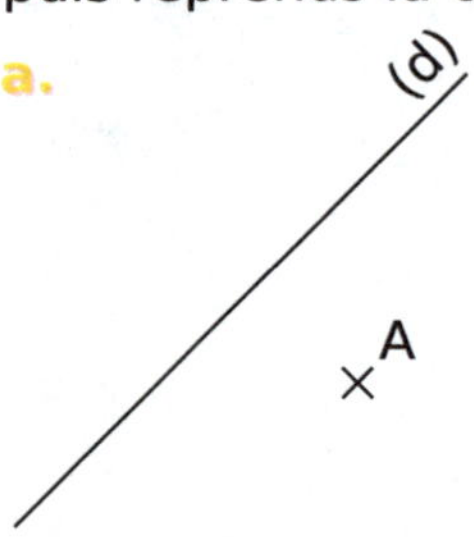

b.
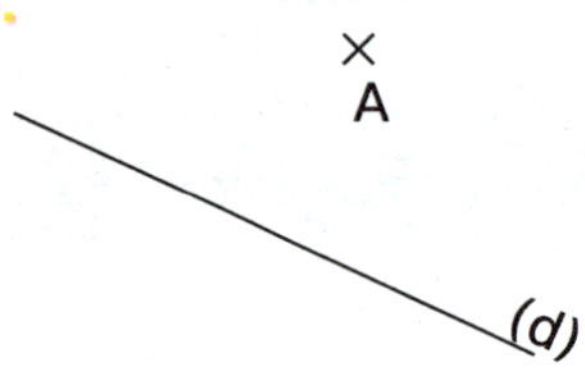

c.
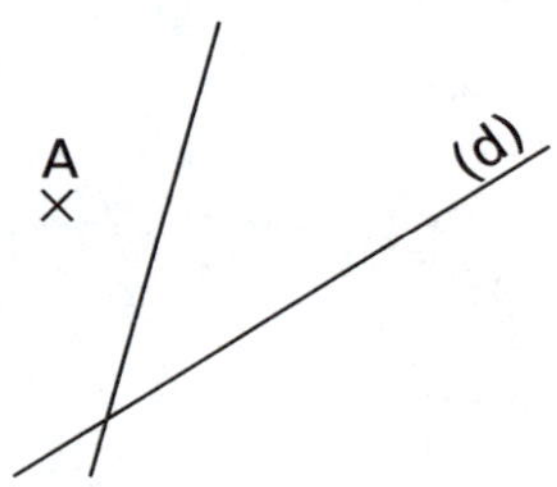

d.
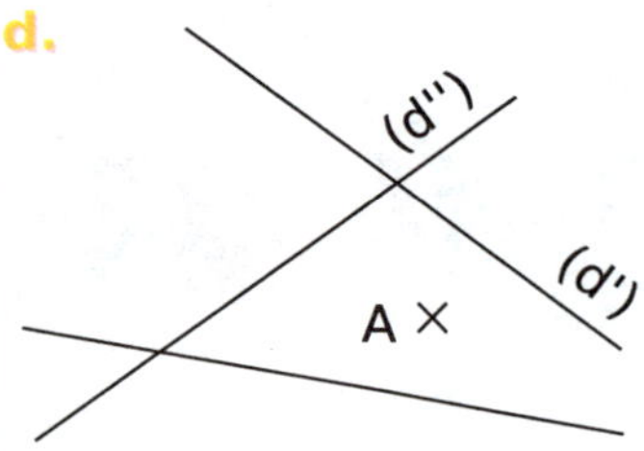

4 **Parallèles et perpendiculaires**

a. Construis ci-dessous, cinq droites (d_1), (d_2), (d_3), (d_4) et (d_5) telles que :

- $(d_1) \perp (d_2)$
- $(d_2) // (d_3)$
- $(d_3) \perp (d_4)$
- $(d_4) // (d_5)$

b. Complète avec le symbole $\perp$ ou //.

- (d_1) .... (d_5)
- (d_2) .... (d_4)
- (d_3) .... (d_5)

c. En t'aidant de la figure, cite trois autres paires de droites perpendiculaires ou parallèles.

....

Série 2 Utiliser l'inégalité triangulaire

Exercice corrigé

Peut-on construire le triangle COR avec CO = 5 cm ; OR = 6 cm et RC = 4 cm ?

Correction

Dans le triangle COR, [OR] est le plus grand côté.

Donc on calcule la somme des deux autres : RC + CO = 4 + 5 = 9.

Comme OR < RC + CO, le triangle COR est constructible.

1 Écris les trois inégalités triangulaires.

a. Dans le triangle RST.

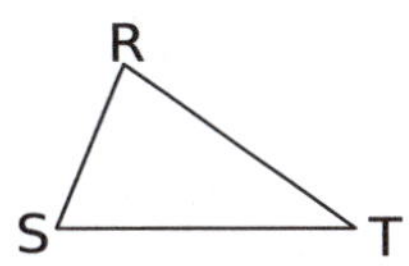

....
....
....

b. Dans le triangle AEC.

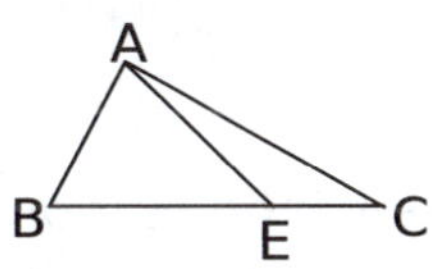

....
....
....

2 ABC et ADC sont deux triangles. E est le point d'intersection des droites (DC) et (AB).

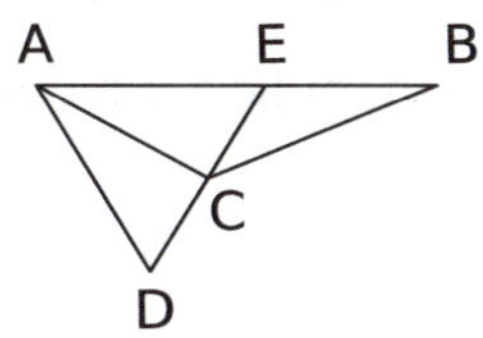

Complète par >, < ou =.

a. AD .... AC + CD

b. BE + EA .... BA

c. CA .... CB + BA

d. BC + CA .... BA

e. DE + EC .... DC

f. DE .... DC + CE

g. CE + EA .... CA

h. AE .... AB + BE

3 Dans chaque cas, indique si les points A, B et C sont alignés. Justifie.

	AB	BC	AC
a.	14 cm	7 cm	9 cm
b.	5,5 m	4 m	9,5 m
c.	4,5 dm	91 cm	46 cm

a. ....

b. ....

c. ....

4 Indique si chacun des triangles est constructible. Justifie.

a.

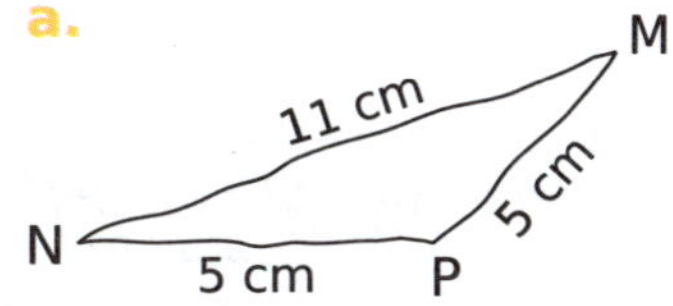

....
....
....
....

b.

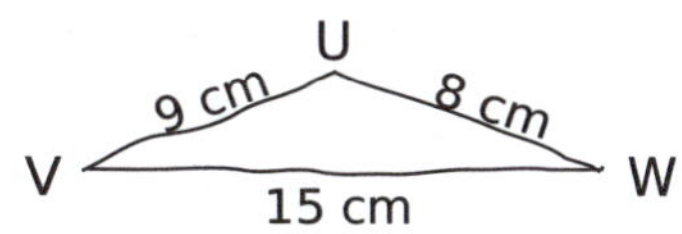

....
....
....
....

c.

....
....
....
....

d. Le triangle GHI tel que : ....

GH = 6 cm ....

GI = 5 cm ....

HI = 8 cm ....

....

e. Le triangle SNV tel que : ....

SN = 5,01 cm ....

SV = 4,9 cm ....

NV = 1,1 mm ....

....

5 Sébastien veut construire un triangle FOU dont il connaît les longueurs OU et FU. Parmi les longueurs proposées pour le côté [OF], entoure la (ou les) mesure(s) possible(s).

	OU	FU	OF		
a.	15	7	5	9	10
b.	11	9	1	14	21
c.	9,4	4,6	4,8	13	14,01
d.	7,6	3,5	4,1	11,01	12

Utiliser l'inégalité triangulaire

6 NOR et SUD sont deux triangles isocèles respectivement en N et en S, de même périmètre 10,5 cm. Avec les informations données sur les figures ci-contre, est-il possible de tracer de tels triangles ? Justifie puis trace les triangles possibles en vraie grandeur.

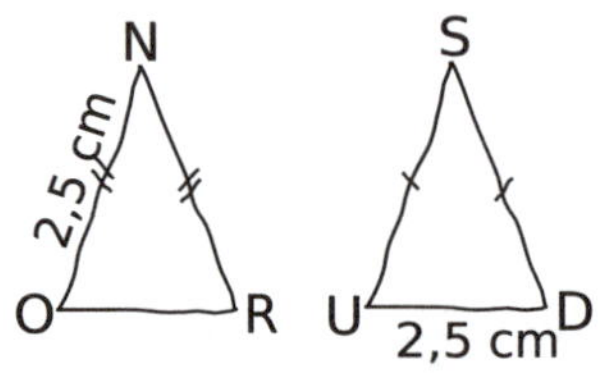

....

....

....

....

....

....

....

7 Un triangle a deux côtés dont les mesures sont 2 cm et 3 cm.

a. Donne une longueur possible du troisième côté.

....

b. Il y a plusieurs possibilités pour la longueur de ce troisième côté mais Nino affirme que toutes ces longueurs sont comprises entre deux nombres. Quels sont-ils ?

....

....

....

....

....

....

....

8 Soit ARN un triangle tel que AR = 14 cm et RN = 5 cm. Quelles sont les mesures entières, multiples de 5, possibles pour le segment [AN] ?

....

....

....

....

9 **Triangles remarquables**

a. On cherche trois nombres entiers dont la somme est 12. Répertorie tous les trios possibles.

....	....	....
....	....	....
....	....	....
....	....	....
....	....	....

On cherche maintenant tous les triangles dont les mesures des côtés sont des nombres entiers et dont le périmètre est 12 unités de longueur.

b. Quel lien y a-t-il avec la question **a.** ?

....

....

....

c. Barre au crayon gris les trios que l'on peut éliminer. Justifie pourquoi.

....

....

....

d. Quels sont les triangles cherchés ?

....

e. Qu'ont-ils de remarquables ? Construis-les sur ton cahier de brouillon en prenant un centimètre pour unité de longueur si nécessaire.

....

....

....

....

Construire des triangles

1 Trace chacun de ces triangles à partir de la figure à main levée proposée.

a.

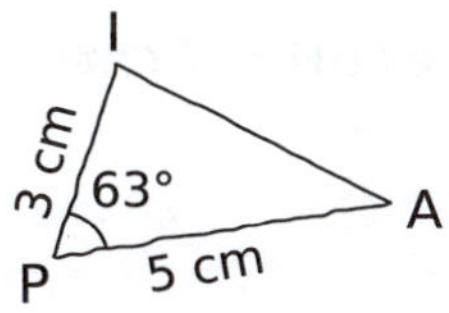

b.

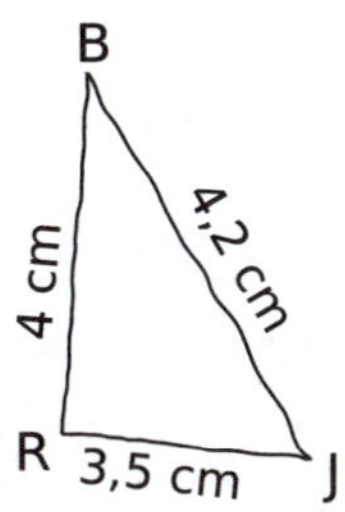

c.

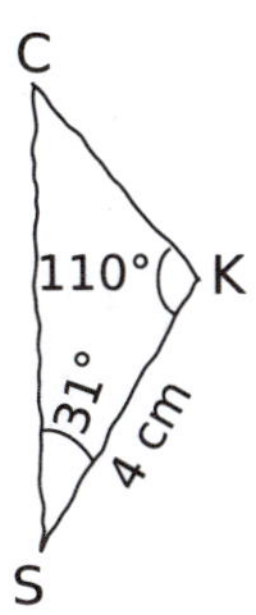

d.

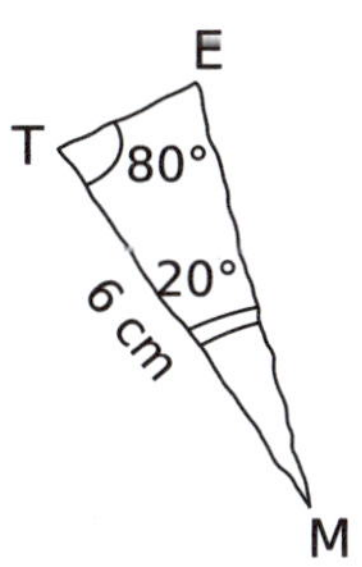

e.

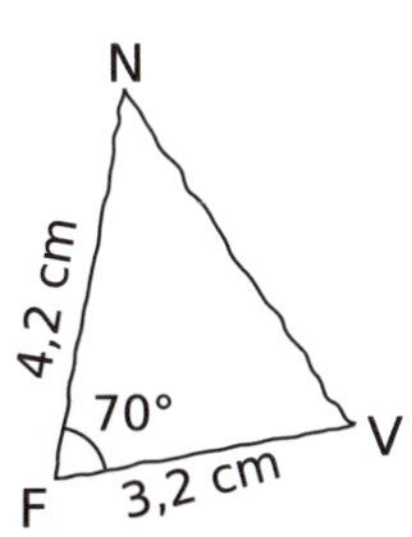

2 Pour chaque triangle, trace d'abord une figure à main levée puis en vraie grandeur.

a. Un triangle ABC tel que :
AB = 3,5 cm, BC = 5 cm et AC = 6 cm.

b. Un triangle HTU tel que :
HT = 5 cm, HU = 2 cm et $\widehat{THU}$ = 100°.

c. Un triangle GKO tel que :
GK = 5,5 cm, $\widehat{GKO}$ = 45° et $\widehat{KGO}$ = 35°.

d. Un triangle LMN tel que :
LM = 6 cm, LN = 3 cm et $\widehat{NLM}$ = 49°.

e. Un triangle PRS tel que :
$\widehat{PSR}$ = 124°, $\widehat{SPR}$ = 18° et SP = 5,5 cm.

Série 3 Construire des triangles

3 Reproduis ces triangles en vraie grandeur, lorsque cela est possible. Si le triangle n'est pas constructible, explique pourquoi.

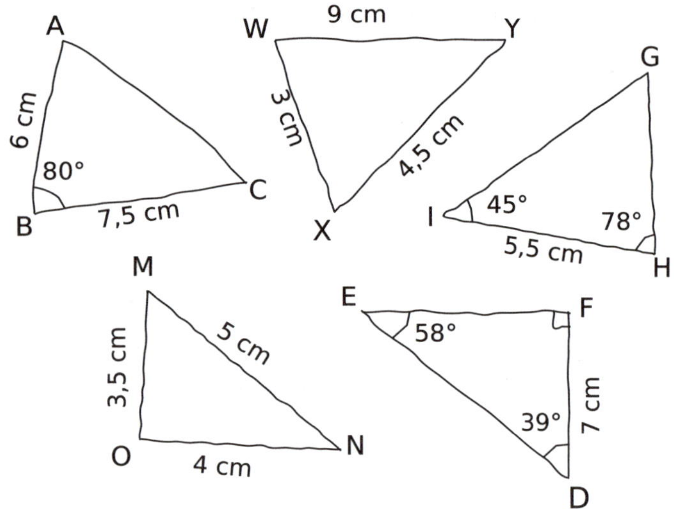

4 Pour chaque cas, trace une figure à main levée codée du triangle en indiquant les mesures d'angles et les longueurs des côtés connues.

a. AGP isocèle en A : AG = 8 cm et GP = 6 cm.

b. BHQ rectangle en B : BQ = 3 cm et BH = 7 cm.

c. CKR équilatéral : CK = 7 cm.

a. | b. | c.

d. DLS isocèle en S : DL = 11 cm et $\widehat{LDS}$ = 35°.

e. EMT rectangle en M : $\widehat{MET}$ = 55° et ME = 7 cm.

f. FUN isocèle rectangle en F : FU = 4 cm.

d. | e. | f.

5 Trace chacun de ces triangles à partir de la figure à main levée proposée.

a.

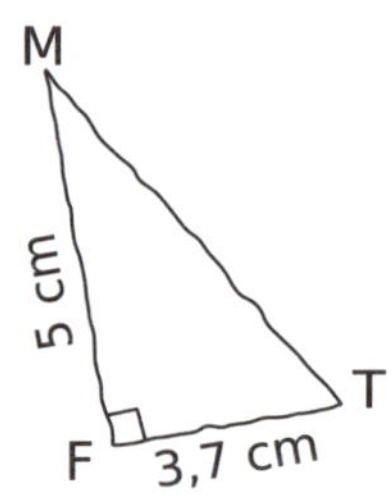

b.

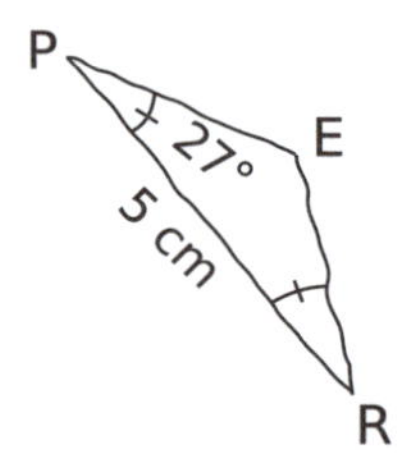

c.

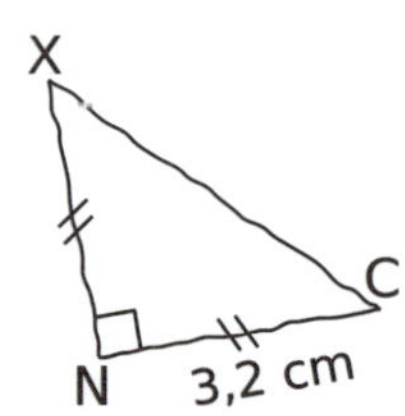

Construire des triangles

6 Pour chaque triangle, trace d'abord une figure à main levée puis en vraie grandeur.

a. Un triangle GTY isocèle en T tel que GT = 3,5 cm.

b. Un triangle ERT rectangle en E tel que $\widehat{ETR} = 33°$.

c. Un triangle CKF équilatéral de côté 3,4 cm.

7 a. Construis un triangle équilatéral ABC de côté 4 cm.

b. Complète la figure en construisant le triangle ABD isocèle en D tel que $\widehat{CAD} = 105°$.

c. Quelles sont les mesures des angles du triangle ABD ? Justifie. Que dire alors du triangle ABD ?

8 **Programme et construction**

a. Écris un programme de construction pour réaliser cette figure.

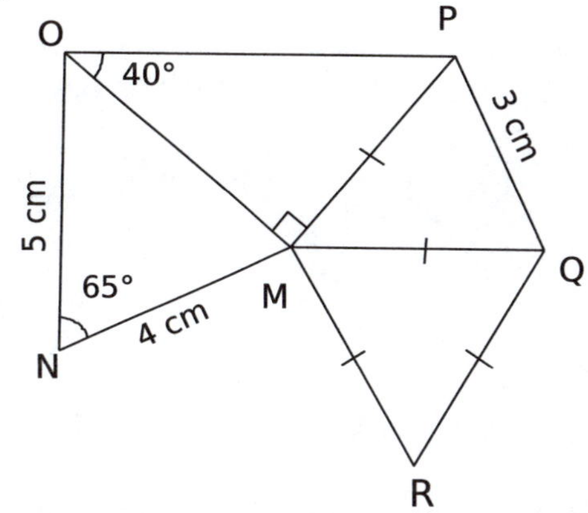

b. Reproduis cette figure en vraie grandeur.

Hauteurs et médiatrices

1 Construis la médiatrice de chaque segment en utilisant le quadrillage.

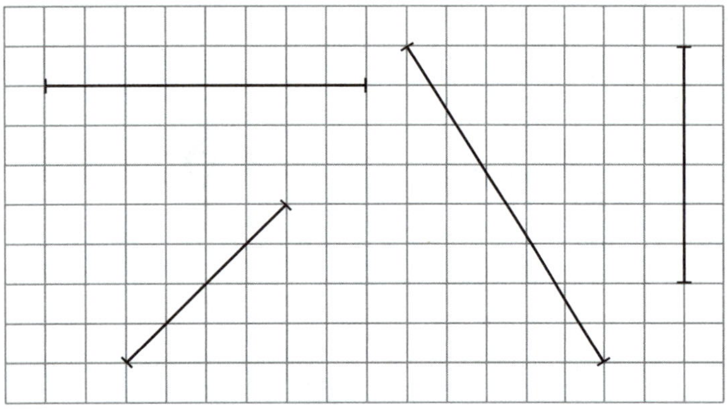

2 Construis la médiatrice de chaque segment à la règle et au compas.

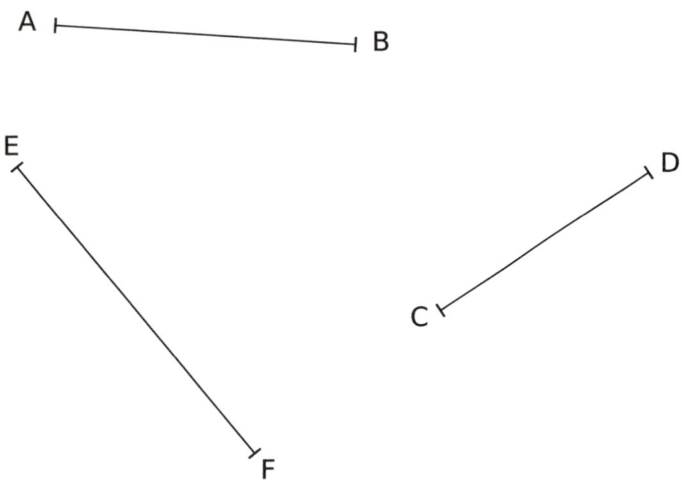

3 Construis la médiatrice de chacun des trois côtés du triangle en utilisant ton compas et ta règle.

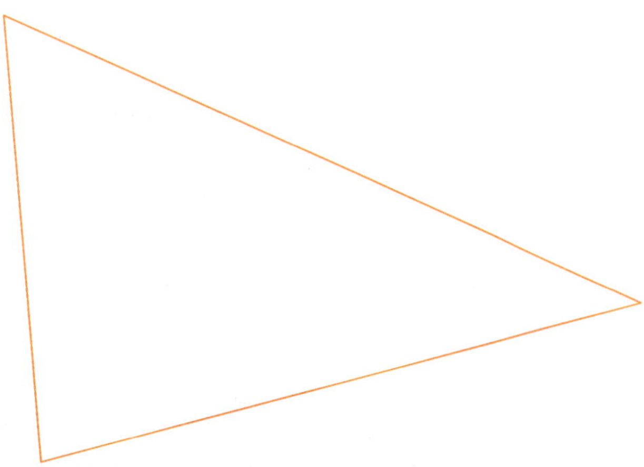

4 Dans un triangle

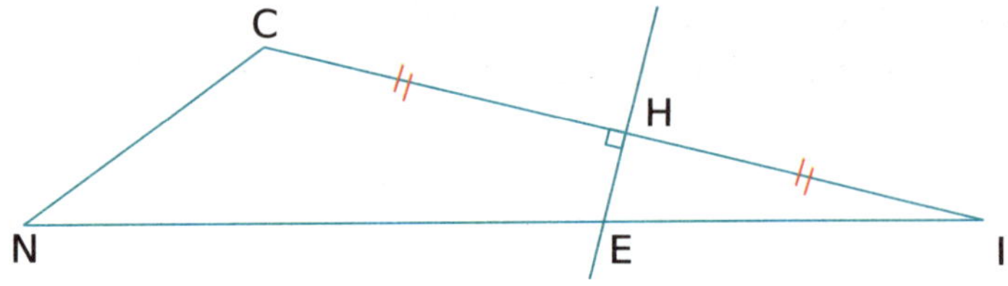

a. Que peut-on dire de la droite (HE) pour le segment [CI] ? Justifie.

....

....

....

b. Que peut-on dire des longueurs CE et EI ? Justifie.

....

....

....

c. Quelle est la nature du triangle CEI ? Justifie.

....

....

....

d. Trace la hauteur du triangle CIN issue de N. Elle coupe la droite (CI) en S.

e. Que peux-tu dire des droites (NS) et (HE) ?

....

....

....

5 Pour chaque triangle, écris si la droite (d) est une médiatrice, une hauteur ou ni l'un ni l'autre.

a.

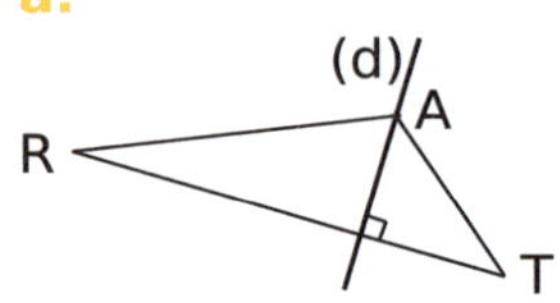

....

c.

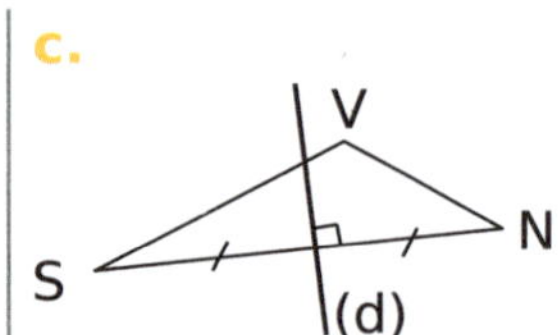

....

b.

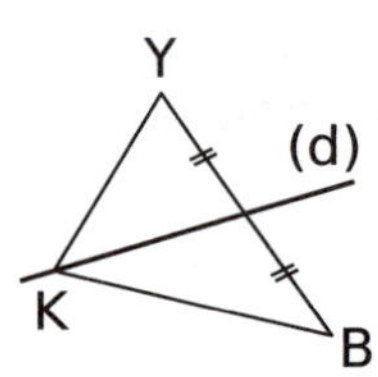

....

d.

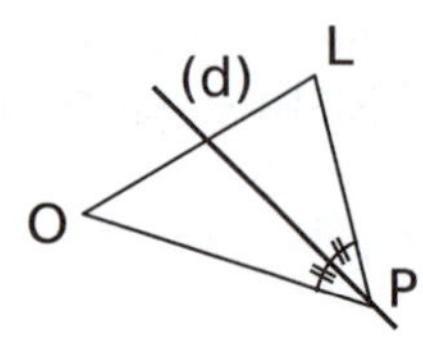

....

Hauteurs et médiatrices

Exercice corrigé

Trace un triangle ARB et la hauteur relative au côté [BR].

Correction

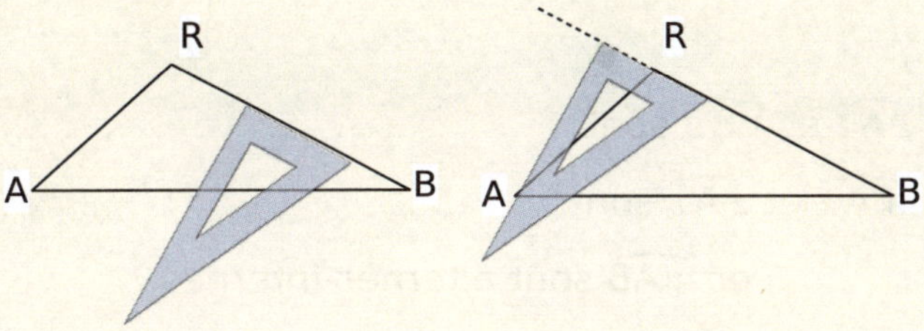

a. On positionne l'équerre perpendiculairement au côté [BR].

b. On fait glisser l'équerre jusqu'au point A. Il faut parfois prolonger le côté [BR].

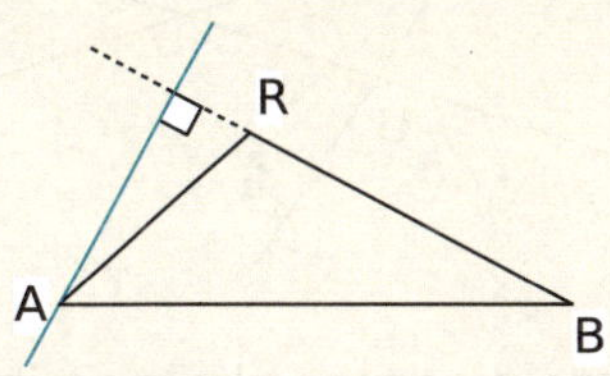

c. La **hauteur relative au côté [BR]** est la droite perpendiculaire au côté [BR] et passant par A.

6 Trace les hauteurs des triangles suivants.

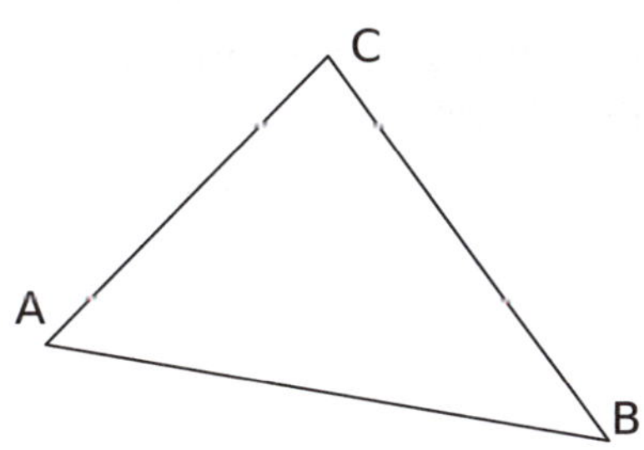

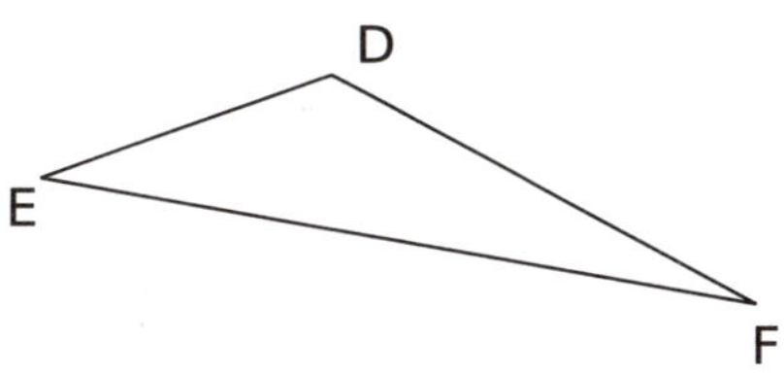

7 Trace les hauteurs des triangles suivants.

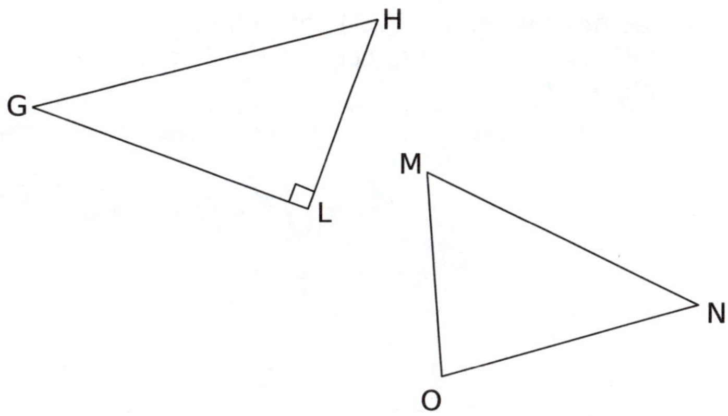

8 Dans le triangle BOA :

a. trace en bleu la hauteur issue de A.

b. trace en rouge la médiatrice de [BO].

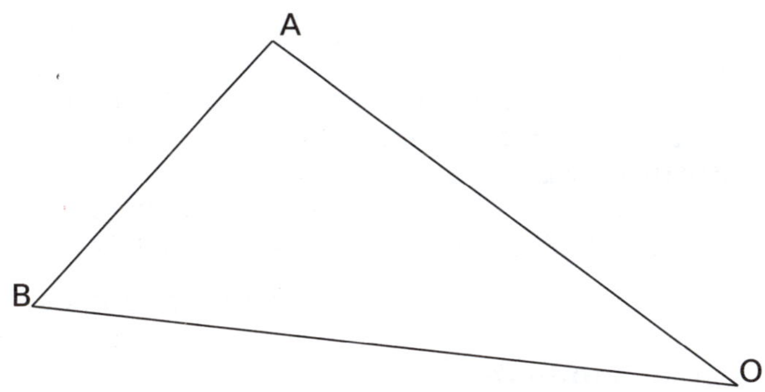

9 **Avec un logiciel de géométrie dynamique**

a. Trace un triangle EPA et ses trois hauteurs qui se coupent en H.

b. Nomme les trois hauteurs du triangle EPH.

....

En quel point se coupent-elles ? ....

c. Nomme les trois hauteurs du triangle PAH.

....

En quel point se coupent-elles ? ....

d. Nomme les trois hauteurs du triangle AEH.

....

En quel point se coupent-elles ? ....

e. Déplace ses sommets. Décris les cas particuliers que tu observes sur ton cahier.

Série 5 Angles et droites parallèles

Exercices corrigés

a. Les droites (yy') et (zz') sont-elles parallèles ? Les droites (xx') et (uu') sont-elles parallèles ?

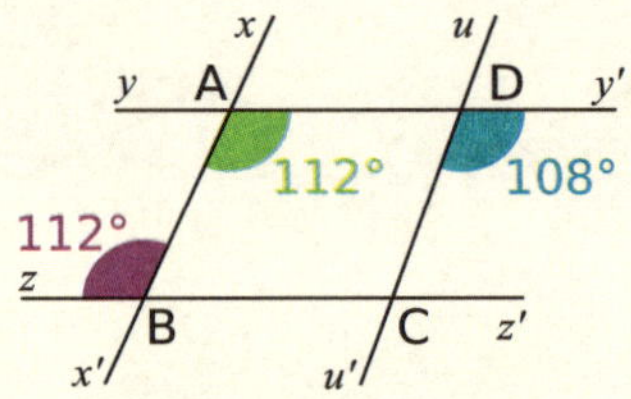

b. Les droites (vt) et (uy) sont parallèles. Calcule la mesure des angles $\widehat{zEy}$ et $\widehat{vGw}$.

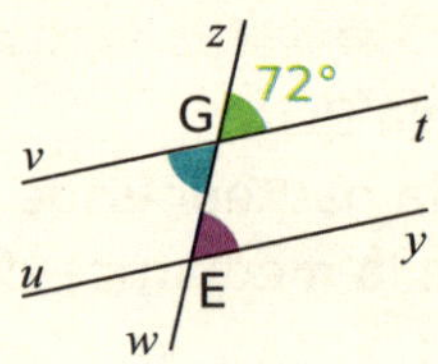

Correction

a. Les angles $\widehat{x'Ay'}$ et $\widehat{xBz}$ déterminés par les droites (yy'), (zz') et la sécante (xx') sont **alternes-internes**.
Les angles $\widehat{x'Ay'}$ et $\widehat{xBz}$ ont la même mesure.
Donc les droites (yy') et (zz') sont parallèles.

Les angles $\widehat{x'Ay'}$ et $\widehat{u'Dy'}$ déterminés par les droites (xx'), (uu') et la sécante (yy') sont **correspondants**.
Si les droites (xx') et (uu') étaient parallèles alors les angles $\widehat{x'Ay'}$ et $\widehat{u'Dy'}$ seraient de la même mesure, ce qui n'est pas le cas.
Donc les droites (xx') et (uu') ne sont pas parallèles.

b. Les angles **correspondants** $\widehat{zGt}$ et $\widehat{zEy}$ sont déterminés par les droites (vt) et (uy) qui sont **parallèles**. Ils sont donc de la même mesure. L'angle $\widehat{zEy}$ mesure donc 72°.

Les angles $\widehat{zGt}$ et $\widehat{vGw}$ sont **opposés par le sommet**. Ils sont donc de la même mesure. L'angle $\widehat{vGw}$ mesure donc 72°.

1 Colorie d'une couleur différente chaque paire d'angles **alternes-internes**.

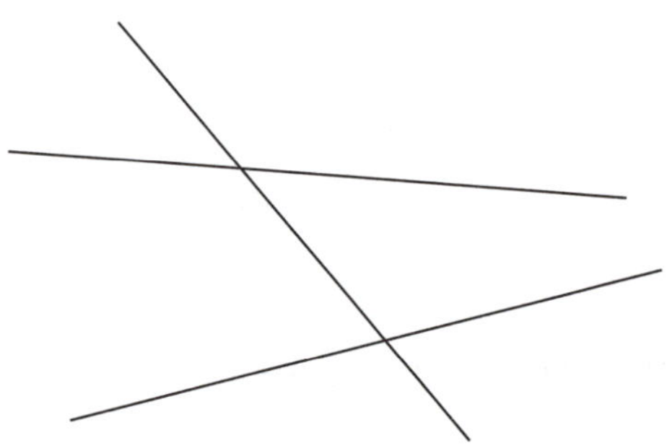

2 En t'aidant de la figure, complète les phrases.

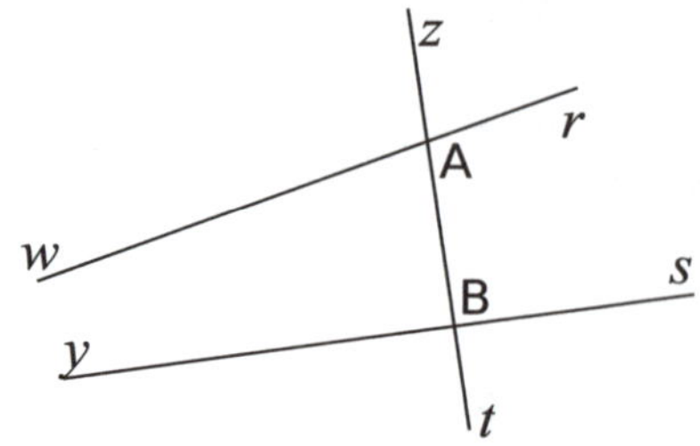

a. $\widehat{rAt}$ et $\widehat{yBz}$ sont ....

b. $\widehat{wAz}$ et $\widehat{zAr}$ sont ....

c. .... et $\widehat{wAB}$ sont alternes-internes.

3 On considère les angles déterminés par les droites (EG) et (AD).

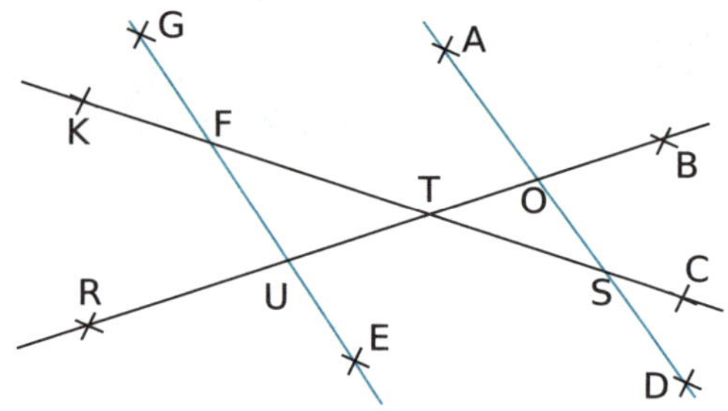

Cite deux paires d'angles alternes-internes :

a. déterminés par la sécante (KC).

....

b. déterminés par la sécante (BR).

....

4 Colorie de la même couleur les angles de même mesure sachant que les droites (AB) et (CD) sont parallèles.

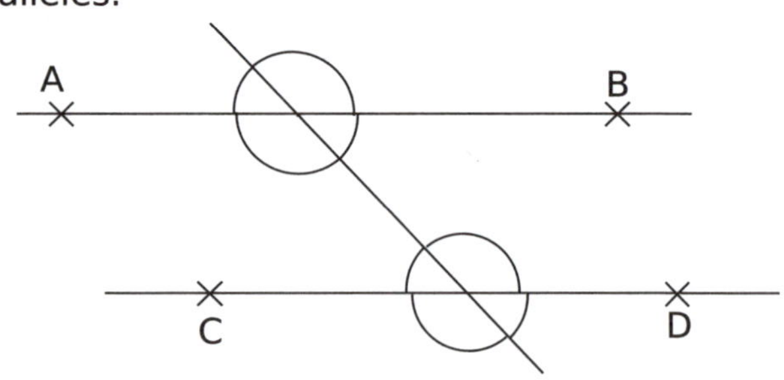

5 Dans chaque cas, les droites (d) et (d') sont parallèles. Calcule mentalement puis écris la mesure de chaque angle grisé sans justifier.

a.

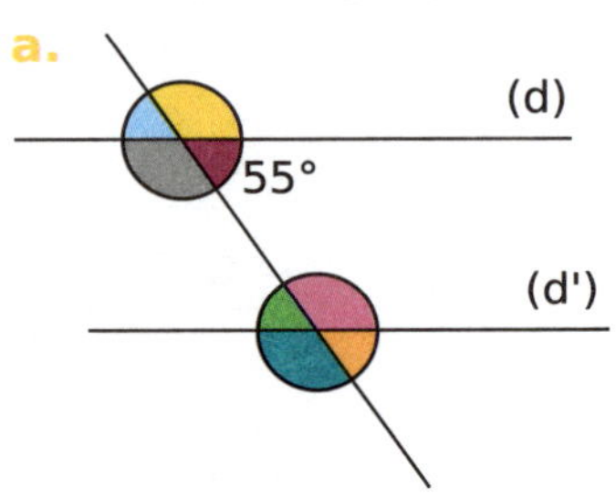

b.

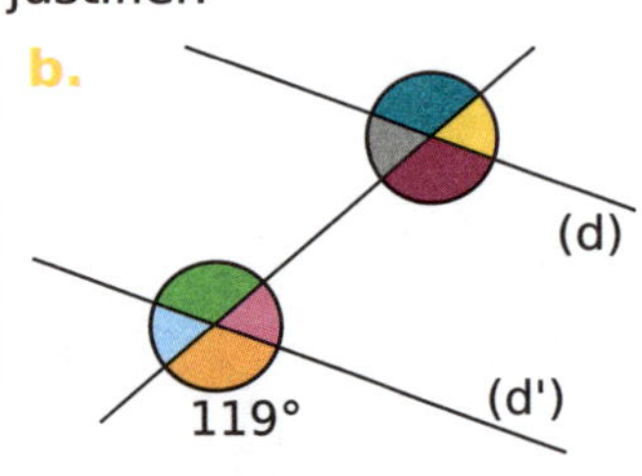

6 Les droites (d') et (d'') sont-elles parallèles ? Justifie.

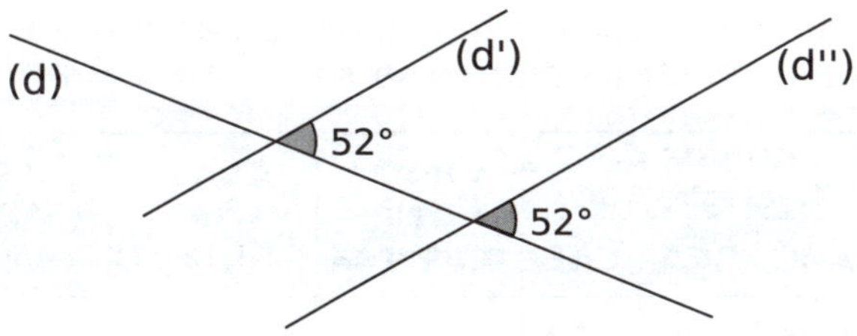

....

....

....

....

7 Les droites (d') et (d'') sont-elles parallèles ? Justifie.

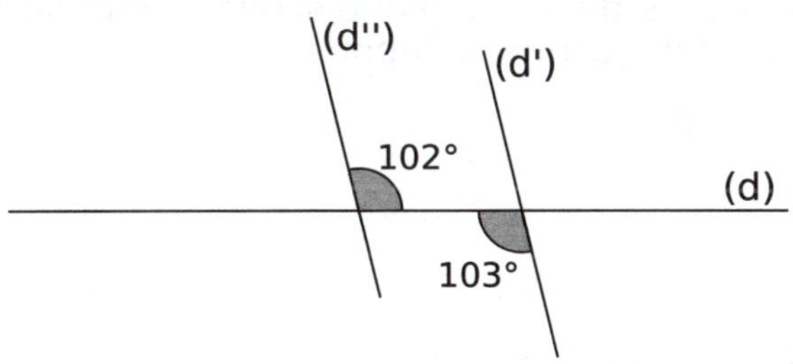

....

....

....

8 Les points A, D et E sont alignés. Démontre que les droites (AC) et (DB) sont parallèles.

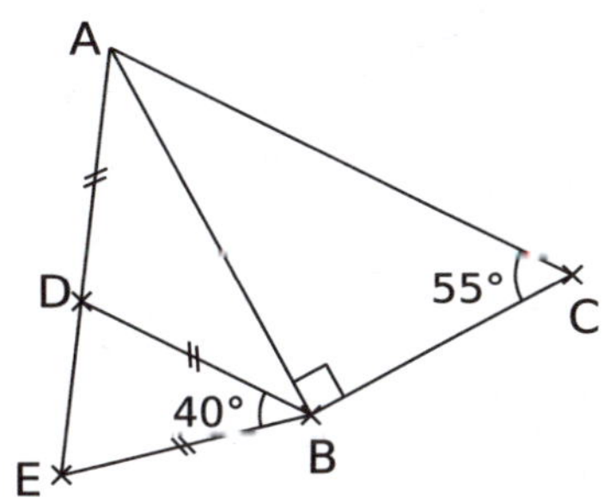

....

....

....

....

....

....

....

....

....

....

9 On considère la figure ci-contre.

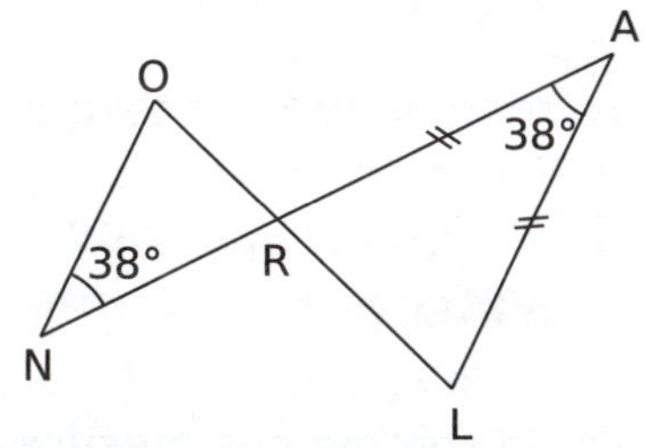

a. Démontre que (NO) et (LA) sont parallèles.

....

....

b. Démontre que les angles $\widehat{ALR}$ et $\widehat{NOR}$ ont la même mesure que tu calculeras.

....

....

....

c. Déduis-en la nature du triangle NOR.

....

....

10 **a.** Construis une figure à main levée du parallélogramme RIEN de centre C tel que CR = 3 cm, $\widehat{CRI} = 35°$ et $\widehat{CRN}$ est un angle droit.
Tu indiqueras sur ta figure la mesure des angles $\widehat{CEI}$ et $\widehat{CEN}$.

b. Construis cette figure en vraie grandeur sans tracer de parallèles.

Angles d'un triangle

Exercice corrigé

Le triangle PAF est tel que $\widehat{PAF} = 67°$ et $\widehat{FPA} = 56°$.
Quelle est la mesure de l'angle $\widehat{PFA}$?

Correction

$\widehat{PAF} + \widehat{FPA} = 67° + 56° = 123°$.
Or, la somme des mesures des angles d'un triangle est égale à 180°.
Donc $\widehat{PFA} = 180° - 123° = 57°$.

1 Calcule la mesure de l'angle manquant.

a.

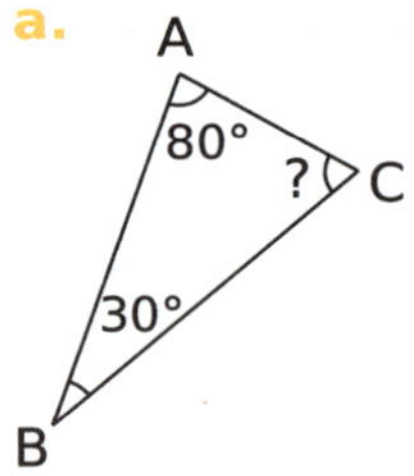

b.

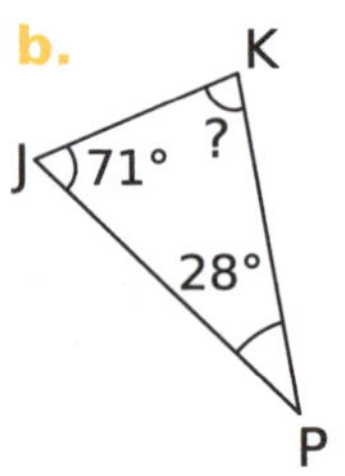

c. Dans le triangle ENS, on donne $\widehat{SEN} = 44{,}2°$ et $\widehat{SNE} = 79{,}8°$.

2 Pour chaque cas, calcule la mesure de l'angle manquant dans le triangle MNP.

	Mesure des angles du triangle MNP		
	$\widehat{MNP}$	$\widehat{PMN}$	$\widehat{NPM}$
a.	124°	18°	
b.	71°		29°
c.		98,1°	59,6°
d.	49,5°		113°

3 Pour chaque cas, calcule la somme des mesures des angles du triangle et indique si ce triangle existe ou non. Pour les cas de triangles non constructibles, corrige la valeur de l'angle $\widehat{ABC}$ pour rendre la construction réalisable.

	Angles du triangle ABC			Somme des mesures	Cons-truc-tible ?	Angle $\widehat{ABC}$ corrigé
	$\widehat{ABC}$	$\widehat{BCA}$	$\widehat{CAB}$			
a.	68°	27°	75°			
b.	43°	58°	101°			
c.	62,1°	72,8°	45°			
d.	34,5°	82°	63,5°			

4 Les figures suivantes sont tracées à main levée. Pour chacune d'elles, indique si elles sont constructibles ou non. Justifie ta réponse.

a.

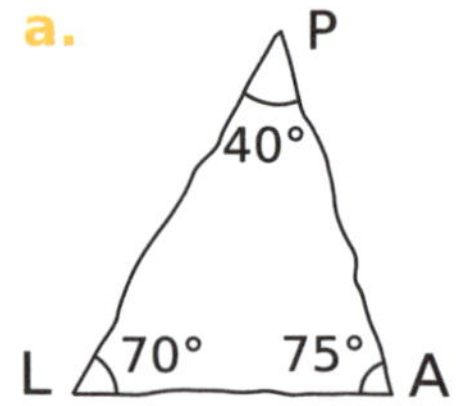

b.

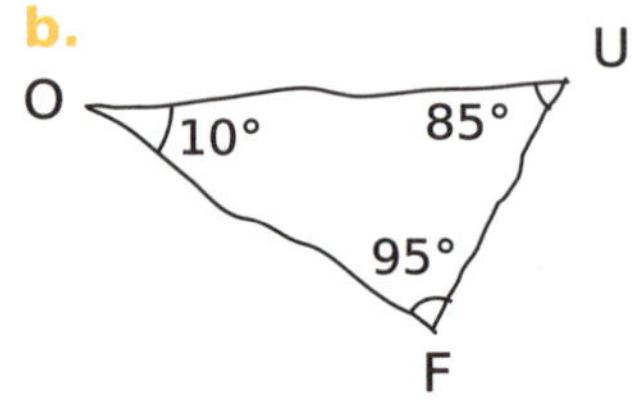

c.

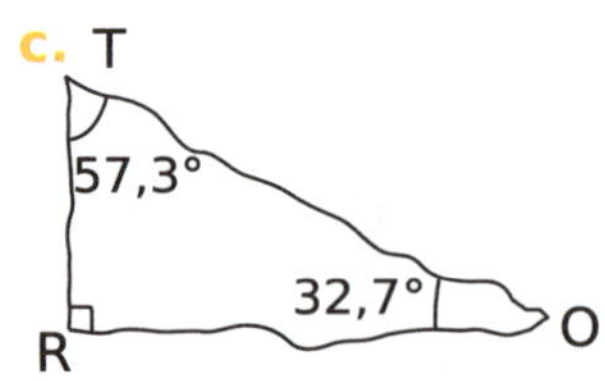

5 **a.** Trace un triangle isocèle dont l'angle au sommet mesure 70°.

b. Combien mesurent les angles à la base ? ....

Angles d'un triangle

6 Calcule, pour chaque triangle, la mesure d'angle manquante en expliquant ta démarche.

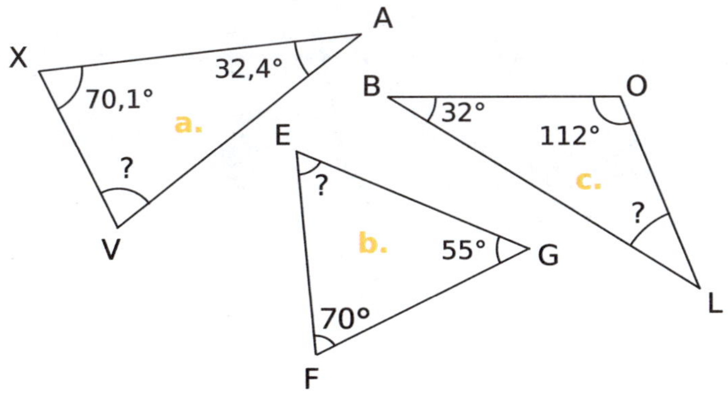

a. ……………………………………………………………………

……………………………………………………………………

……………………………………………………………………

……………………………………………………………………

b. ……………………………………………………………………

……………………………………………………………………

……………………………………………………………………

……………………………………………………………………

c. ……………………………………………………………………

……………………………………………………………………

……………………………………………………………………

……………………………………………………………………

7 Complète les affirmations ci-dessous avec les mots suivants : quelconque | isocèle | équilatéral | rectangle.

a. Si deux angles d'un triangle mesurent chacun 60° alors ce triangle est ………………… .

b. Si deux angles d'un triangle mesurent chacun 45° alors ce triangle est ………………… et ………………… .

c. Si deux des angles d'un triangle mesurent 150° et 20° alors ce triangle est ………………… .

d. Si deux des angles d'un triangle mesurent 98° et 41° alors ce triangle est ………………… .

8 Calcule pour chaque triangle la mesure de l'angle marquée d'un point d'interrogation.

a.

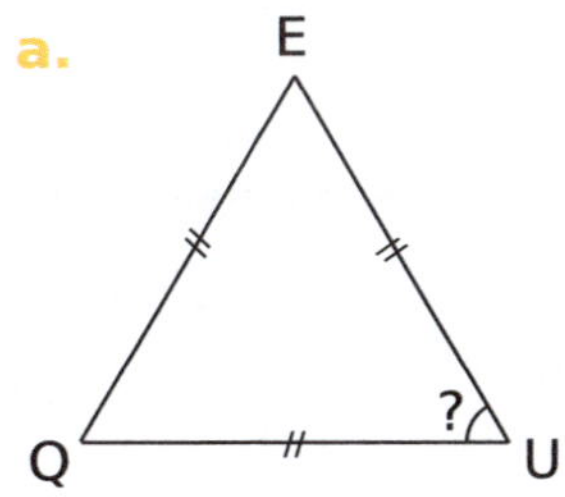

……………………………………………………………………

b.

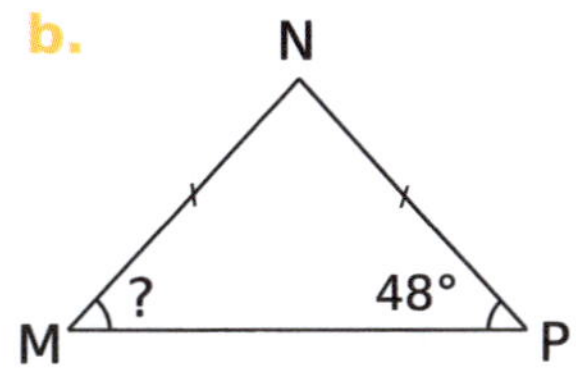

……………………………………………………………………

c.

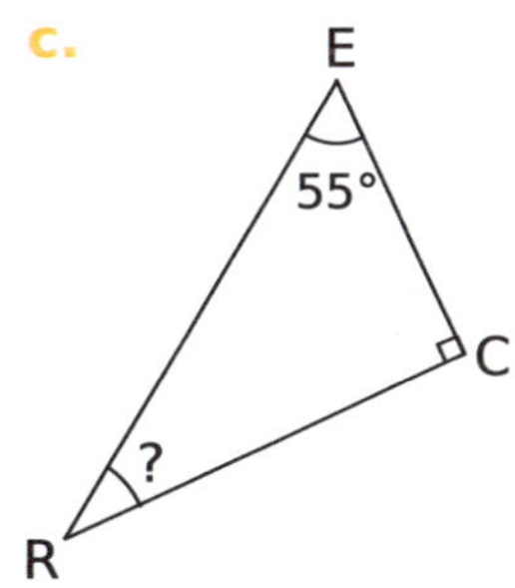

……………………………………………………………………

d.

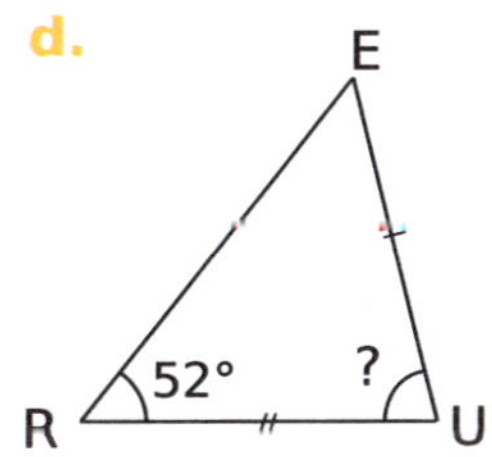

……………………………………………………………………

9 Complète le tableau sachant que, dans chaque cas, le triangle MNP est isocèle en P.

	Mesure des angles du triangle MNP		
	$\widehat{MNP}$	$\widehat{PMN}$	$\widehat{NPM}$
a.	35°		
b.		52,7°	
c.			47°
d.			120,6°

Angles d'un triangle

10 Pour chaque figure, justifie si le triangle est équilatéral, isocèle, rectangle ou quelconque.

a.

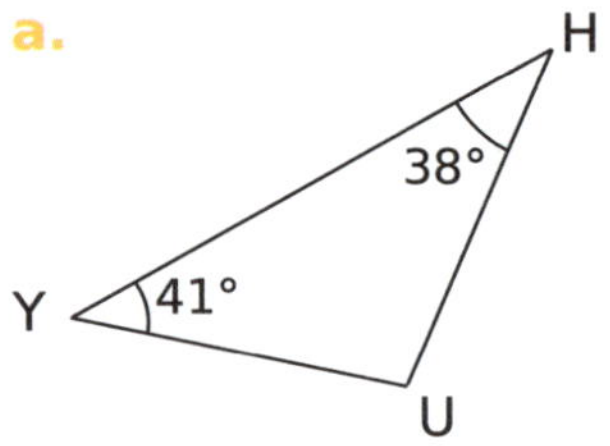

b.

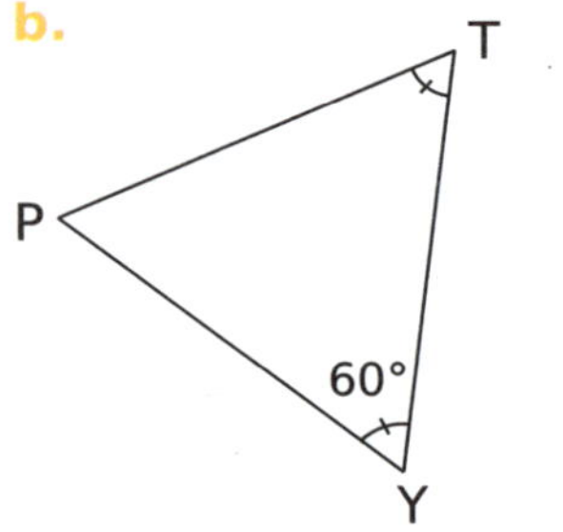

c.

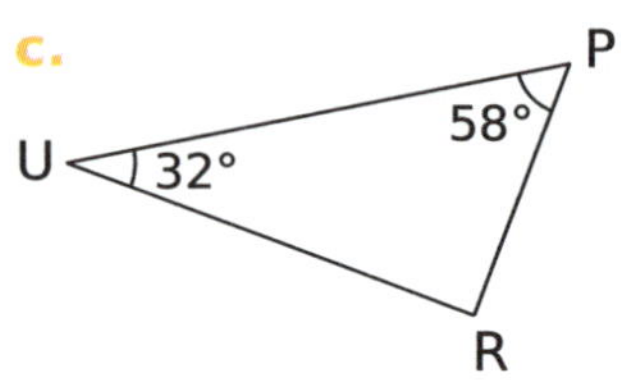

d.

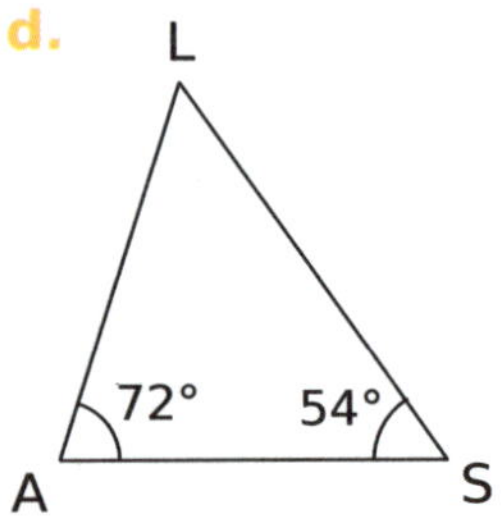

e.

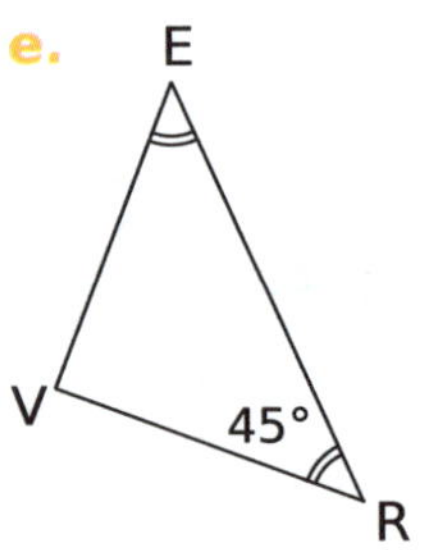

11 **a.** Trace un triangle rectangle dont un angle mesure 35°.

b. Combien mesurent les angles ? ……

12 Calcule chaque mesure manquante.

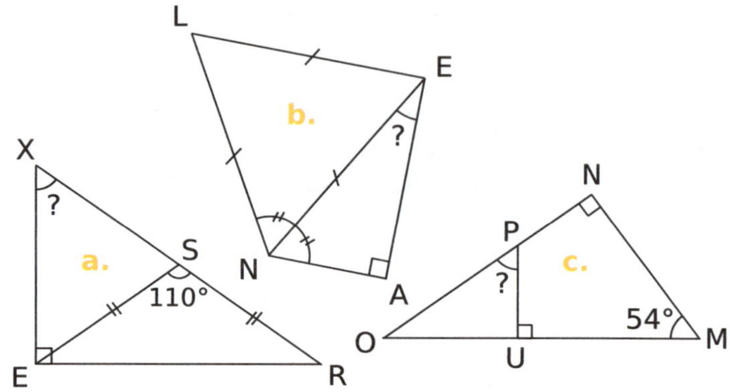

a. ……

b. ……

c. ……

13 Calcule la mesure de chacun des angles.

a. $\widehat{CMX}$

b. $\widehat{OMX}$

c. $\widehat{NOC}$

d. $\widehat{CNO}$

e. $\widehat{NKX}$

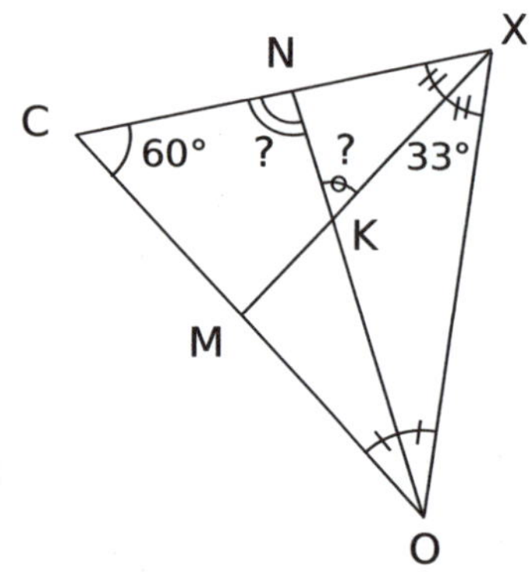

Transformations et parallélogrammes

D2

Reconnaître des points ou figures symétriques

1 On a tracé les symétriques du quadrilatère n° 1 par trois symétries centrales distinctes. En observant la figure et en t'aidant de papier calque, complète les phrases ci-dessous.

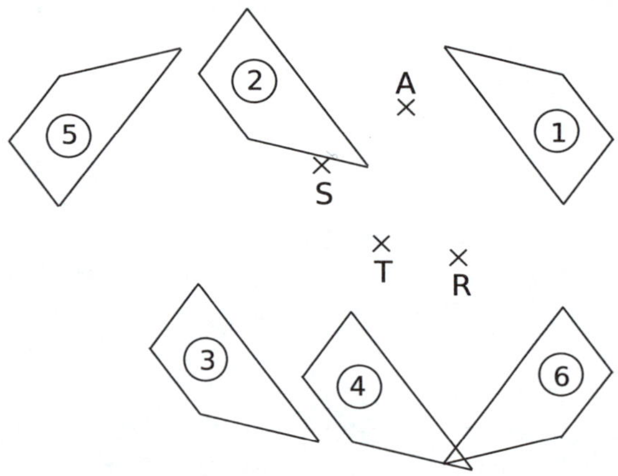

a. Dans la symétrie de centre R, le quadrilatère n° 1 se transforme en le quadrilatère n°...... .

b. Les quadrilatères n° 1 et n° 3 sont symétriques par rapport au point ....

c. Le quadrilatère n° ...... est le symétrique du quadrilatère n° 1 par la symétrie de centre A.

d. Le quadrilatère n° 6 est l'image du quadrilatère n° 1 par ....

e. Les quadrilatères n° .... et n° 6 sont symétriques par rapport à une droite.

2 En observant la figure ci-dessous, complète les phrases suivantes.

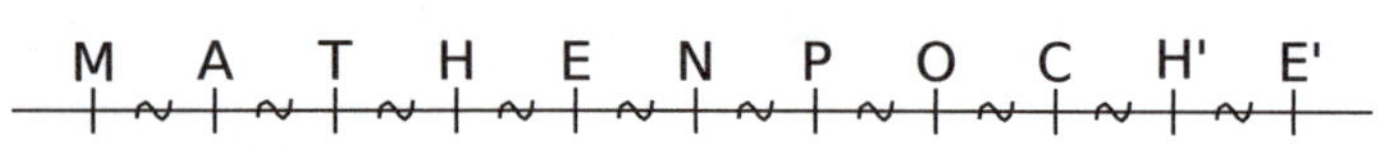

a. Le point M est le symétrique du point E par rapport au point .... .

b. Le point E' a pour symétrique le point .... dans la symétrie de centre O.

c. Les points .... et H sont symétriques par rapport au point N.

d. La symétrie de centre .... transforme T en C.

e. Dans la symétrie de centre N, le point .... est l'image du point E'.

f. Les points T et E' sont symétriques par rapport au point ....

3 Le pentagone ROUGE est le symétrique du pentagone BLANC par la symétrie de centre P. Complète le tableau ci-dessous.

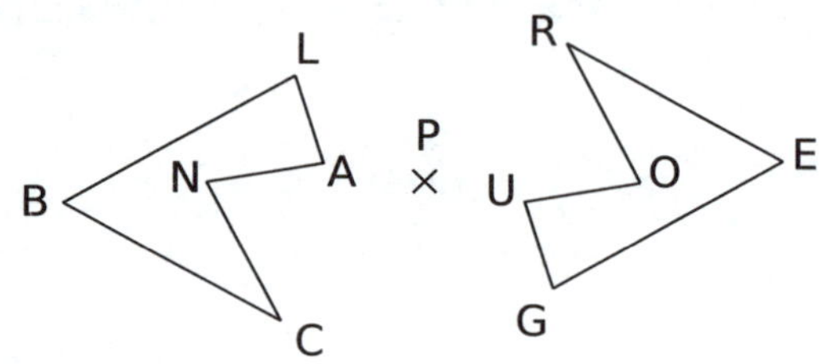

Point	B	L	A	N	C
Symétrique					

4 Des élèves ont tracé la figure n° 2 symétrique de la figure n° 1 par rapport au point O.

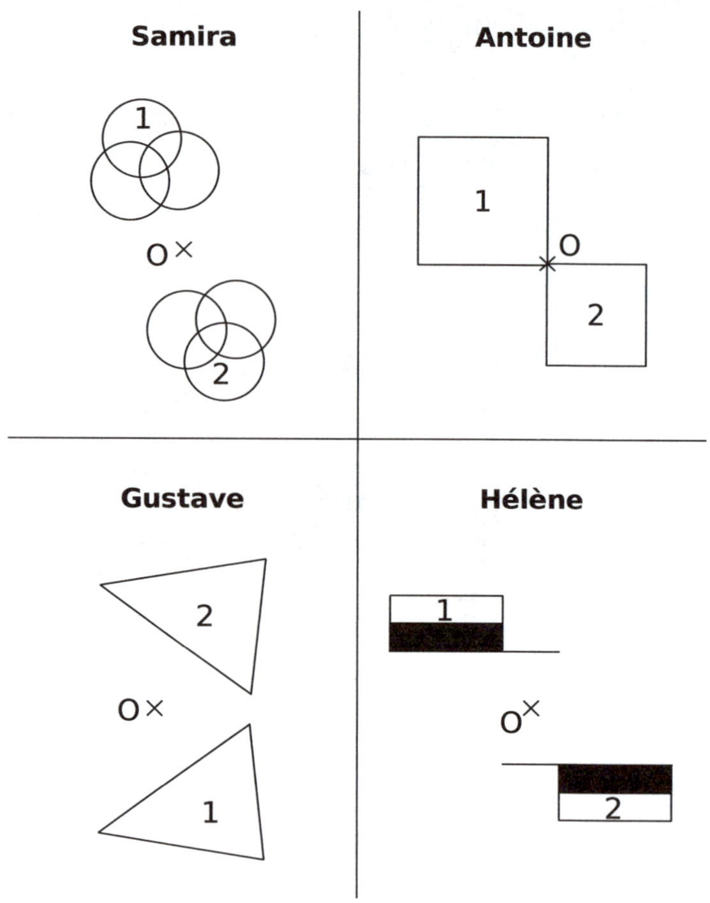

Pour chacun d'eux, indique si sa construction est juste ou fausse et explique pourquoi.

....

....

....

....

....

5 Sur un quadrillage

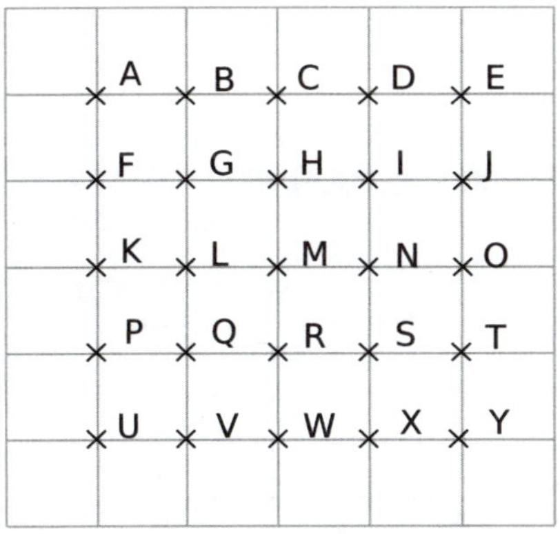

a. L'image du segment [HR] par la symétrie de centre N est : ....

b. L'image du triangle QUV par la symétrie de centre R est : ....

c. L'image du triangle QUV par la symétrie de centre L est : ....

d. L'image du quadrilatère DEJH par la symétrie de centre M est : ....

6 Frise

a. Colorie en bleu un motif symétrique au motif rouge par rapport à un point. Représente ce point.

b. Colorie en vert un motif symétrique au motif rouge par rapport à un axe. Représente cet axe.

c. Dessine le motif minimal qui permet d'obtenir cette frise en répétant des symétries axiales.

d. Sachant que l'aire du motif rouge est égale à $\frac{1}{2} \times \pi$ cm², donne une valeur approchée au centième de l'aire du motif, puis déduis-en une valeur approchée (au centième) de l'aire de la portion de frise représentée.

....

....

7 Pavage

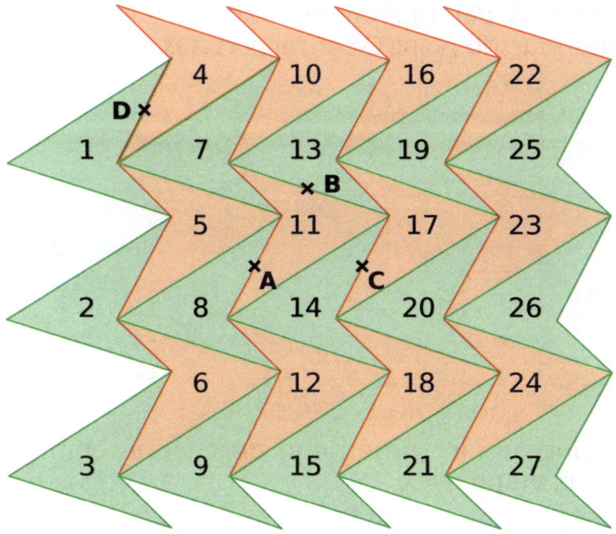

Complète les phrases suivantes.

a. L'image de la figure 1 par la symétrie de centre D est ....

b. L'image de la figure 1 par la symétrie de centre A est ....

c. L'image de la figure 16 par la symétrie de centre B est ....

d. L'image de la figure 17 par la symétrie de centre A est ....

e. L'image de la figure .... par la symétrie de centre C est la figure 8.

f. La figure 5 est l'image de la figure 19 par la symétrie de centre .... et c'est aussi l'image de la figure 26 par la symétrie de centre ....

8 Rosaces

a. Sur la figure ci-contre, colorie d'une même couleur les triangles symétriques par rapport au point O.

b. Combien de triangles a-t-on utilisés au minimum pour obtenir cette rosace en effectuant des symétries de centre O ?

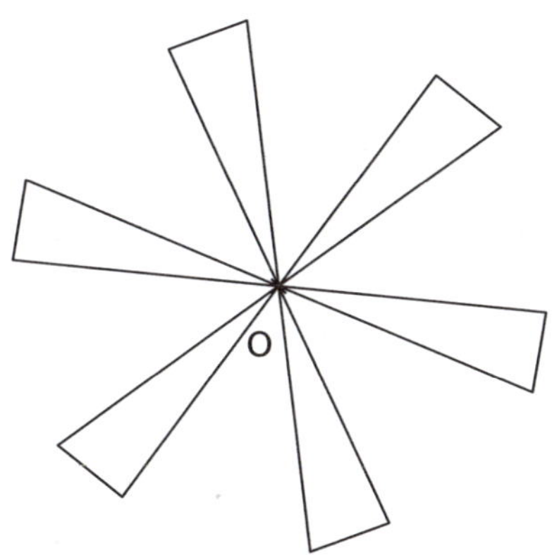

....

Série 2 Constructions

1 Dans chaque cas, construis le point D, symétrique du point A par rapport au point C, puis le point E symétrique du point C par rapport à B.

a.

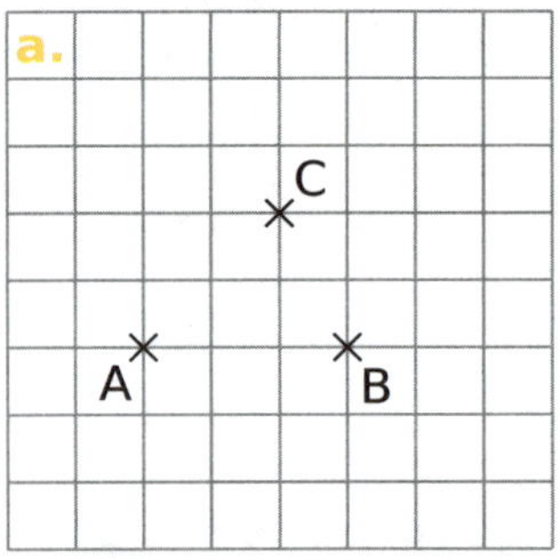

b.

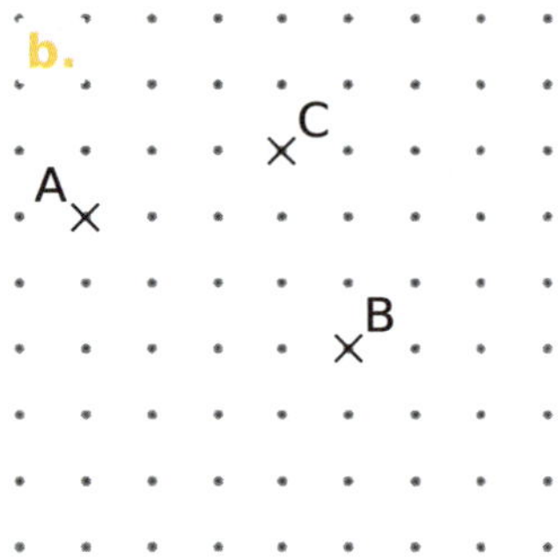

2 Construis le symétrique de chaque chiffre par rapport au point O.

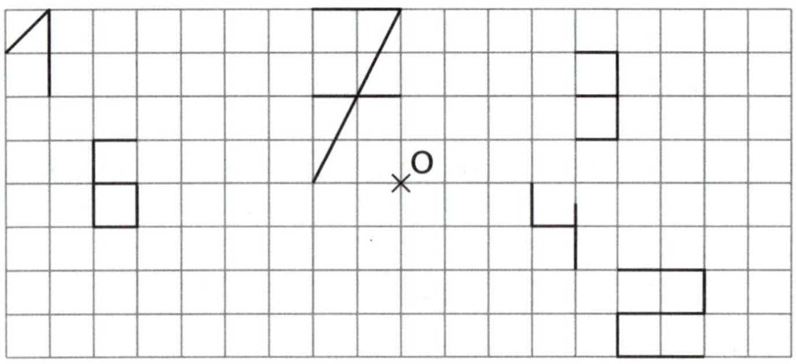

3 Construis le symétrique de chaque figure par rapport au point O.

a.

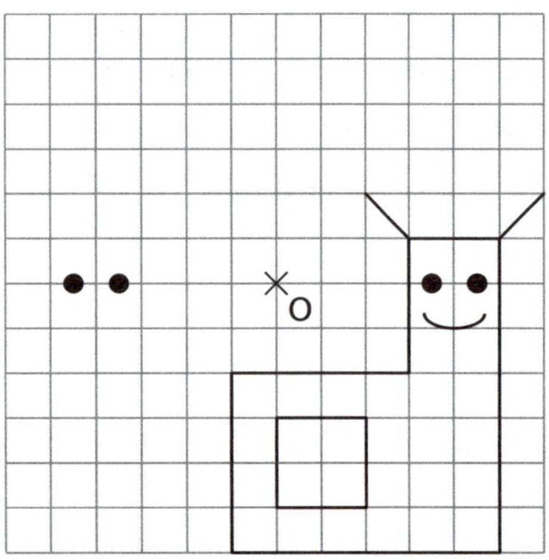

b.

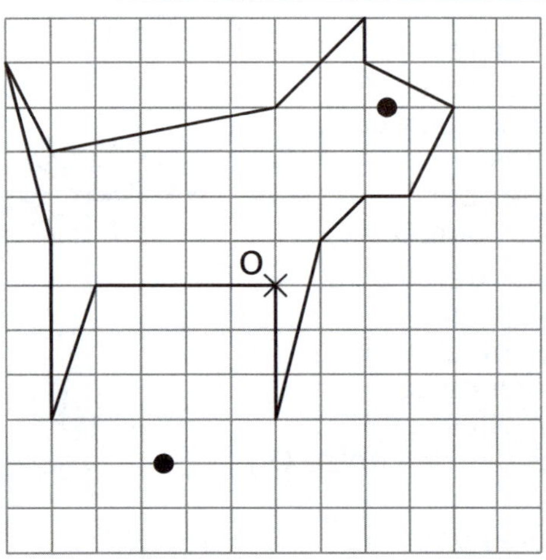

4 Construis le symétrique de chaque figure par rapport au point R.

a.

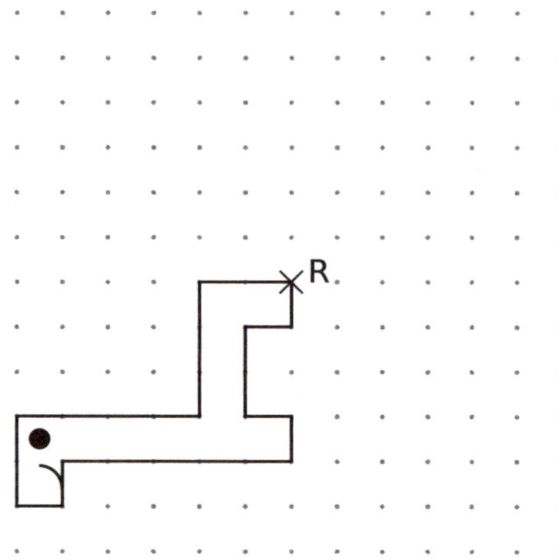

b.

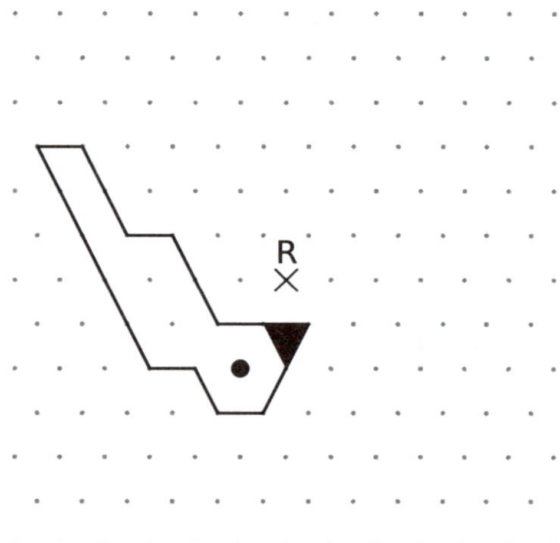

5 Construis le symétrique par rapport à O de cette figure en utilisant **uniquement ta règle**.

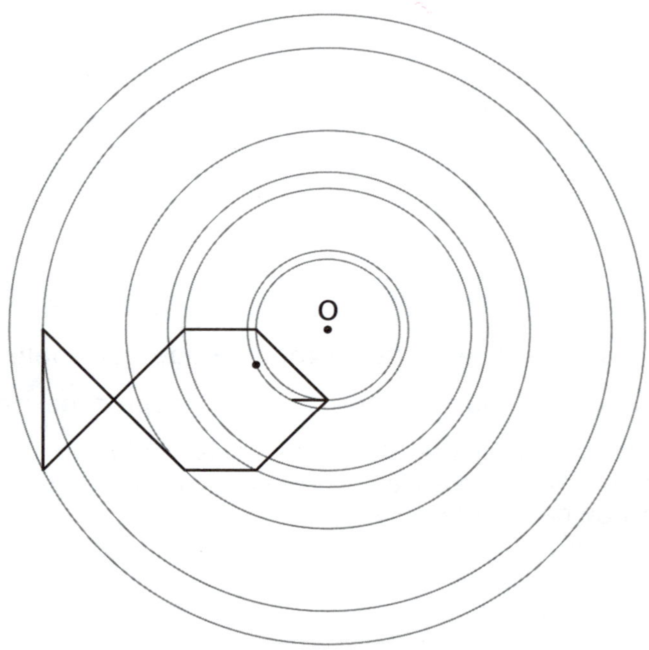

6 Construis le symétrique de chaque figure par rapport au point P.

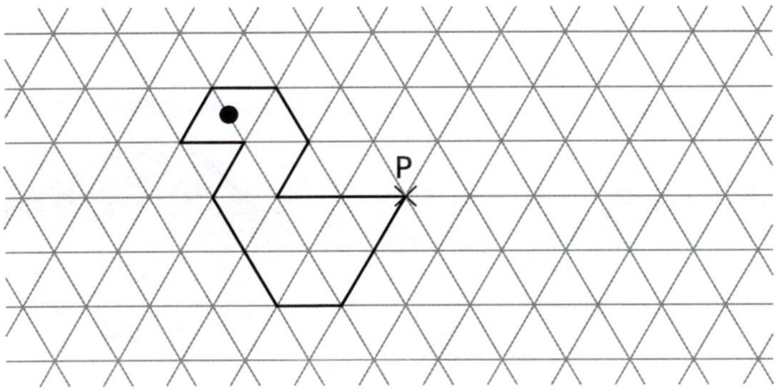

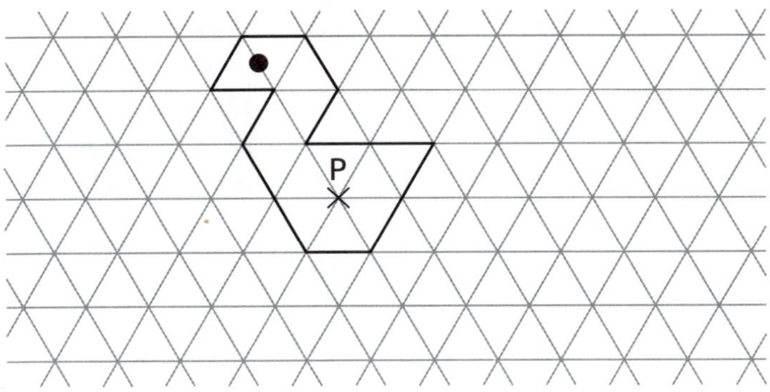

7 Avec deux symétries axiales

a. Construis le triangle n° 2 symétrique du triangle n° 1 par rapport à la droite (d_1).

b. Construis le triangle n° 3 symétrique du triangle n° 2 par rapport à la droite (d_2).

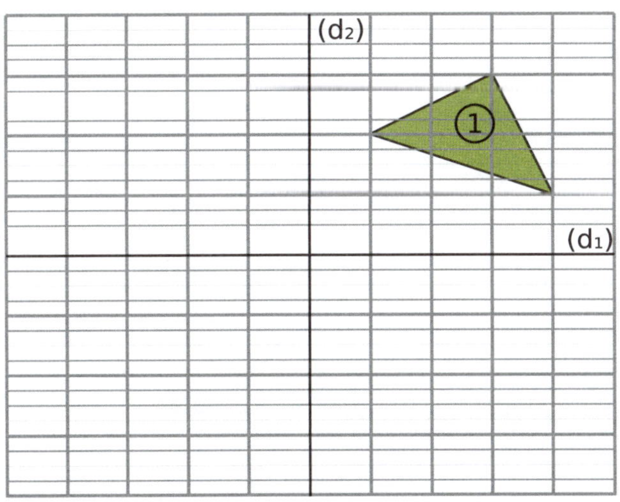

c. Par quelle symétrie semble-t-on passer du triangle n° 1 au triangle n° 3 ?

....

....

8 Construis le symétrique par rapport à N de chacun des points B, H et M.

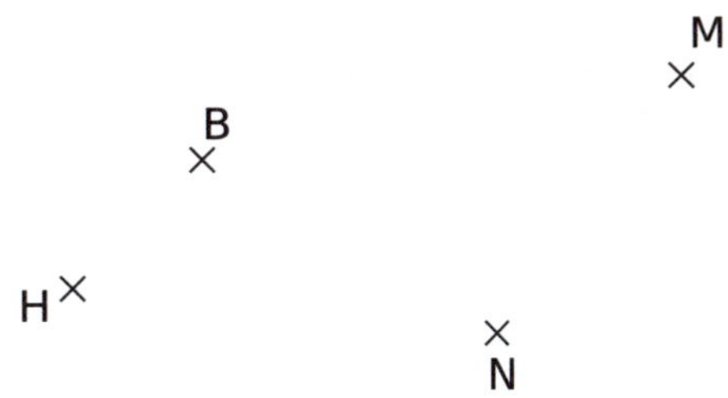

9 Construis le symétrique du segment [AC] par rapport au point B.

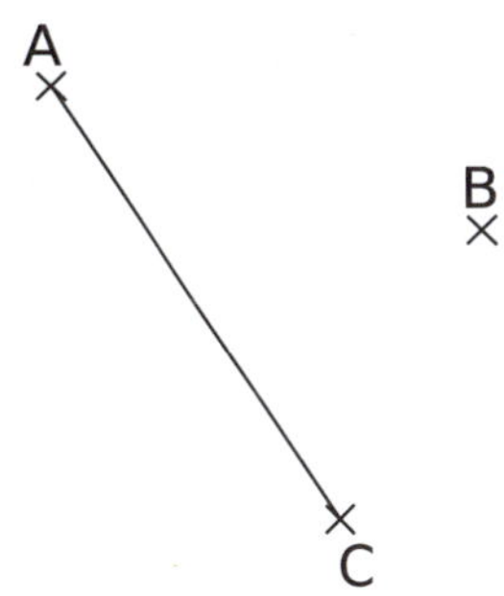

10 Construis le symétrique de la droite (d) par rapport au point F.

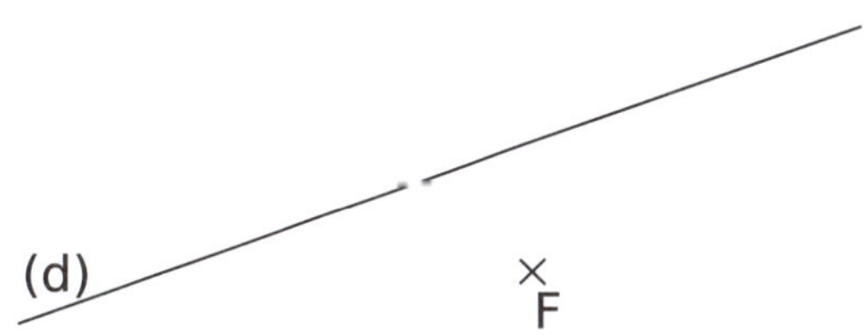

11 Construis le symétrique de cette figure par rapport au point A.

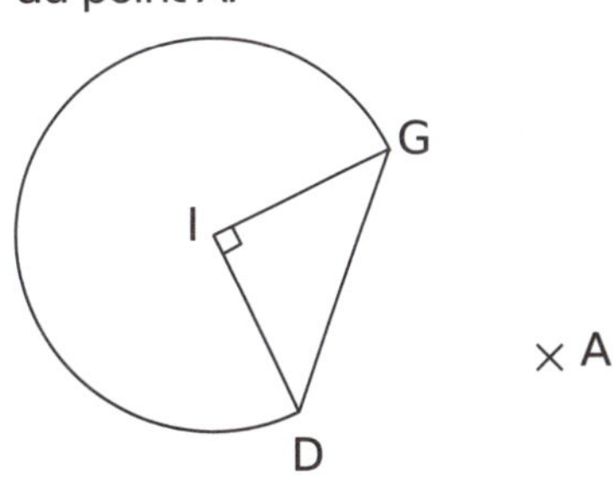

Série 2 Constructions

12 Autour du cercle

a. Construis le symétrique $(\mathscr{C}_1)$ du cercle de centre O par rapport au point H_1.

b. Construis le symétrique $(\mathscr{C}_2)$ de ce même cercle par rapport au point H_2.

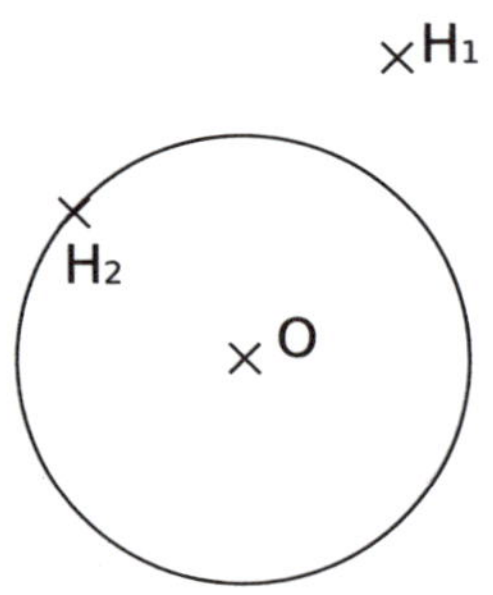

13 Autour du triangle

a. Construis le symétrique du triangle ABC par rapport au point B. On l'appelle figure 1.

b. Construis le symétrique du triangle ABC par rapport au point P. On l'appelle figure 2.

c. Construis le symétrique du triangle ABC par rapport au point D. On l'appelle figure 3.

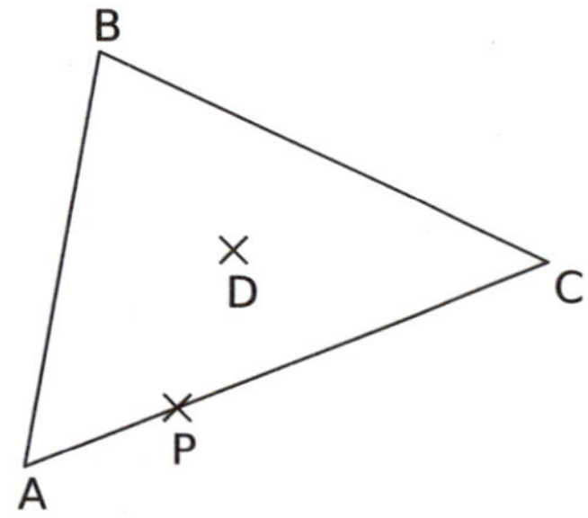

14

Construis le symétrique du chien par rapport au point L.

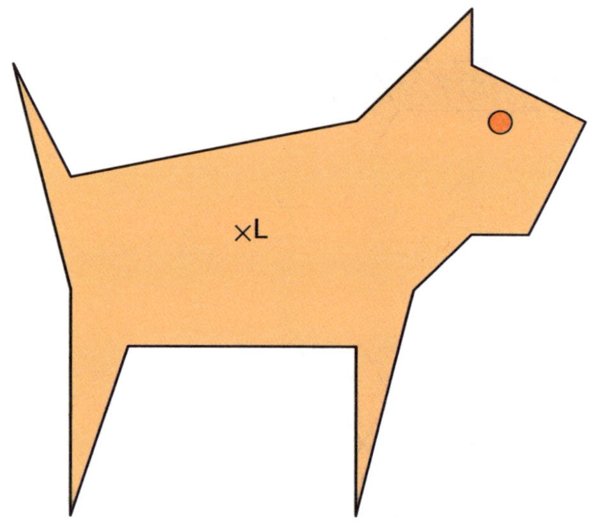

15 Sommets perdus

a. Place un point O. Trace trois droites (d_1), (d_2) et (d_3) passant par le point O.

b. Place un point R sur (d_1), un point B sur (d_2) et un point E sur (d_3).

c. En utilisant uniquement ton compas, place les points M, U et T pour que les triangles MER et BUT soient symétriques par rapport au point O.

1 Dans chaque cas, on a tracé des figures symétriques par rapport à O puis on a codé ou placé des informations. Déduis-en des informations sur la figure symétrique par rapport à O, puis indique le numéro des phrases qui permettent de justifier tes réponses.

1. La symétrie centrale conserve les longueurs.

2. Si deux cercles sont symétriques par rapport à un point alors ils ont le même rayon.

3. La symétrie centrale transforme une droite en une droite parallèle.

4. La symétrie centrale conserve les mesures des angles.

5. Si deux figures sont symétriques par rapport à un point alors elles ont la même aire et le même périmètre.

a.

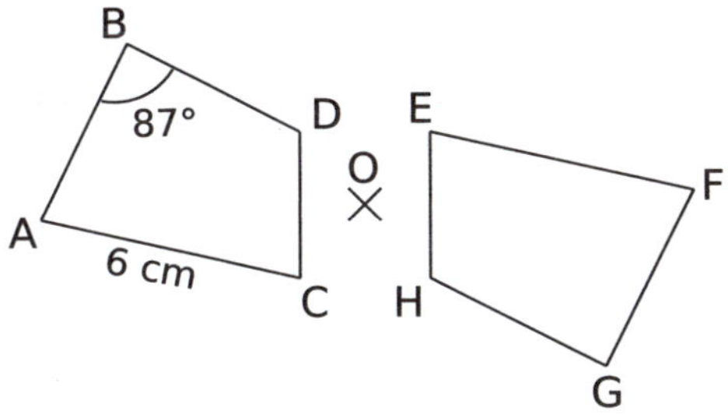

D'après la propriété n°...., on en déduit que ....

....

D'après la propriété n°...., on en déduit que ....

....

b.

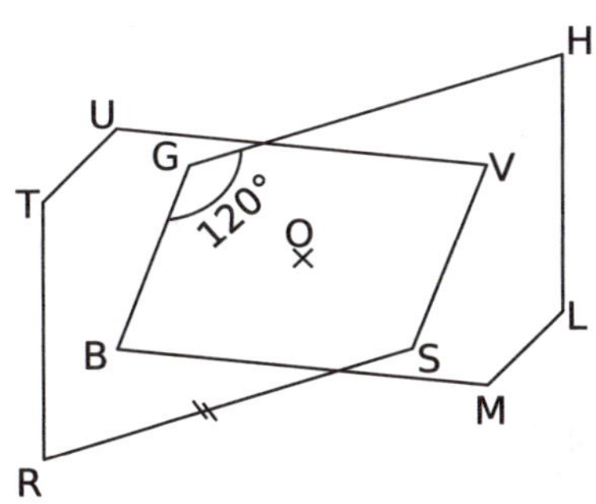

D'après la propriété n°...., on en déduit que ....

....

D'après la propriété n°...., on en déduit que ....

....

c.

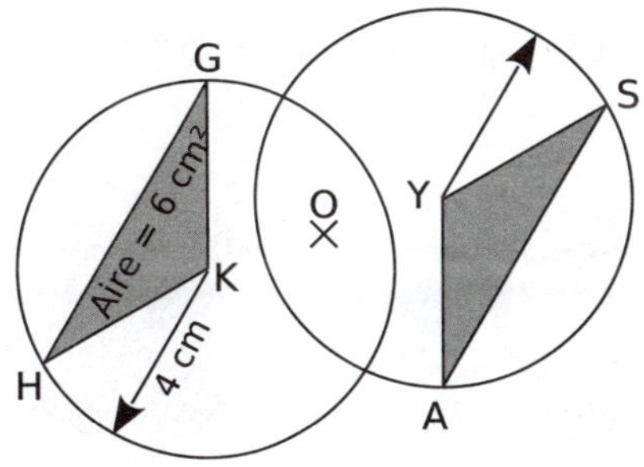

D'après la propriété n°...., on en déduit que ....

....

D'après la propriété n°...., on en déduit que ....

....

2 Tom, Myriam et Sarah doivent tracer des figures symétriques. Pour chaque cas, l'un d'entre eux s'est trompé. Retrouve qui et explique ton choix.

	Tom	Myriam	Sarah
a.	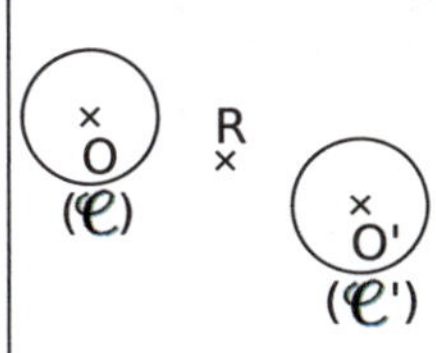	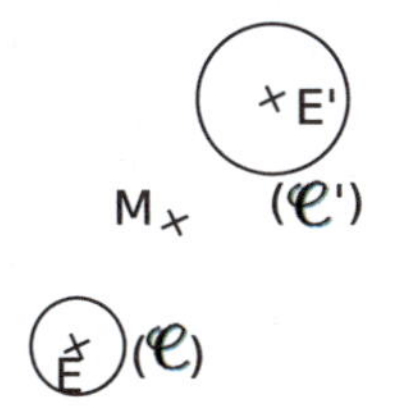	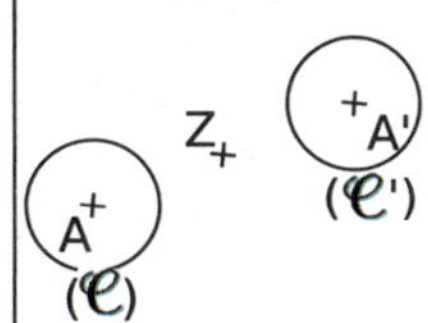
b.	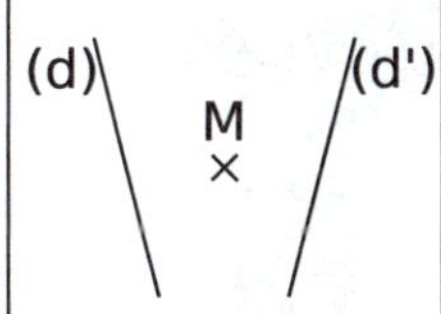	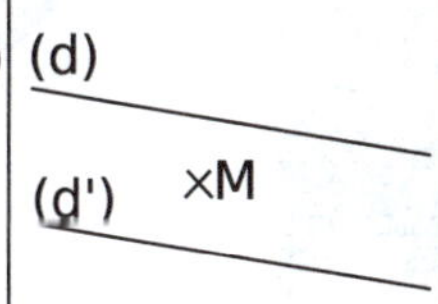	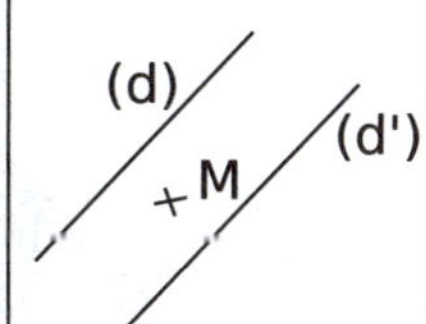
c.	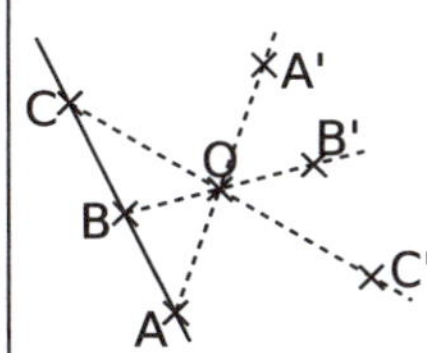	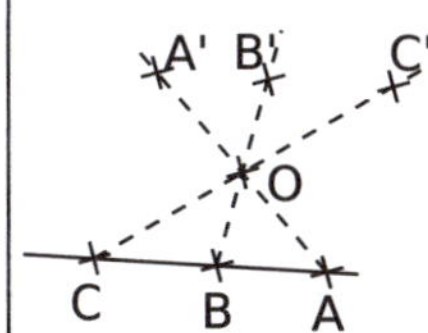	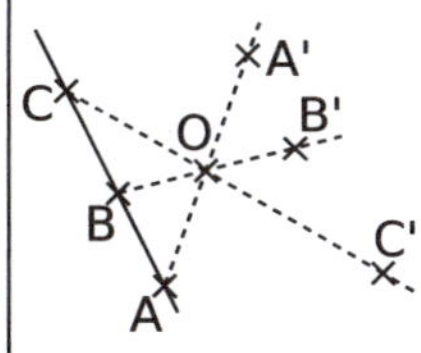

a. ....

....

b. ....

....

c. ....

....

Série 4 Centre de symétrie

1 Entoure les figures qui, à première vue, sont symétriques par rapport à un point.

a.

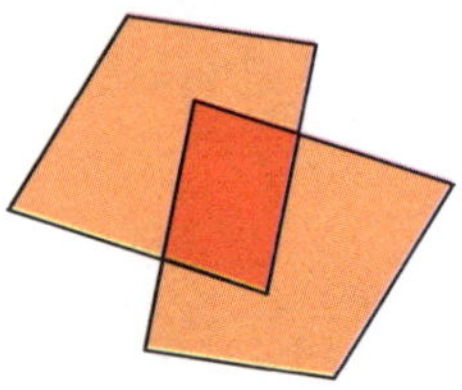

e.

b.

f.

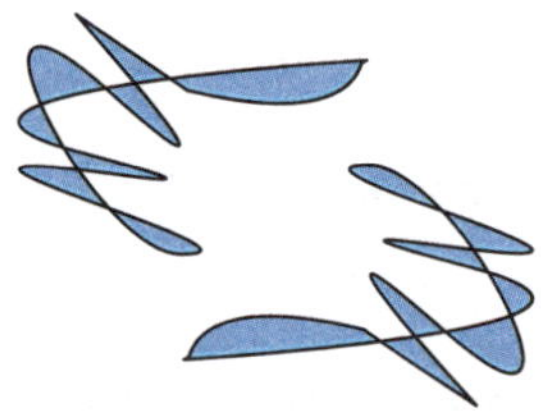

c.

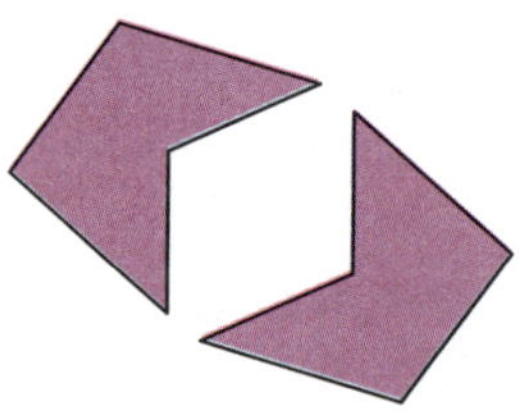

g.

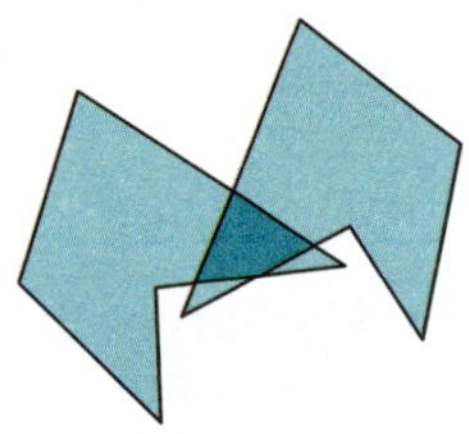

d.

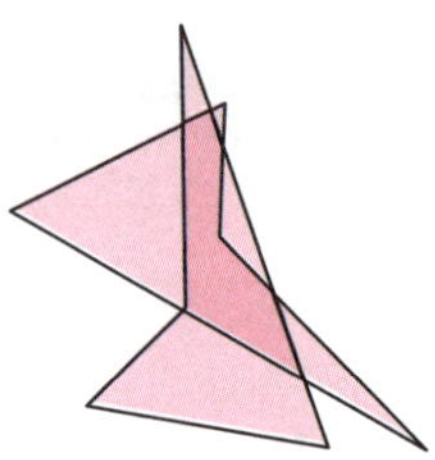

h.

2 Les bonnes cocottes

a.

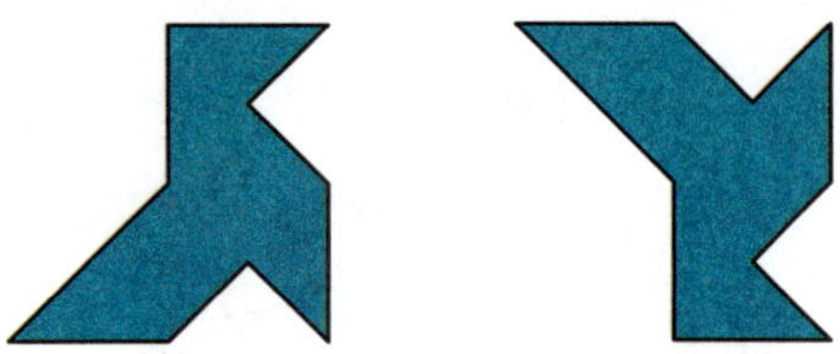

b.

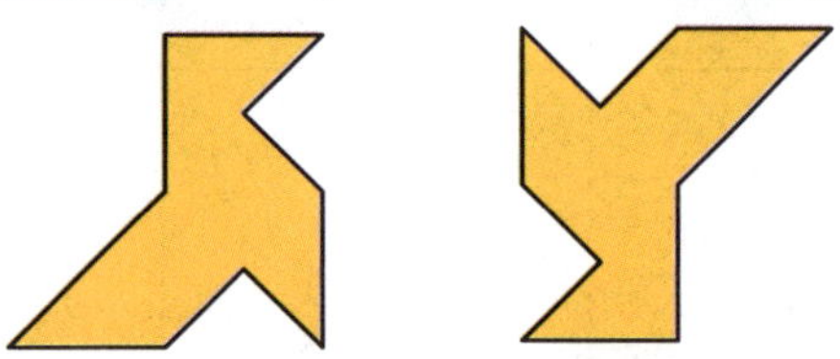

c.

Quelles sont les deux figures symétriques par rapport à un point ? Justifie.

....

....

....

3 Place du centre de symétrie

a. En utilisant uniquement la règle graduée, place le point O, centre de symétrie de la figure, sachant que le point B est le symétrique du point A.

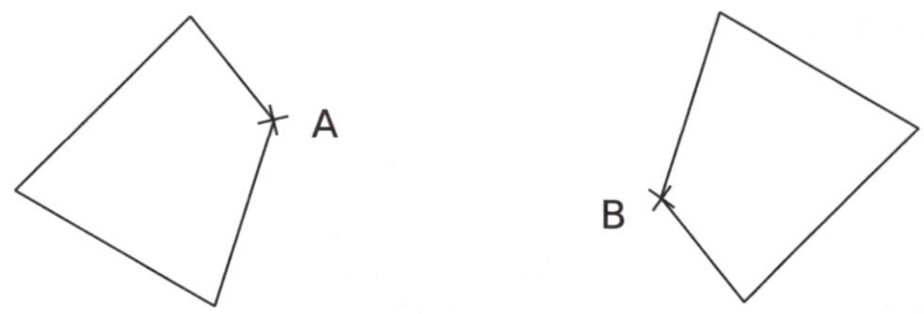

b. En utilisant uniquement la règle non graduée, place le point V, centre de symétrie de la figure, sachant que les points X et Y sont les symétriques respectifs des points E et F.

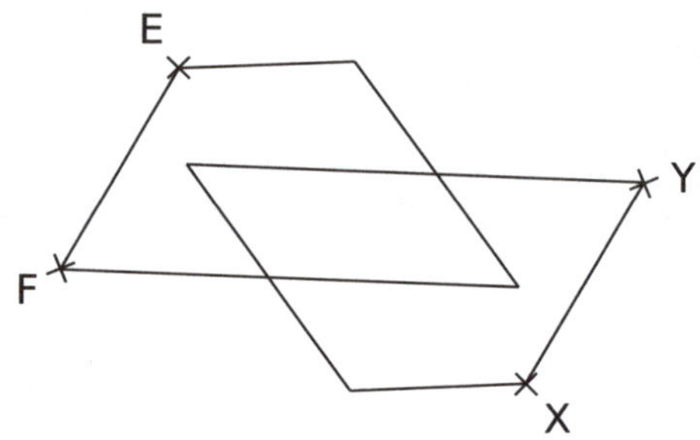

c. Place le point U, centre de symétrie de la figure, par la méthode de ton choix.

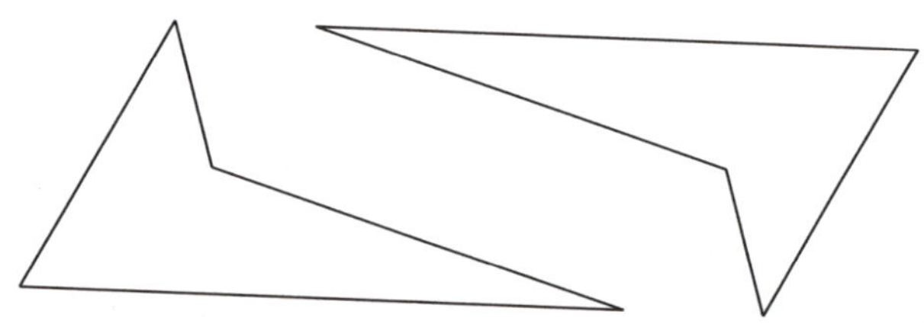

4 Sur chaque figure, colorie le minimum de cases afin que le point marqué par une croix soit le centre de symétrie de la figure finale.

a.

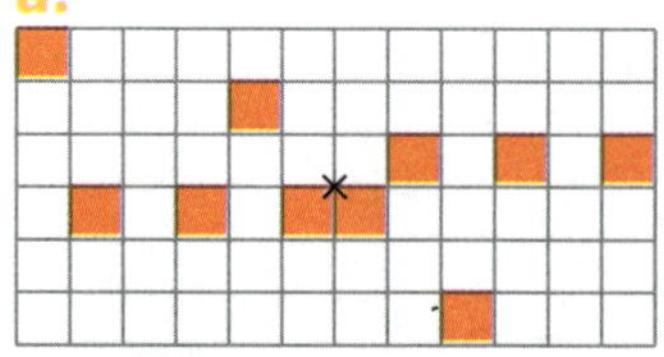

b.

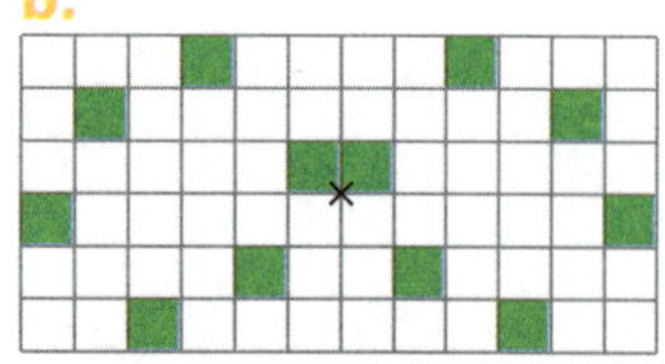

c.

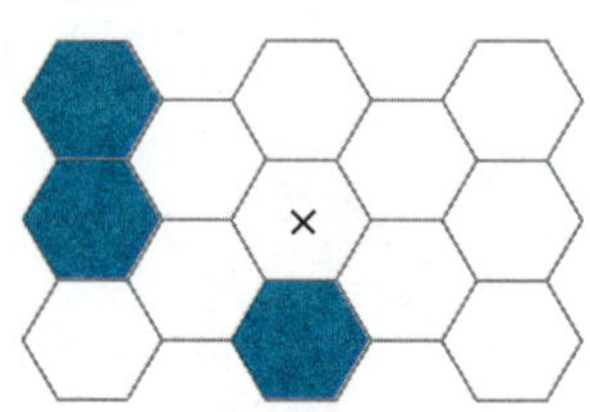

d.

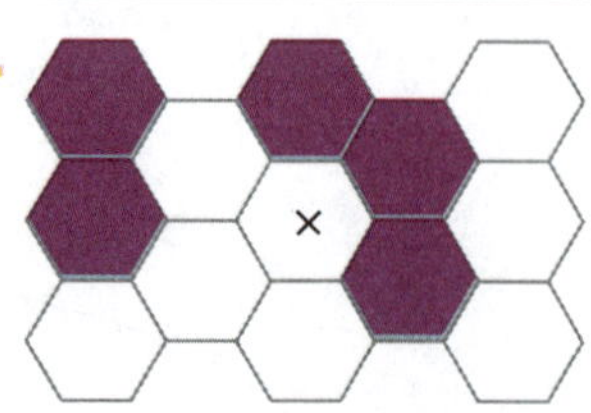

e.

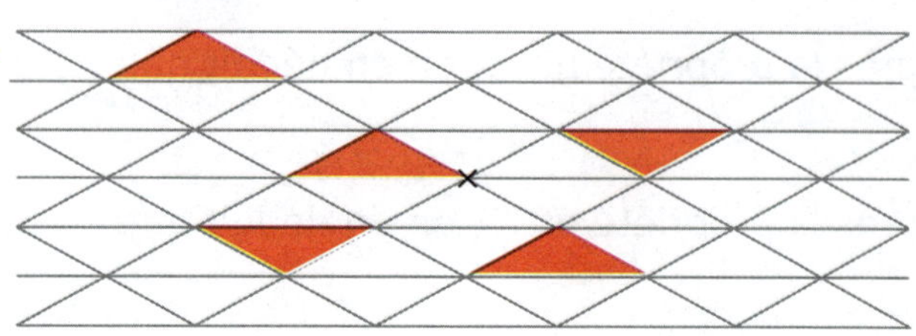

Série 4 Centre de symétrie

5 Pour chaque figure, indique la position du centre de symétrie s'il existe.

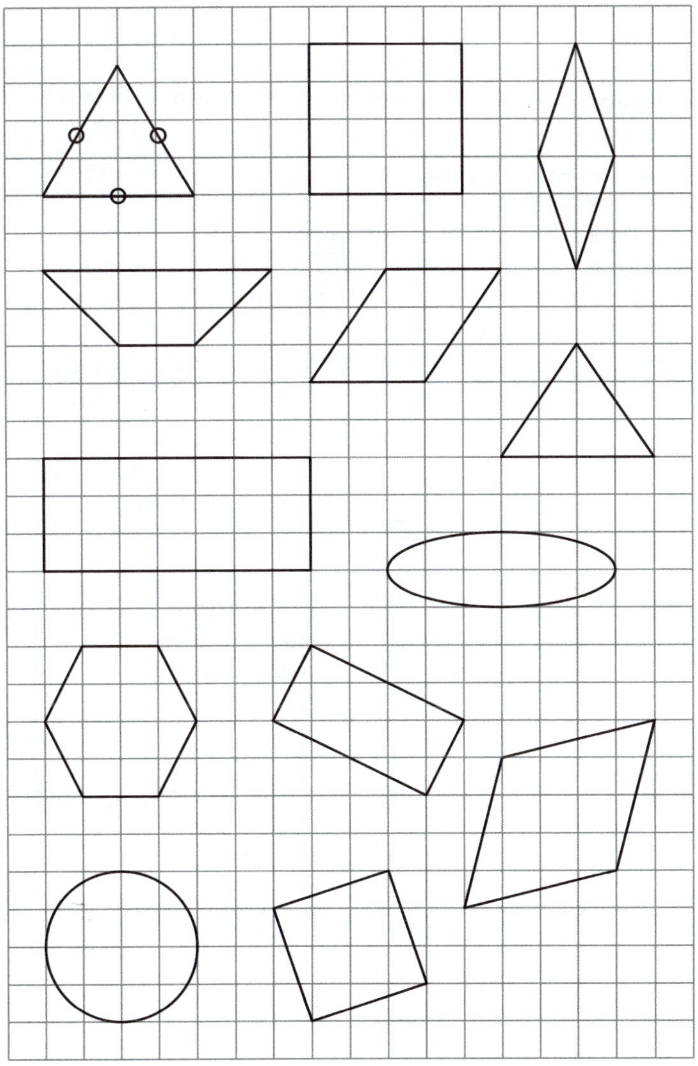

6 Pour chaque chiffre, indique la position du centre de symétrie s'il existe.

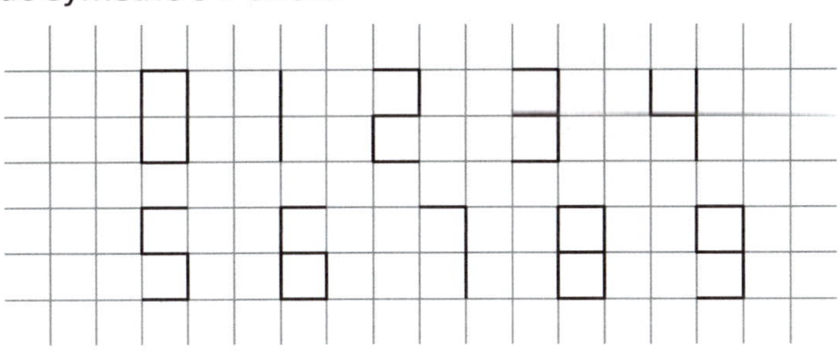

7 Pour chaque lettre, indique la position du centre de symétrie s'il existe.

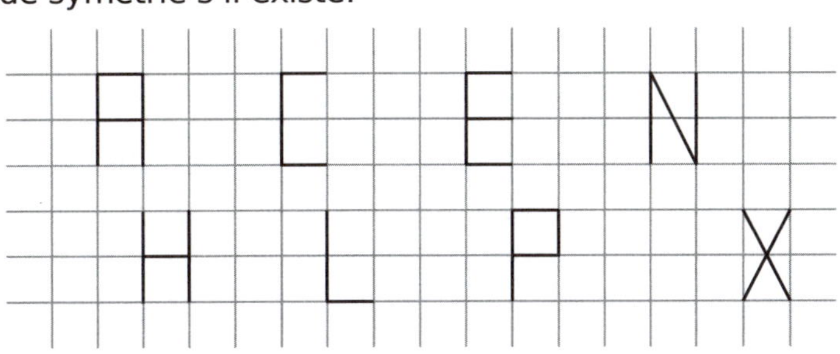

8 Pour chaque figure, indique la position du centre de symétrie s'il existe.

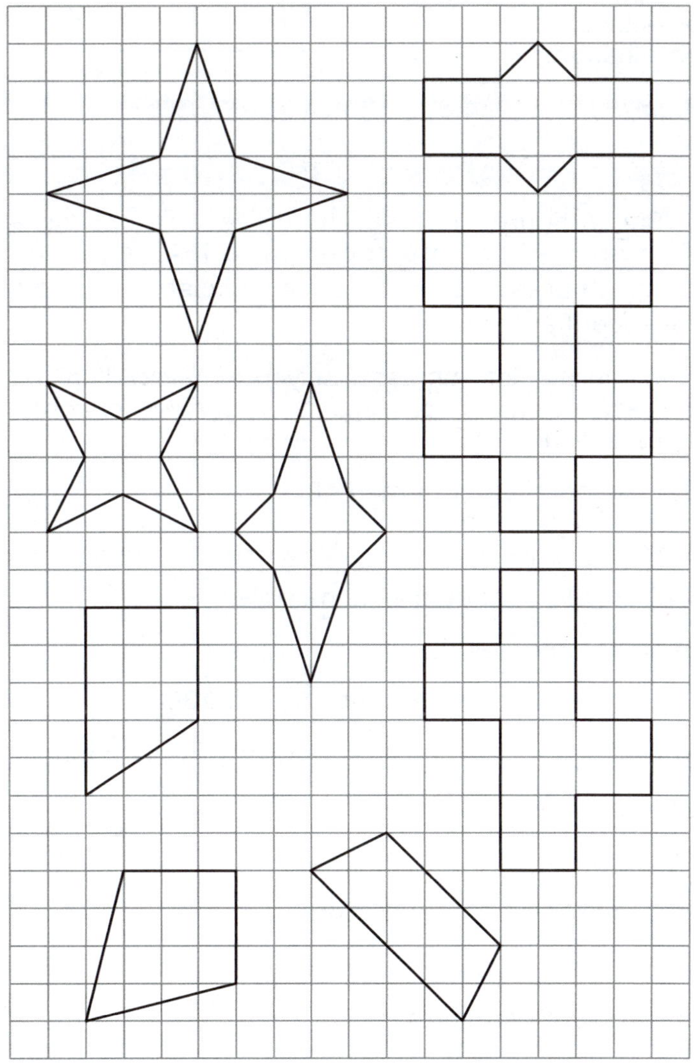

9 Pour chaque figure, indique la position du centre de symétrie s'il existe.

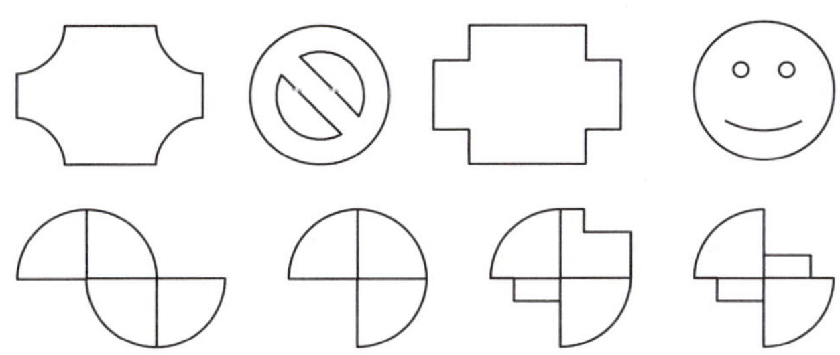

10 Pour chaque figure, marque la position du centre et des axes de symétrie, s'ils existent.

a.

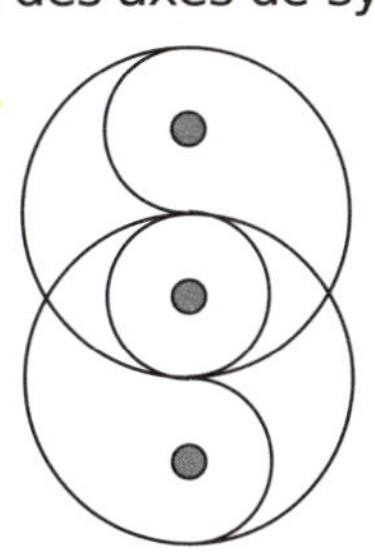

b.

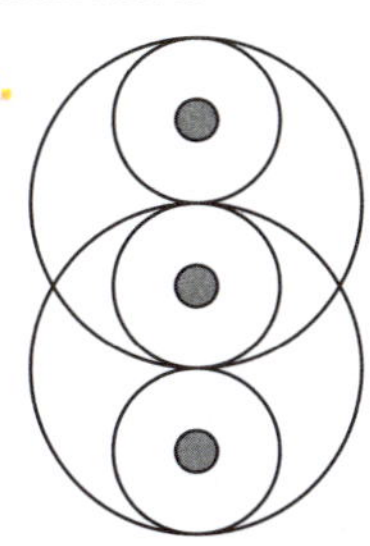

Série 5 Propriétés des parallélogrammes

1 Vocabulaire

a. Écris tous les noms possibles du parallélogramme ci-contre.

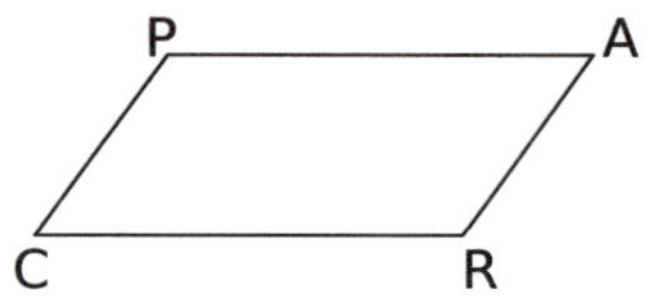

……………………………………………………………………

……………………………………………………………………

b. Sur la figure, repasse en vert le côté opposé à [PA], en bleu un côté consécutif à [PA], en rouge l'angle opposé à $\widehat{PCR}$ et en violet un angle consécutif à $\widehat{PAR}$.

c. Complète les phrases suivantes avec l'un ou plusieurs des mots : *consécutifs*, *diagonales*, *opposés*, *côtés* et *angles*.

Dans le parallélogramme PARC :

1) Les …………………… ……………………

[PA] et [CR] sont de même mesure.

2) La somme des deux ……………………

…………………… $\widehat{PAR}$ et $\widehat{ARC}$ fait 180°.

3) Les …………………… [PR] et [CA] se coupent en leur milieu.

4) Les …………………… …………………… $\widehat{CPA}$ et $\widehat{CRA}$ sont de même mesure.

5) Les …………………… …………………… [PC] et [RA] sont parallèles.

2 Dans la figure ci-dessous, les droites d'une même couleur sont parallèles.

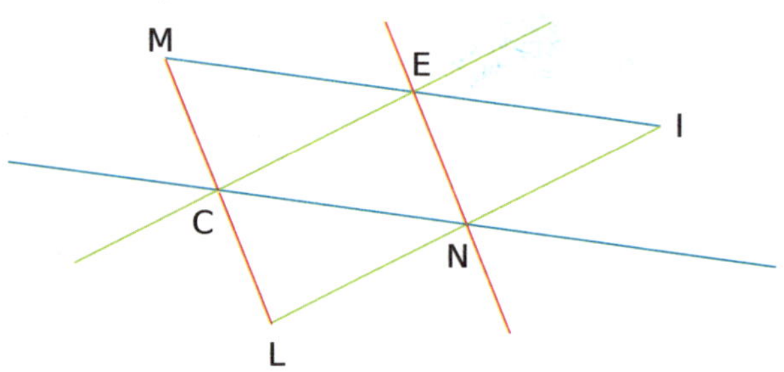

a. Nomme tous les parallélogrammes de cette figure.

……………………………………………………………………

……………………………………………………………………

……………………………………………………………………

……………………………………………………………………

……………………………………………………………………

b. Pourquoi peux-tu affirmer que ce sont des parallélogrammes ?

……………………………………………………………………

……………………………………………………………………

……………………………………………………………………

3 Code le parallélogramme ABCD selon les consignes et cite dans chaque cas la propriété du parallélogramme qui t'a permis de réaliser la consigne.

Figure	**Consigne**
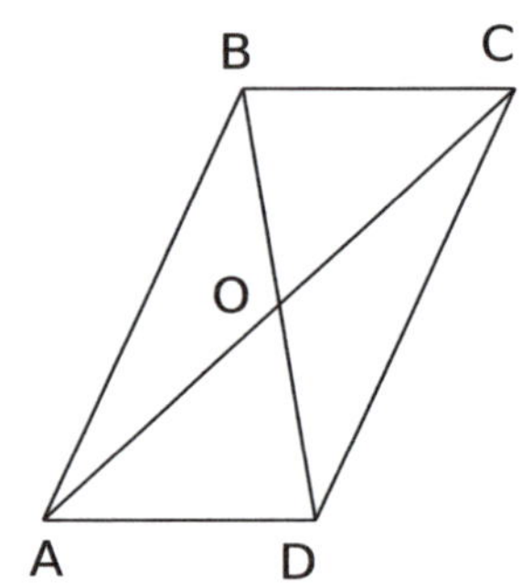	a. Code les côtés de même longueur.
	b. Colorie d'une même couleur les angles de même mesure.
	c. Code les longueurs égales sur les diagonales.

Dans un parallélogramme :

a. ……………………………………………………………………

……………………………………………………………………

……………………………………………………………………

……………………………………………………………………

……………………………………………………………………

b. ……………………………………………………………………

……………………………………………………………………

……………………………………………………………………

……………………………………………………………………

……………………………………………………………………

c. ……………………………………………………………………

……………………………………………………………………

……………………………………………………………………

……………………………………………………………………

……………………………………………………………………

4 Au nom de la rose

a. Complète les étiquettes sachant que ROSE est un parallélogramme.

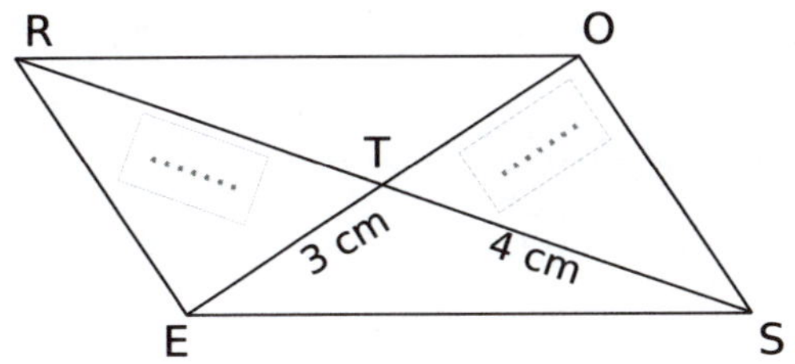

b. Justifie tes réponses.

....

....

....

....

....

5 Le grand bleu

La figure est dessinée à main levée.

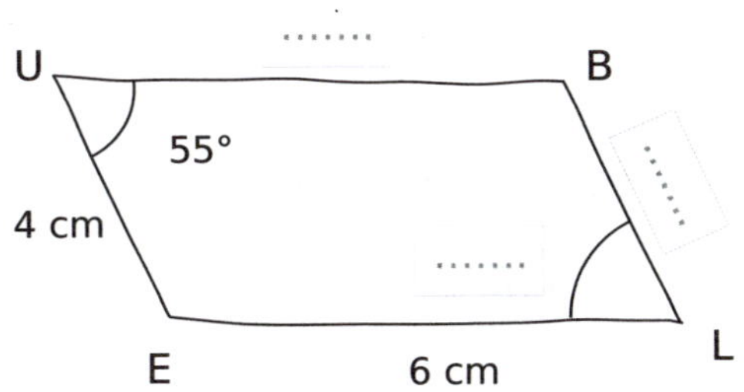

a. Complète les étiquettes sachant que BLEU est un parallélogramme.

b. Justifie ta réponse pour l'angle $\widehat{BLE}$.

....

....

....

....

....

c. Justifie ta réponse pour la longueur BU.

....

....

....

....

....

6 On considère le parallélogramme ABCD.

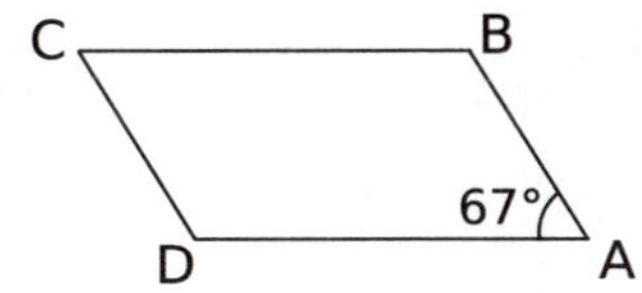

a. Quelle est la mesure de l'angle $\widehat{CBA}$?

....

b. Pourquoi ?

....

....

....

....

7 On considère le parallélogramme UVWT.

a. Quelle est la longueur TW ?

....

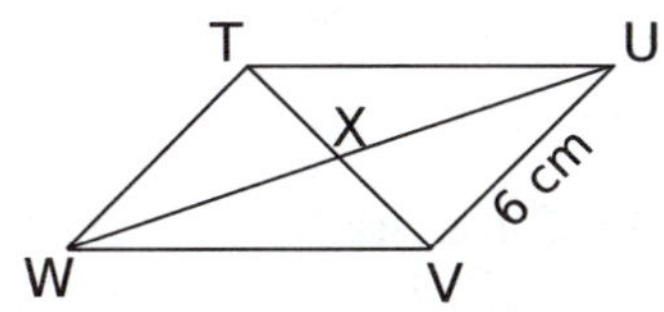

b. Pourquoi ?

....

....

....

....

8 EFGH est un parallélogramme.

a. Justifie que (EF) // (GH) et que (EH) // (FG).

....

....

....

....

b. Quelle est la somme des quatre angles de ce parallélogramme ? Justifie.

....

....

....

9 ABDC est un parallélogramme de centre O. Justifie que O est le milieu du segment [AD].

....

....

....

....

Série 6 Propriétés des parallélogrammes particuliers

1 Code les longueurs égales et les angles droits, sachant que le quadrilatère est :

a. un rectangle

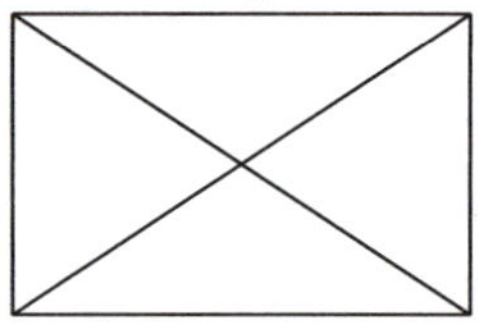

b. un carré

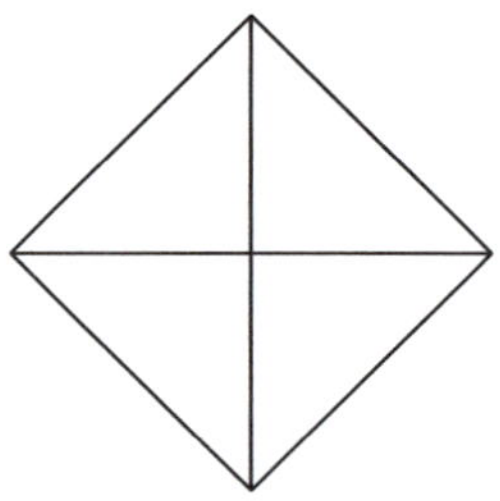

c. un losange

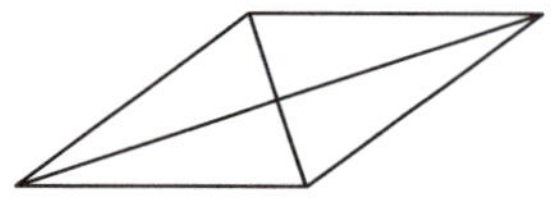

d. un parallélogramme

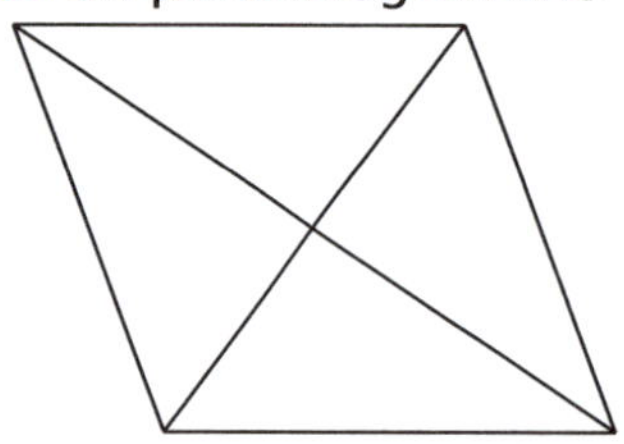

2 Sans justifier, complète les étiquettes sachant que EFGH est un losange et KLMN est un carré tel que KM = 7 cm.

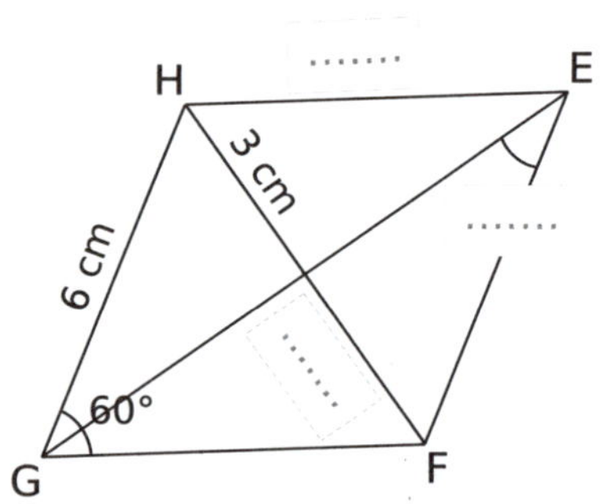

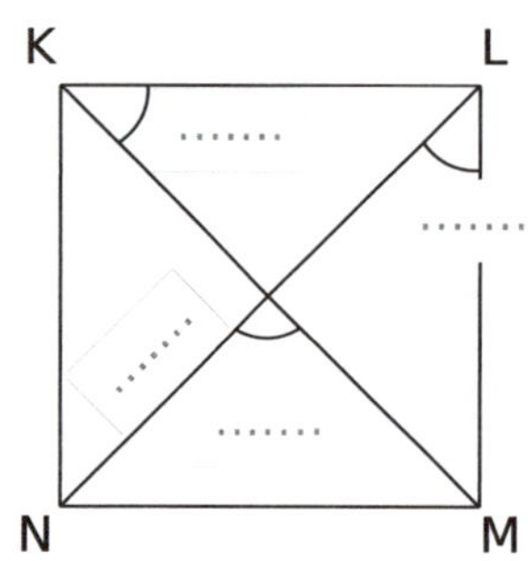

3 On considère le rectangle ABCD.

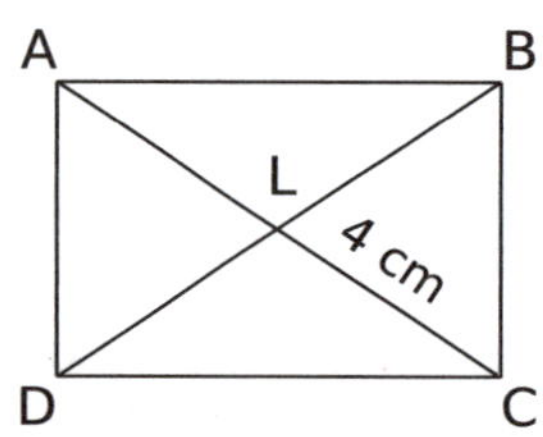

a. Quelle est la longueur AC ? Pourquoi ?

b. Quelle est la longueur BD ? Pourquoi ?

4 On considère le losange EFGH.

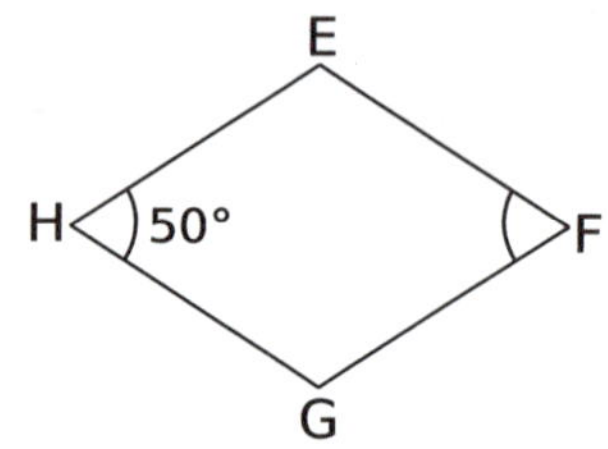

a. Quelle est la mesure de l'angle $\widehat{EFG}$? Pourquoi ?

b. Justifie que les droites (HF) et (EG) sont perpendiculaires.

5 On considère un carré KLMN de centre S et tel que SM = 2,7 cm.

a. Fais une figure à main levée ci-contre.

b. Quelle est la mesure de l'angle $\widehat{NSM}$? Pourquoi ?

c. Quelle est la longueur NS ? Pourquoi ?

Série 7 Construire des parallélogrammes

1 Sur la figure ci-dessous, trace à main levée :

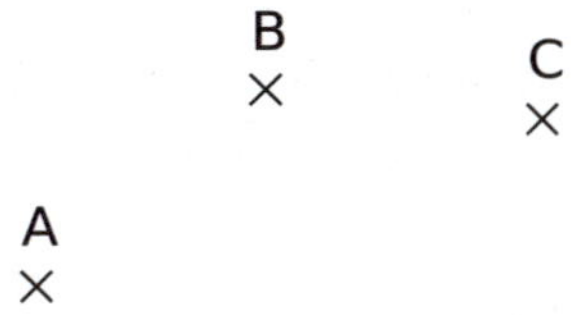

a. en bleu, le point D tel que ABCD soit un parallélogramme.

b. en vert, le point E tel que AEBC soit un parallélogramme.

c. en rouge, le point F tel que ABFC soit un parallélogramme.

2 Place les points H et K, pour que EFHG et IJKL soient des parallélogrammes.

a.

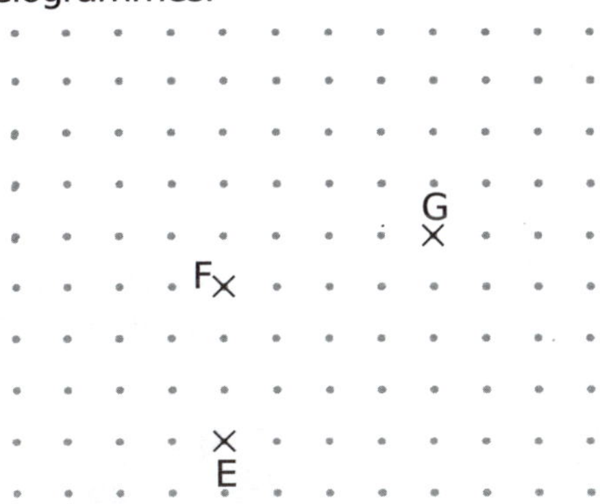

b.

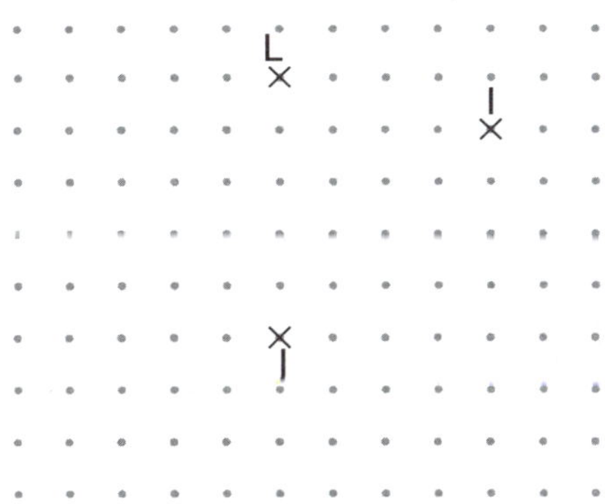

3 Avec l'équerre et la règle non graduée, place dans chaque cas le point P pour que MNOP soit un parallélogramme.

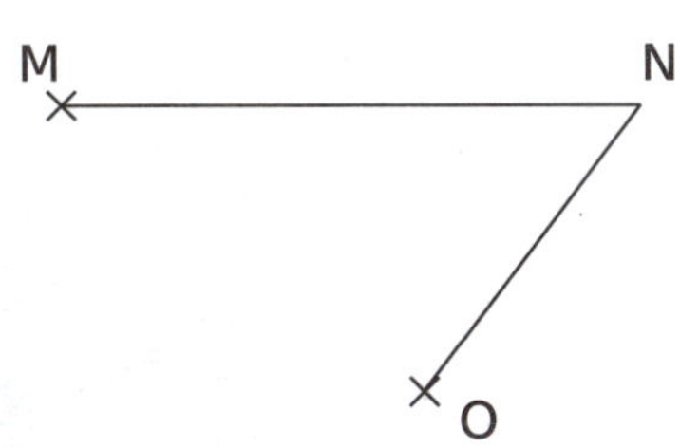

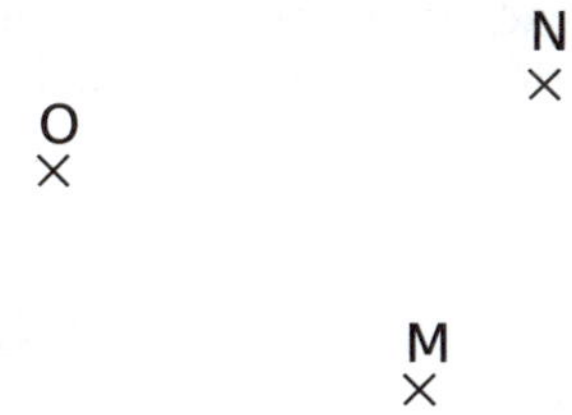

4 Avec le compas, place dans chaque cas le point S pour que RSTU soit un parallélogramme.

a.

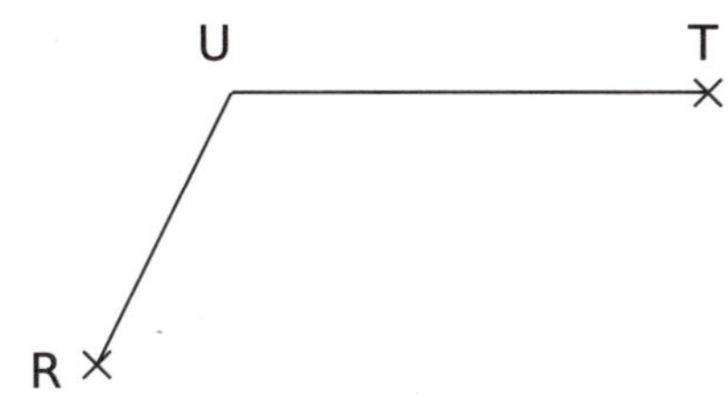

b.

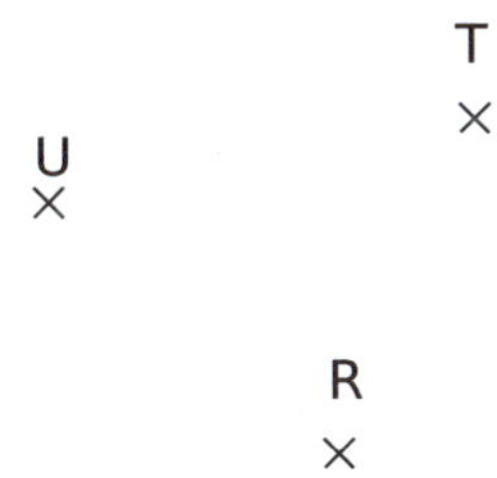

5 Dans chaque cas, place les points M et N tels que KLMN soit un parallélogramme de centre O.

a.

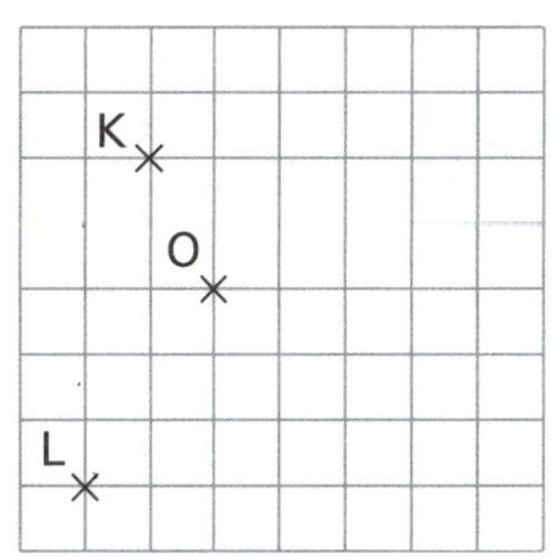

b.

Construire des parallélogrammes

6 Construis chaque parallélogramme en tenant compte des données indiquées sur les figures.

a.

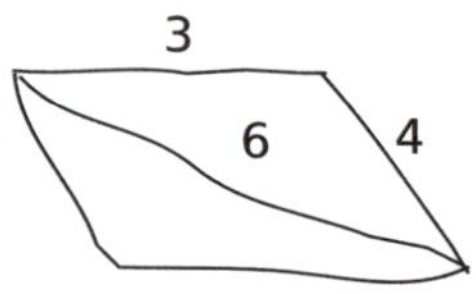

b.

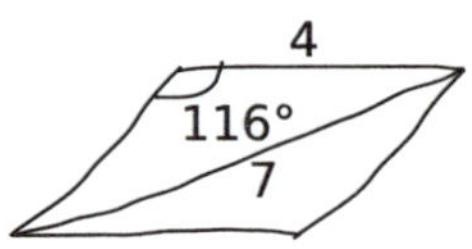

7 Trace une figure à main levée sur laquelle tu reporteras les données, puis construis le parallélogramme demandé.

IFGH avec IF = 5 cm, FG = 4 cm, $\widehat{IFG} = 52°$.

Schéma

Figure

8 Trace une figure à main levée sur laquelle tu reporteras les données, puis construis un parallélogramme qui convient.

ABCD de centre O avec $\widehat{AOB} = 133°$; AC = 5,8 cm et BD = 4 cm.

Schéma

Figure

9 On souhaite tracer le parallélogramme ci-dessous à l'aide du logiciel de programmation Scratch.

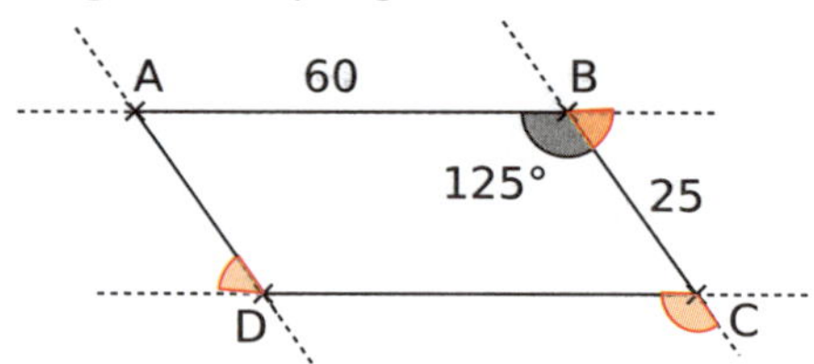

a. Complète la figure en écrivant la mesure de tous les angles rouges manquants.

b. Complète les lignes 6 à 9 dans le programme ci-contre pour obtenir le parallélogramme ABCD.

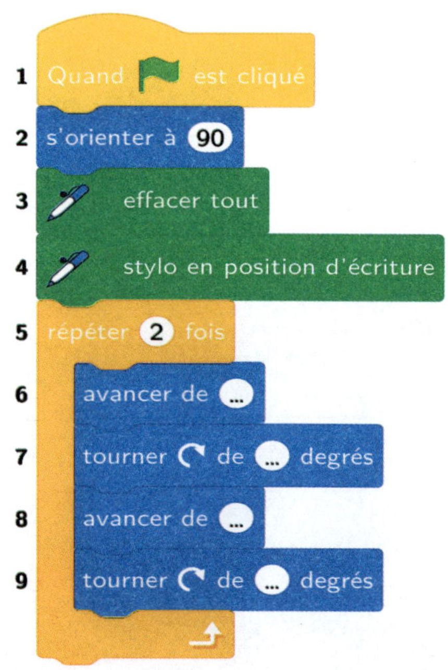

Série 8 Construire des parallélogrammes particuliers

1 Dans chaque cas, complète les phrases par les mots *côté* ou *diagonale*, puis construis le quadrilatère demandé à partir du segment déjà tracé.

a. Le rectangle ABCD tel que BC = 3 cm.

[BC] est ....

b. Le losange CIME tel que IE = 3 cm.

[CM] est ....

[IE] est ....

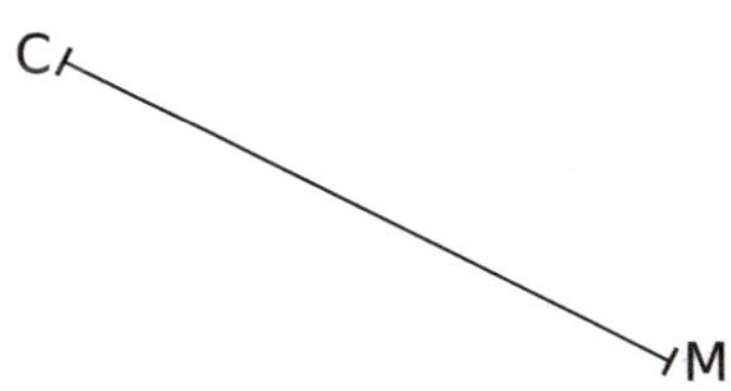

c. Le carré MNOP.

[NO] est ....

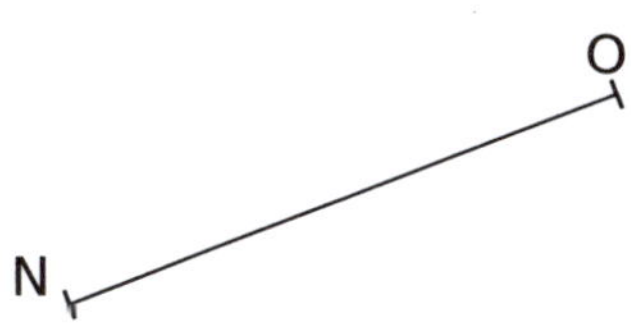

d. Un rectangle RUSE.

[RS] est ....

e. Le losange EFGH tel que $\widehat{HGF} = 63°$.

[GH] est ....

f. Le carré ROSE.

[OE] est ....

2 En te servant du quadrillage, construis :

a. le carré LENT de centre A.

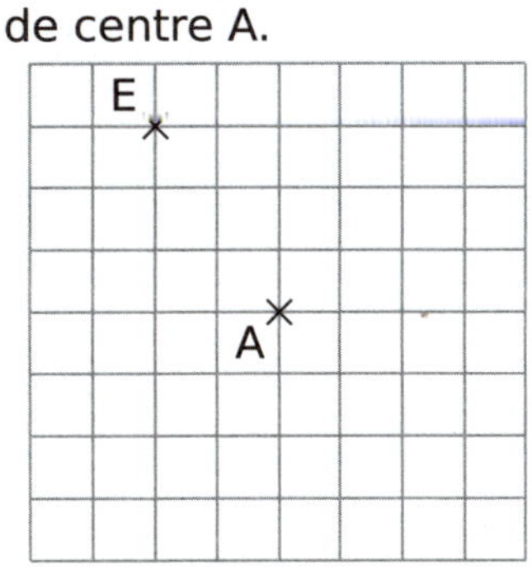

b. le rectangle VITE de centre B.

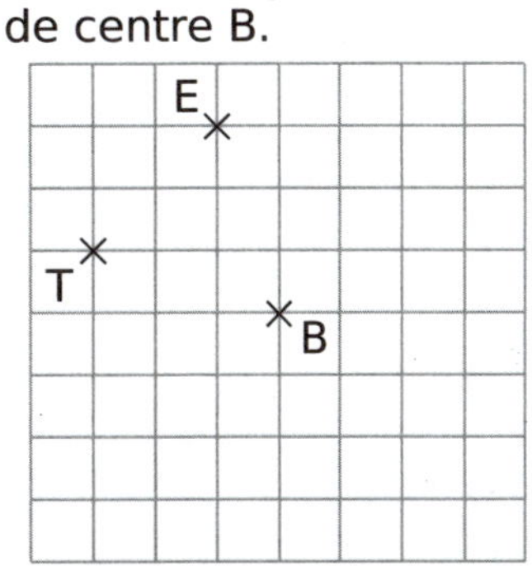

c. le losange PALE de centre C.

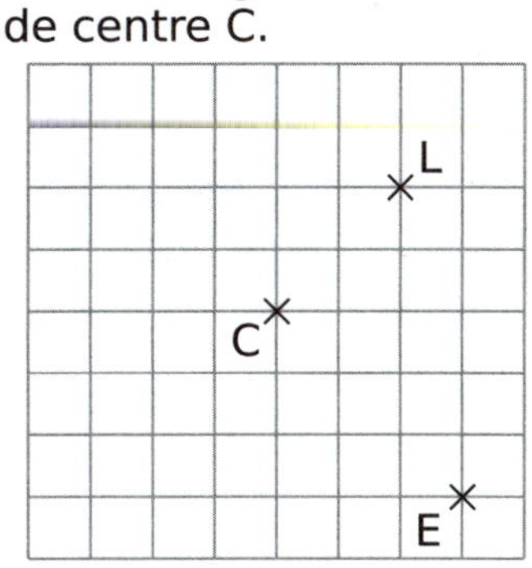

d. le carré AERE′ de côté [AE].

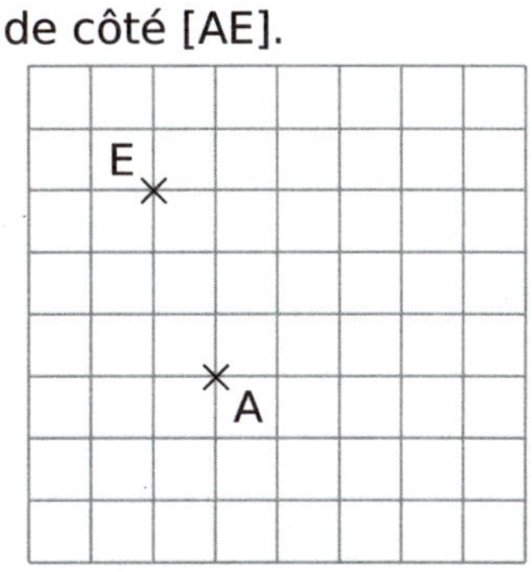

Construire des parallélogrammes particuliers

3 Reproduis les figures ci-dessous en tenant compte des indications.

a. le rectangle

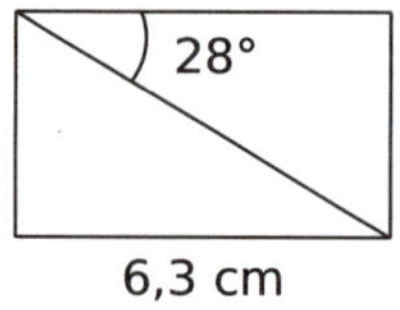

b. le losange

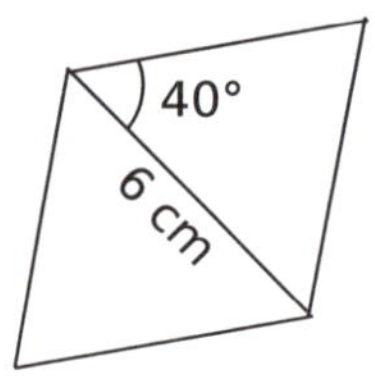

c. le rectangle

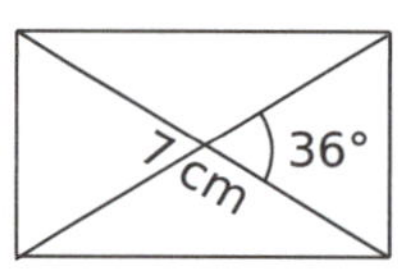

4 Construis un rectangle dont le périmètre est égal à 20 cm et dont un côté mesure 3,5 cm.

Calculs : ....

....

5 Florine décide de construire le losange ci-contre à l'aide du logiciel Scratch.

a. Complète sur la figure les angles rouges manquants.

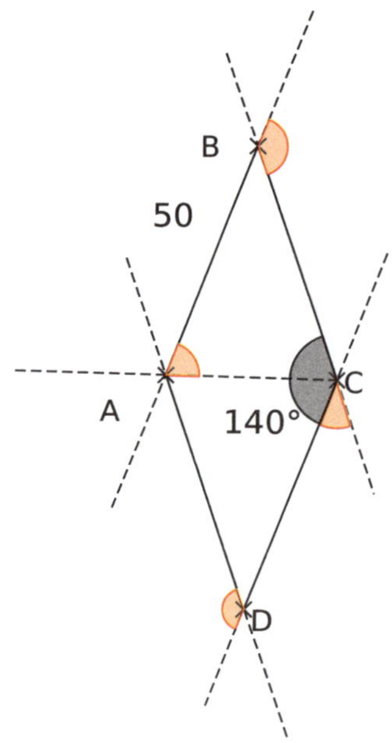

b. Complète les lignes 5, 7, 8, 9 et 10 dans le programme de Florine.

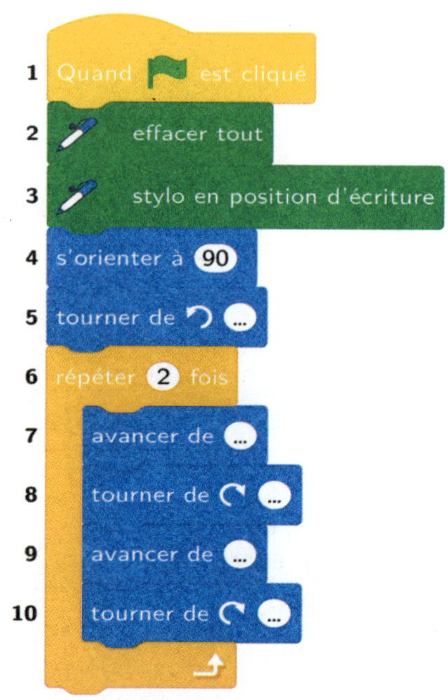

Démonstrations (parallélogrammes)

1 Dans chaque cas, les quadrilatères sont-ils forcément des parallélogrammes ?
Réponds par Vrai ou Faux, puis illustre chaque réponse par une figure à main levée codée.

	Je suis un quadrilatère...	VRAI	FAUX	Figure
a.	... qui a deux côtés opposés parallèles.			
b.	... qui a ses diagonales qui se coupent en leur milieu.			
c.	... qui a ses côtés opposés deux à deux de même longueur.			
d.	... qui a deux côtés opposés et deux côtés de même longueur.			
e.	... qui a ses côtés opposés parallèles.			
f.	... non croisé qui a deux côtés opposés parallèles et de même longueur.			

2 Démontre que le quadrilatère IJKL est un parallélogramme.

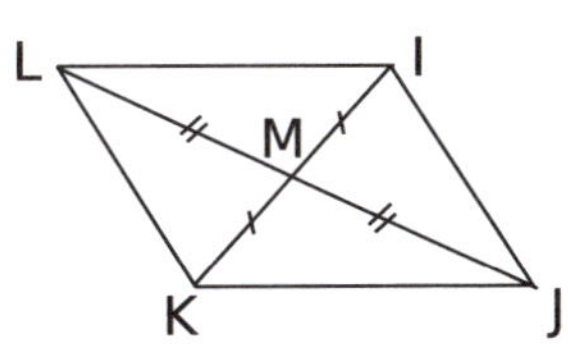

3 Démontre que le quadrilatère RSTU est un parallélogramme.

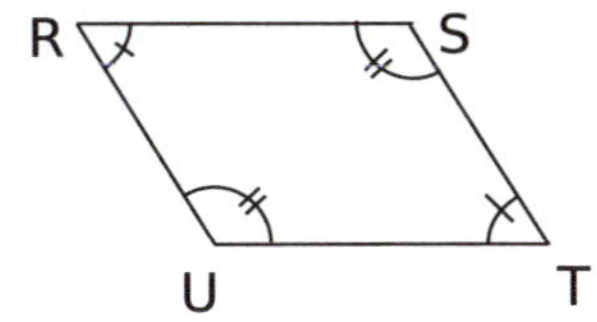

4 **Identification**

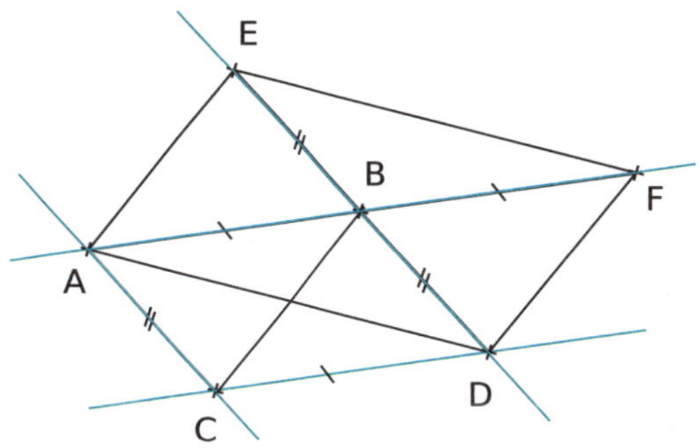

a. Nomme les quatre parallélogrammes de la figure ci-dessus, en sachant que les droites tracées en bleu sont parallèles.

b. Pour chacun, cite la propriété qui t'a permis de l'identifier.

Démonstrations (parallélogrammes)

5 EFGH est un parallélogramme dont le périmètre est égal à 20 cm et tel que FG = 4,8 cm.
Donne la longueur du segment [EF] et cite la propriété utilisée pour tes calculs.

Calculs : ....

....

Propriété :

....

....

....

6 ROSE est un parallélogramme de centre P tel que RS = 5 cm, OE = 8 cm et RO = 5,8 cm.
Construis une figure à main levée codée.

a. Quelle est la longueur du segment [PR] ? Justifie.

....

....

....

....

....

b. Quelle est la longueur du segment [ES] ? Justifie.

....

....

....

....

....

c. Justifie que les côtés [RE] et [OS] sont parallèles.

....

....

....

....

....

7 STUV est un quadrilatère dont les diagonales se coupent en W tel que SW = UW et TW = VW. On donne UV = 11 cm.

a. Complète la figure.

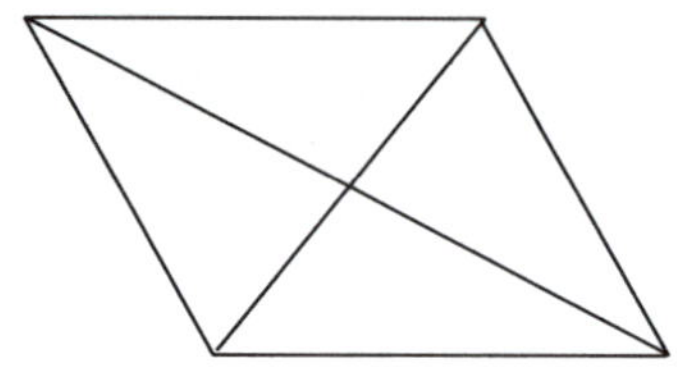

b. Calcule ST. Justifie.

....

....

....

....

....

....

....

....

....

8 LMNO est un quadrilatère dont les diagonales se coupent en P tel que LM = NO et MN = LO. On donne PO = 8 cm.

a. Complète la figure.

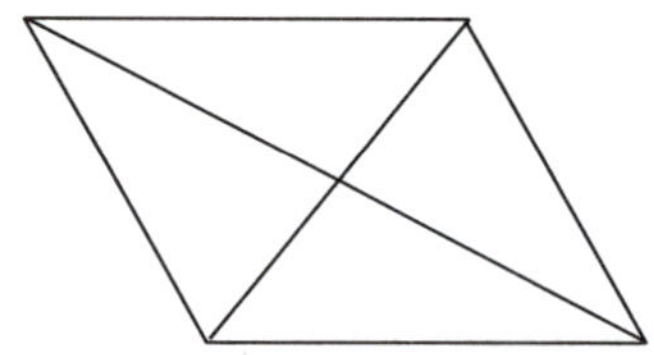

b. Calcule PM. Justifie.

....

....

....

....

....

....

....

....

....

Repérage

D5

Se repérer sur une droite graduée

Exercice corrigé

Donne les abscisses des points A, B, C, D et E.

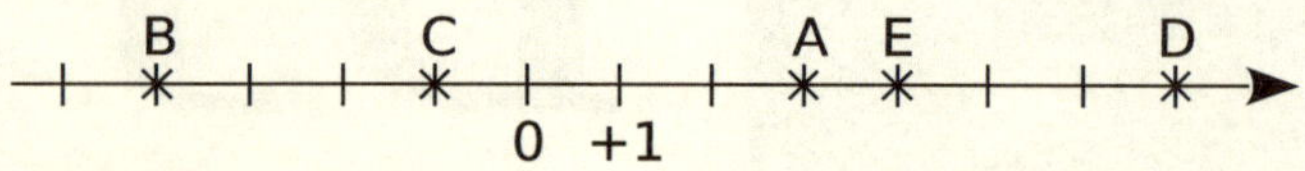

Correction

A(3) B(−4) C(−1) D(7) E(4)

1 Complète ces droites graduées en écrivant sous chaque trait de graduation le nombre relatif qui convient.

a.

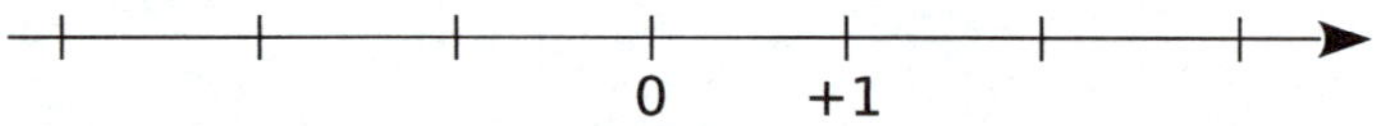

b.

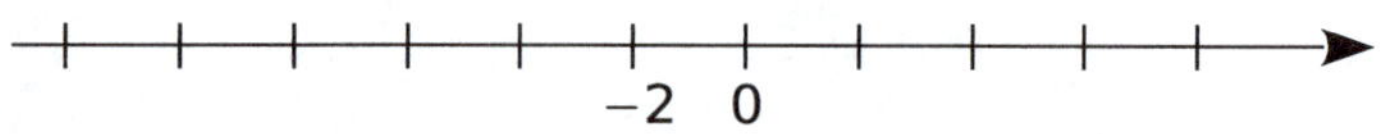

c.

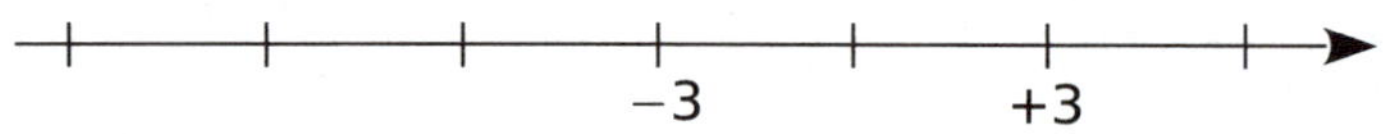

d.

e.

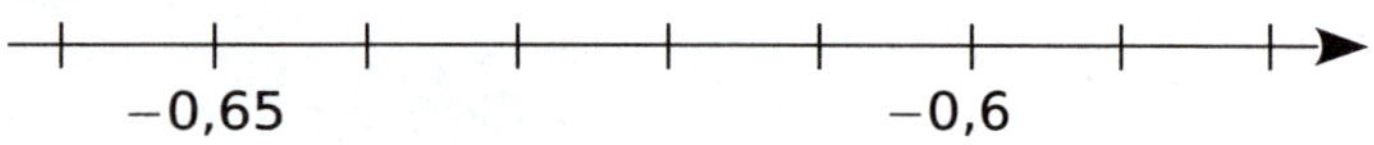

f.

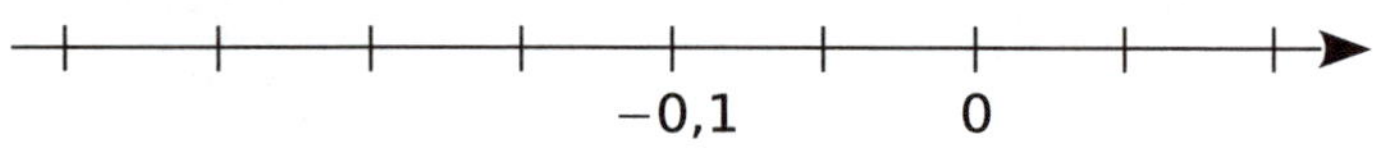

g.

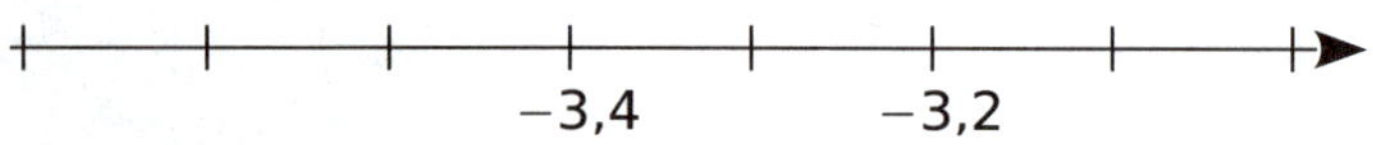

2 Dans chacun des cas suivants, donne les abscisses des points.

a.

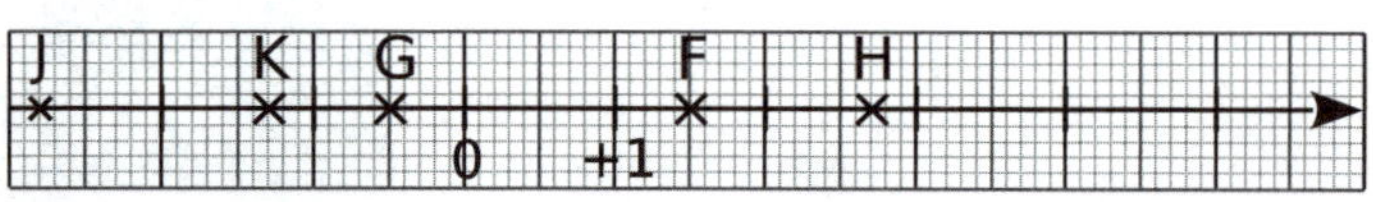

F(.......) ; G(.......) ; H(.......) ; J(.......) ; K(.......).

b.

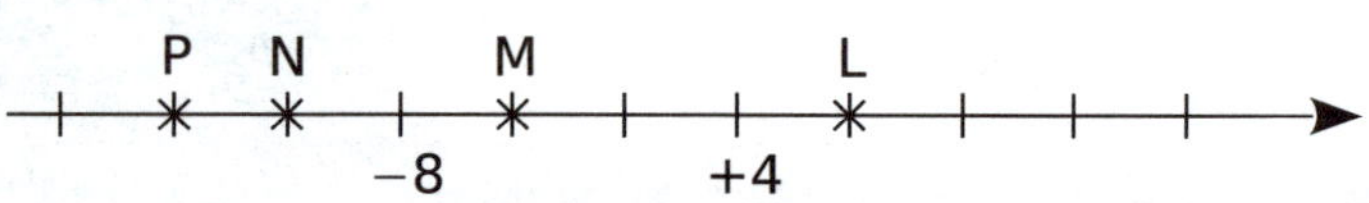

L(.......) ; M(.......) ; N(.......) ; P(.......).

3 Dans chacun des cas suivants, donne les abscisses des points.

a.

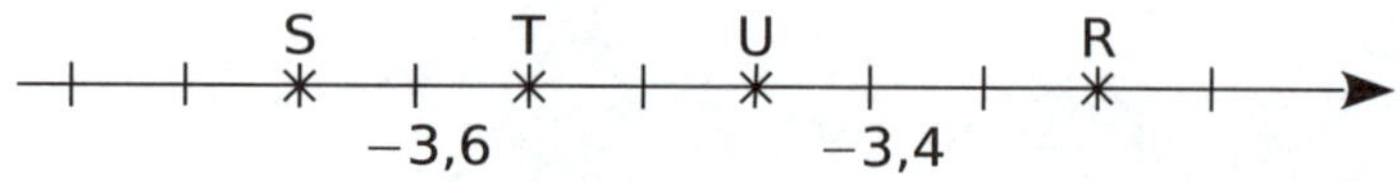

R(...........) ; S(...........) ; T(...........) ; U(...........).

b.

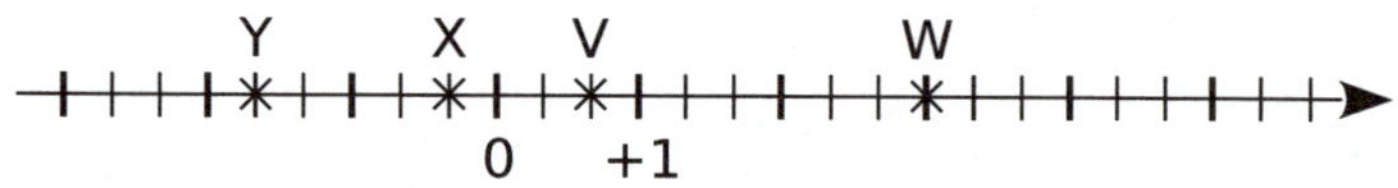

V$\left(\frac{\cdots}{\cdots}\right)$; W(.......) ; X$\left(\frac{\cdots}{\cdots}\right)$; Y$\left(\frac{\cdots}{\cdots}\right)$.

4 Où sont les points ?

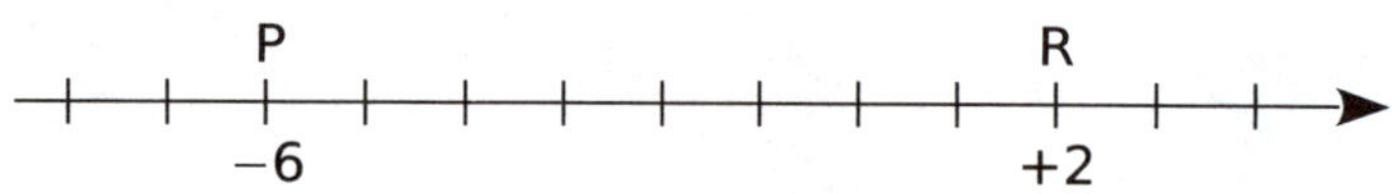

a. Trouve et place l'origine O de la droite graduée.

b. Place le point T d'abscisse −4.

c. Place le point R', symétrique du point R par rapport à O.

d. Donne l'abscisse du point R' : ....

e. Que dire des abscisses des points R et R' ?

....

....

f. Que dire des points P et R' par rapport au point T ?

....

....

5 La bonne abscisse

a. Pour chaque cas, place les points donnés.

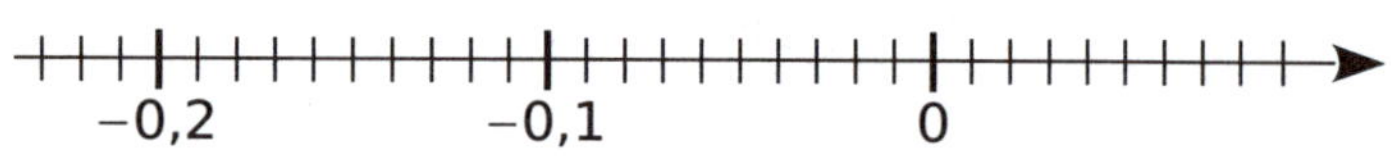

K(−0,12) ; L(−0,21) ; M(0,06) ; N(−0,03).

b.

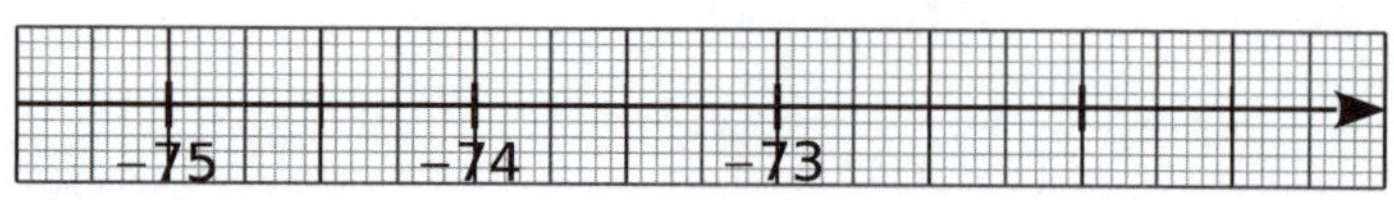

R(−74,1) ; S(−73,5) ; T(−75,3) ; U(−72,6).

Série 1 Se repérer sur une droite graduée

6 Pour chaque cas, place les points donnés.

a.

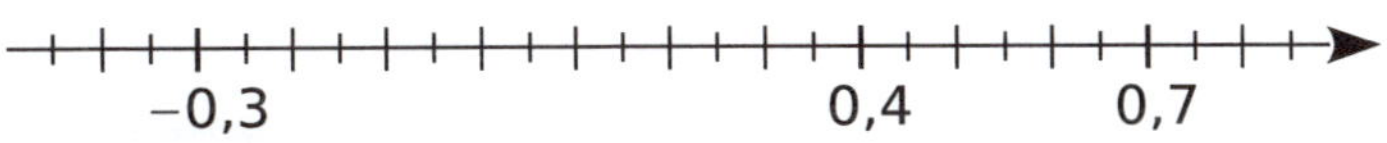

D(0,15) ; E(− 0,1) ; F(0,55).

b.

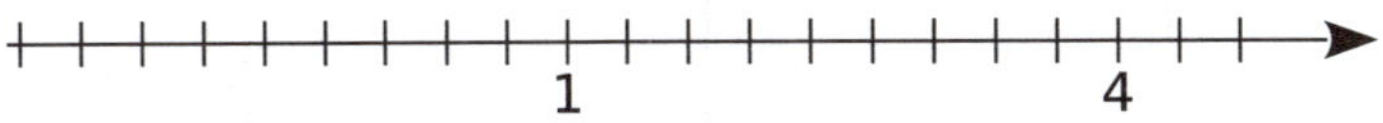

G(− 1) ; $H\left(\frac{4}{3}\right)$; $K\left(3 + \frac{1}{3}\right)$.

7 Écris, sous forme de fraction, l'abscisse de chaque point.

a. Abscisse de A : ...... Abscisse de B : ......

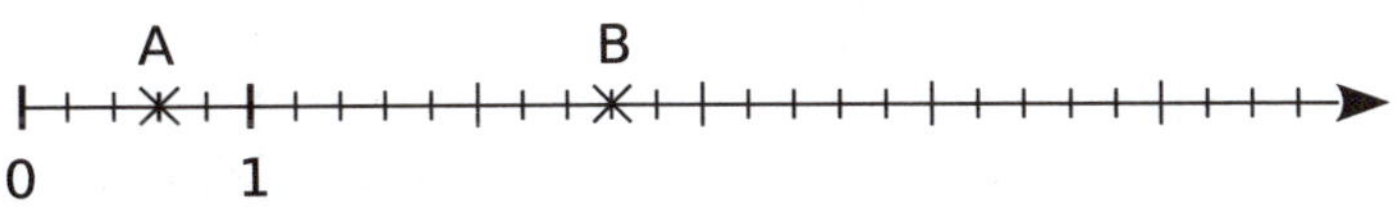

b. Abscisse de C : ...... Abscisse de D : ......

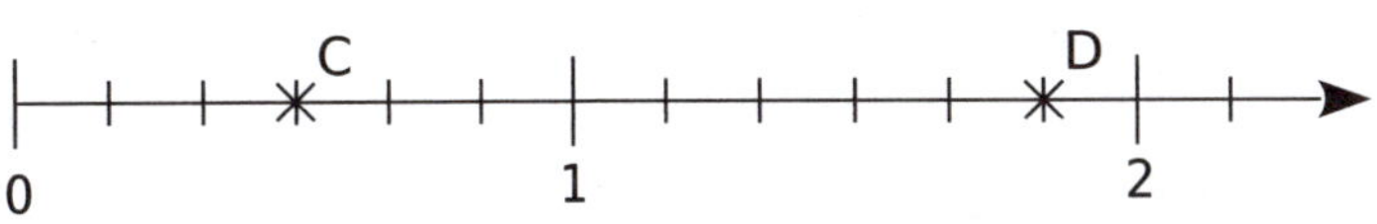

c. Abscisse de E : ...... Abscisse de F : ......

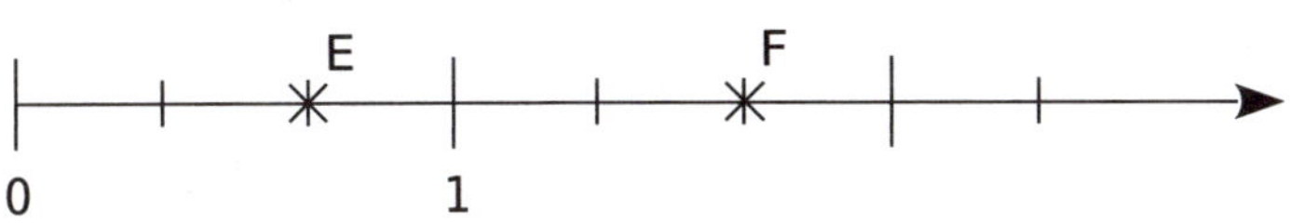

8 Place les points suivants sur l'axe gradué.

a. $A\left(\frac{5}{6}\right)$ $B\left(\frac{9}{6}\right)$ $C\left(\frac{10}{6}\right)$

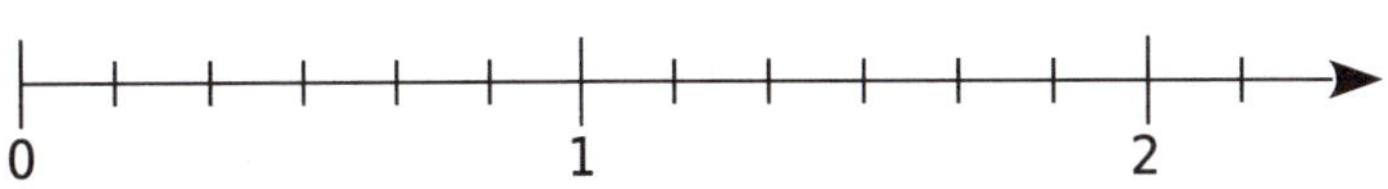

b. $D\left(\frac{5}{4}\right)$ $E\left(\frac{9}{4}\right)$ $F\left(\frac{5}{2}\right)$

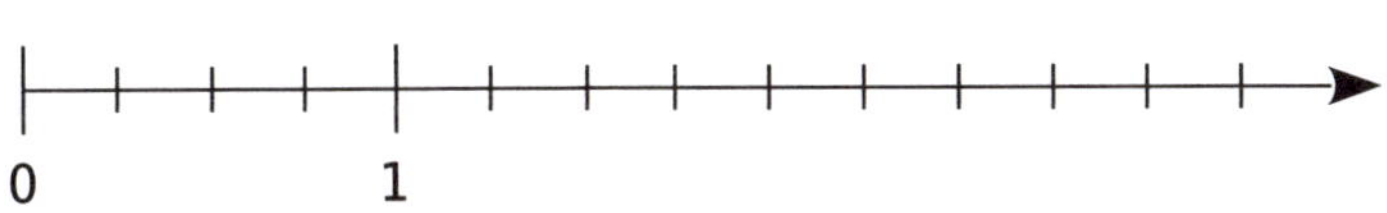

c. $G\left(\frac{2}{3}\right)$ $H\left(\frac{9}{3}\right)$ $K\left(\frac{7}{3}\right)$

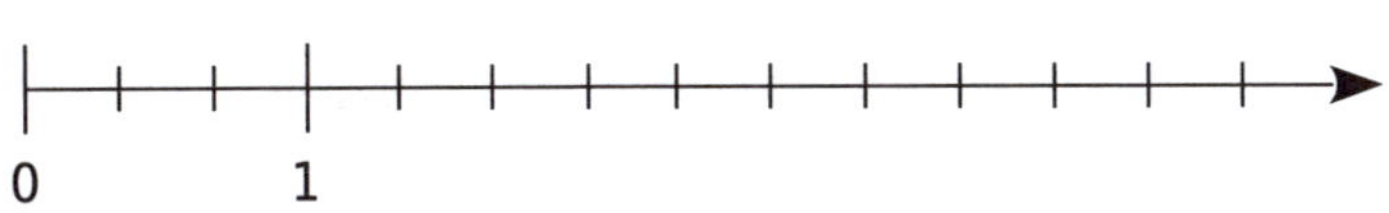

d. $L\left(\frac{8}{6}\right)$ $M\left(\frac{5}{3}\right)$ $N\left(\frac{4}{12}\right)$

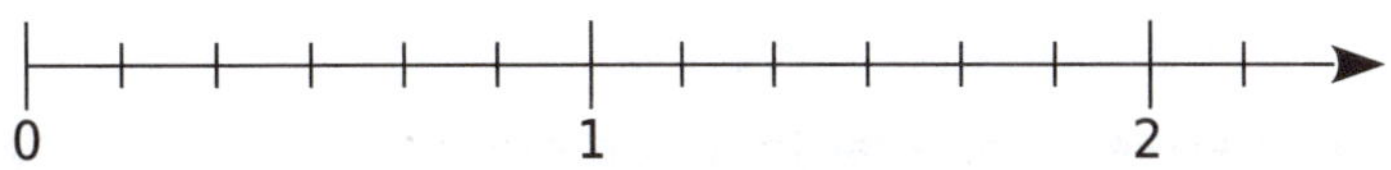

9 **Sans l'origine !**

a. Écris, sous forme de fraction, l'abscisse de chaque point.

Abscisse de E : ...... Abscisse de F : ......

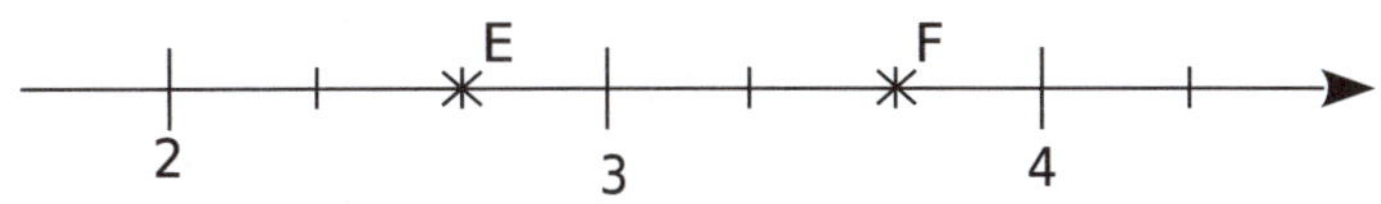

b. Place les points suivants sur l'axe gradué.

$G\left(\frac{5}{4}\right)$ $H\left(\frac{9}{4}\right)$ $I\left(\frac{7}{2}\right)$

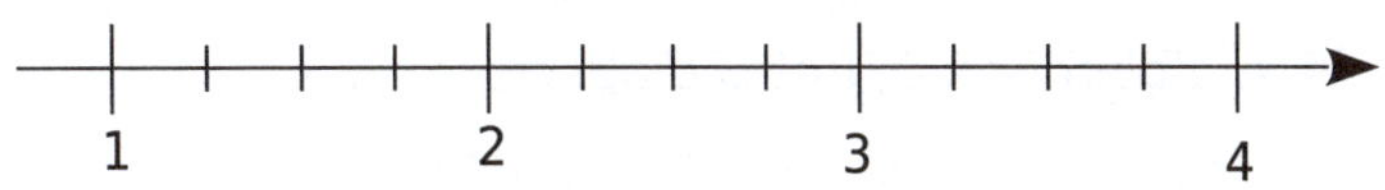

10 **Sans l'unité !**

a. Écris, sous forme de fraction, l'abscisse de chaque point.

Abscisse de E : .... Abscisse de F : ....

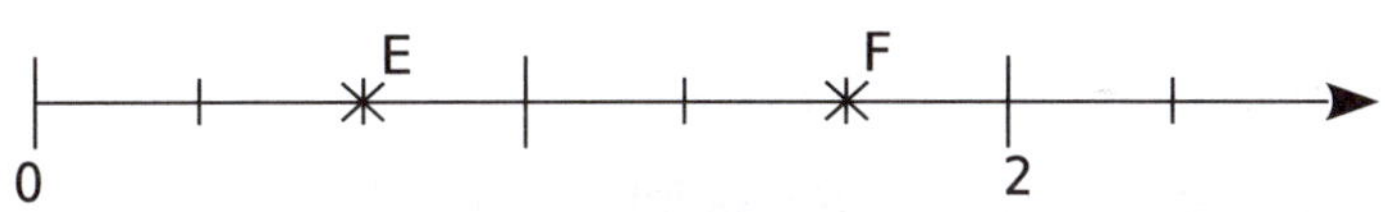

b. Place les points suivants sur l'axe gradué.

$G\left(\frac{7}{4}\right)$ $H\left(\frac{6}{8}\right)$ $I\left(\frac{5}{2}\right)$

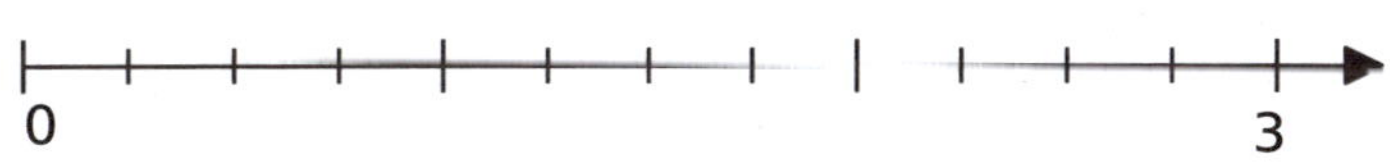

11 Dans chaque cas, trace une demi-droite graduée en choisissant au mieux l'unité pour pouvoir ensuite placer tous les nombres donnés.

a. $0 ; \frac{3}{4} ; \frac{1}{2} ; \frac{3}{8} ; \frac{5}{8}$

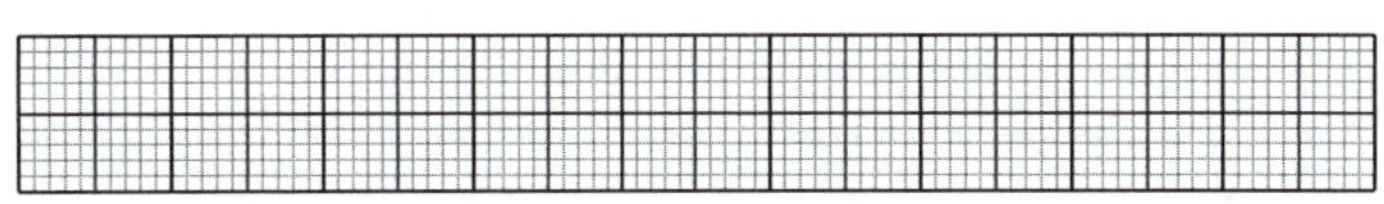

b. $\frac{13}{6} ; \frac{17}{6} ; \frac{7}{3} ; \frac{8}{3}$

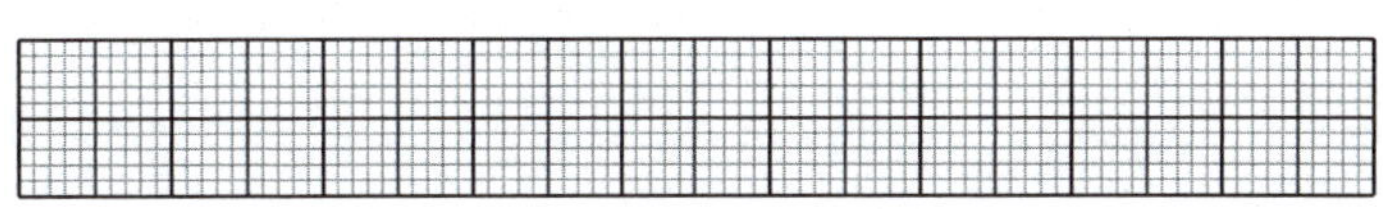

Se repérer sur une droite graduée

12 Gradue la droite orientée ci-contre et place les points : A(− 1,5) et B(8,8) en prenant 1 cm pour unité.

a. Place le point M sachant que :

- M appartient à la droite graduée ;
- le point M est à la distance 5,5 de l'origine O ;
- le point M n'est pas sur le segment [AB].

b. Détermine l'abscisse du point M.

....

13 **Droite graduée et symétriques**

a. Sur la droite orientée ci-contre, place une origine O et gradue-la en prenant 10 cm pour unité.

b. Place sur cette droite graduée, les points suivants :

- A d'abscisse 0,4 et B d'abscisse −0,6 ;
- C symétrique de A par rapport à O ;
- D symétrique de B par rapport à C ;
- E tel que D soit le milieu du segment [BE].

c. Lis les coordonnées des points C, D et E.

....

....

....

d. Que peux-tu dire des points D et E ?

....

....

....

14 Sur la droite graduée ci-contre en choisissant correctement l'unité de longueur, place les points R, S, T, U et V d'abscisses respectives :

−0,1 ; 0,75 ; −0,5 ; 0,35 ; −0,3.

Indique ta démarche pour choisir l'unité

....

....

....

....

....

....

Exercice 12

Exercice 13

Exercice 14

15 La carte au trésor

Le départ est en A. Il faudra suivre les indications du tableau suivant pour localiser l'emplacement du trésor.
Une fois les points placés, trace la médiatrice de [EF] et la médiatrice de [FH] : leur intersection est l'emplacement du TRÉSOR !
Pour t'aider à le comprendre, on a commencé à tracer le trajet (les points B et C). À toi de terminer !

Pour arriver à	B	C	D	E	F	G	H
Cap	80°	150°	110°	160°	70°	53°	165°
Direction	Ouest	Est	Ouest	Est	Est	Est	Ouest
Distance	3,2 cm	2,3 cm	5 cm	4 cm	7 cm	4 cm	5,3 cm

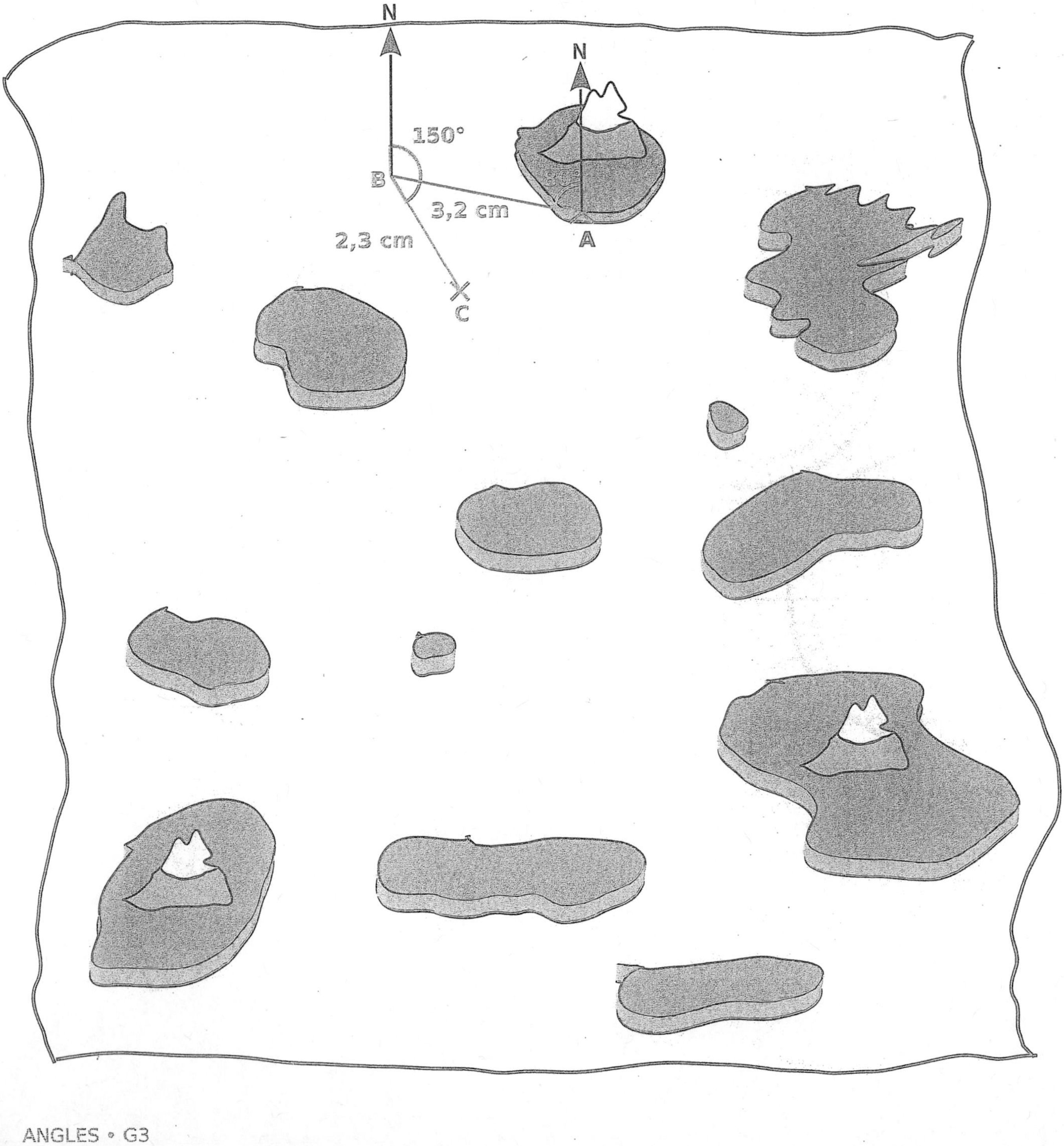

Se repérer dans le plan

Exercice corrigé

Lis et écris les coordonnées des points A à H.

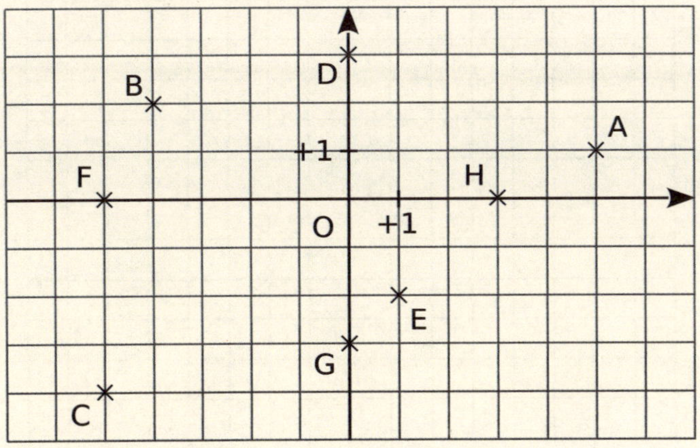

Correction

A(5 ; 1)	C(−5 ; −4)	E(1 ; −2)	G(0 ; −3)
B(−4 ; 2)	D(0 ; 3)	F(−5 ; 0)	H(3 ; 0)

1 Estimation

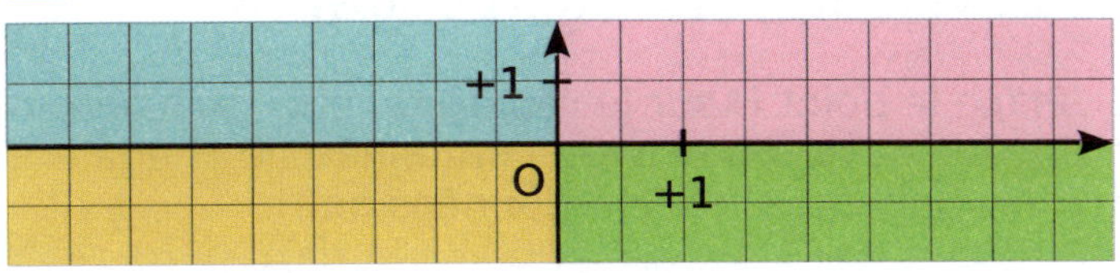

Indique dans quel quadrant se trouvent les points suivants.

A(−2 ; 1)	D(−3 ; −2) ....
B(−2 ; −1)	E(4 ; −2) ....
C(1 ; −1)	F(−4 ; 2) ....

2 Placer des points

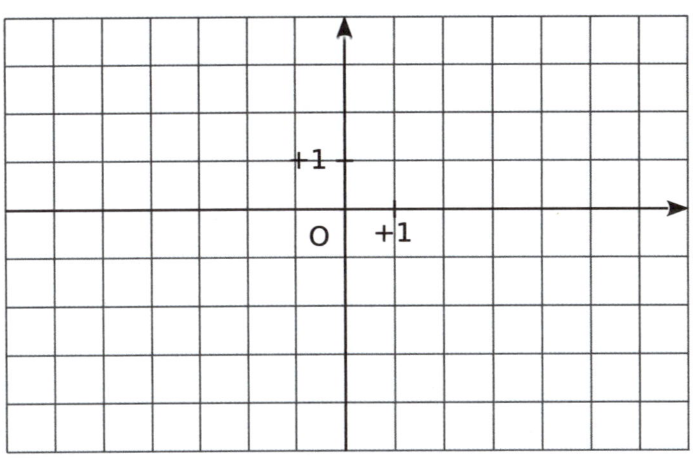

Dans le repère ci-dessus, place les points suivants.

A(−2 ; 1)	C(5 ; −3)	E(0 ; −2)
B(−4 ; 3)	D(−5 ; 0)	F(6 ; 1)

3 Lis et écris les coordonnées des points A à H.

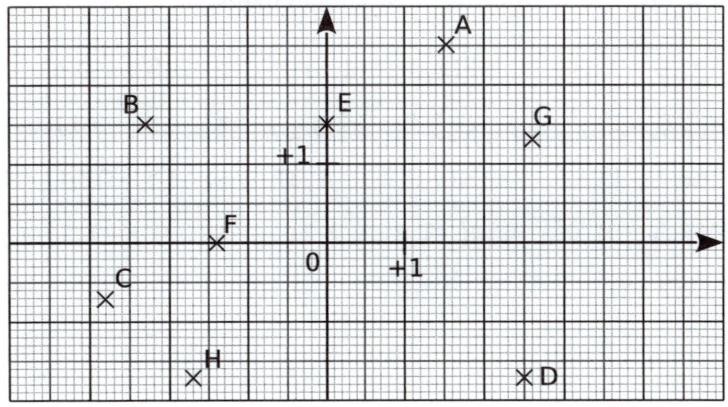

A(.... ; ....)	C(.... ; ....)	E(.... ; ....)	G(.... ; ...)
B(.... ; ....)	D(.... ; ...)	F(.... ; ....)	H(.... ; .)

4 Dans le repère ci-dessous :

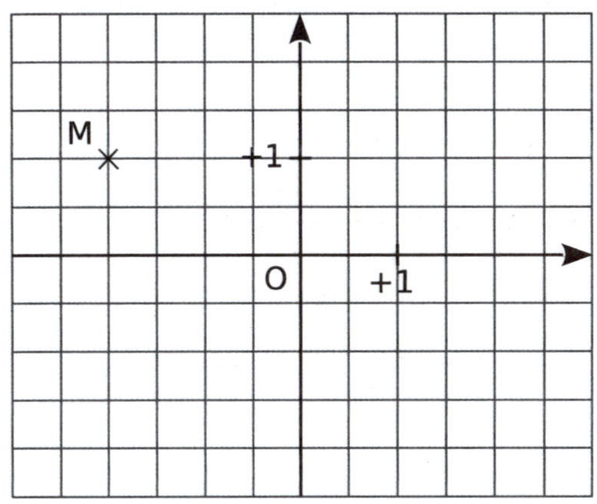

a. Place le point A, symétrique du point M par rapport à l'axe des abscisses.

Donne ses coordonnées : A(....... ; ....).

b. Place le point B, symétrique du point M par rapport à l'axe des ordonnées.

Donne ses coordonnées : B(....... ; ....).

c. Que dire des coordonnées des points A et B ?

....

d. Que représente le point O pour le segment [AB] ?

....

....

e. Place le point C de coordonnées (1,5 ; 2).

f. Place le point D, symétrique du point C par rapport à la droite (AB).

Donne ses coordonnées : D(....... ; ....).

5 Place les points dans le repère ci-dessous d'unité 1 cm puis relie ABCDEFGHIJKLMA.

A(0,5 ; 0,5)	F(2,4 ; −1,5)	J(−3,5 ; −0,5)
B(1,6 ; 1)	G(1,5 ; −2,4)	K(−1,8 ; −1)
C(2,7 ; 1)	H(−0,7 ; −1,3)	L(−1 ; −0,5)
D(2,3 ; 0)	I(−1,8 ; −2,2)	M(0,9 ; −1,1)
E(1,2 ; 0)		

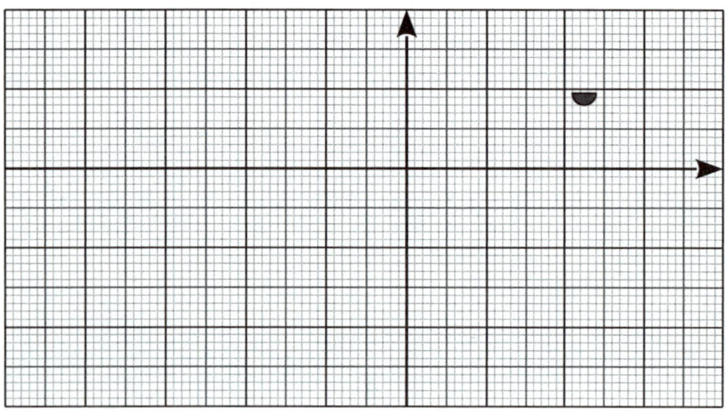

Tu obtiens : ....

6 Coordonnées et parallélogramme

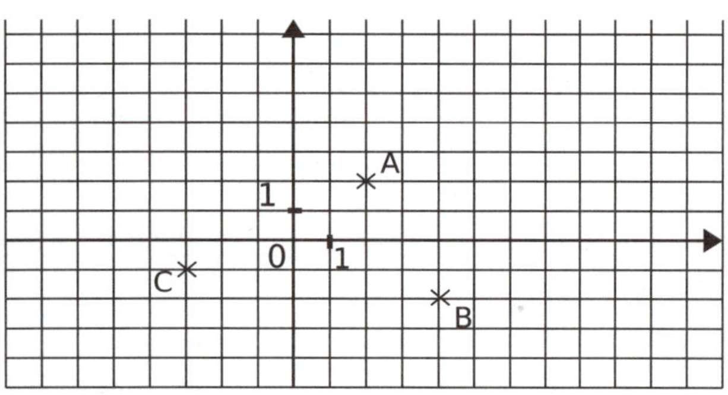

a. Donne les coordonnées des points A, B et C.

....

b. Place le point D sur le repère tel que ABCD soit un parallélogramme. Lis puis écris les coordonnées de D.

....

c. Place le point E sur le repère tel que CAEB soit un parallélogramme. Lis puis écris les coordonnées de E.

....

d. Place le point F, symétrique de D par rapport à A. Que remarques-tu ?

....

7 Coordonnées et triangles

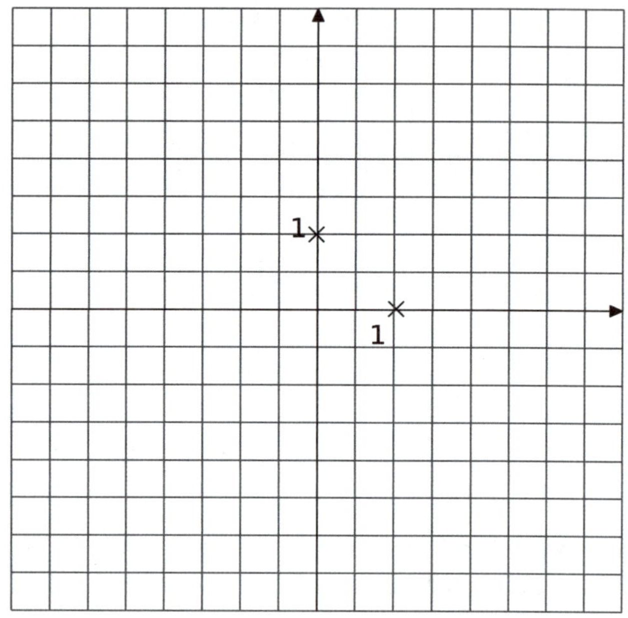

a. Dans le repère ci-dessus, place les points A(−2 ; −2) ; B(1 ; −2) et C(−1,5 ; 0,5).

b. Place le point H sur le repère tel que HAB soit un triangle isocèle en H avec l'ordonnée de H égale à 1,5. Lis puis écris les coordonnées de H.

....

c. Place le point K sur le repère tel que HBCK soit un parallélogramme. Lis puis écris les coordonnées de K.

....

d. Place les points E et D tels que BCED est un losange. E et D ont une abscisse positive.

e. Lis puis écris les coordonnées de E et D.

....

f. Quelle remarque peux-tu faire concernant BCED ?

....

g. Trace le quadrilatère EDHK. Que remarques-tu ?

....

h. Place le point G tel que :
- G a la même abscisse que D
- l'ordonnée de G est −2,5.

Lis puis écris les coordonnées de G.

....

i. Trace le triangle CHG. Que remarques-tu ?

....

Espace

D6

1 Associe chaque objet à sa modélisation mathématique. (Place le numéro dans le tableau.)

Pavé	
Cube	
Prisme	
Cylindre	
Pyramide	
Cône	
Boule	

2 Sous chaque solide, indique son nom.

a.

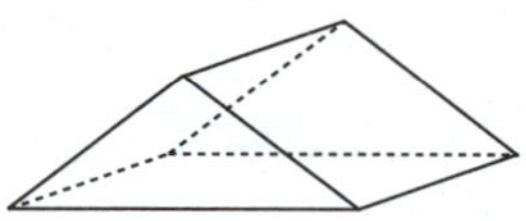

....

b.

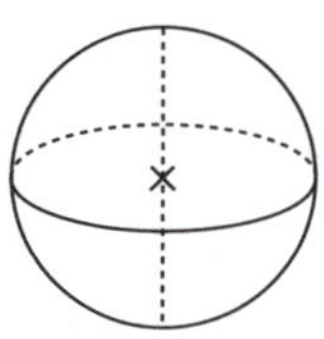

....

c.

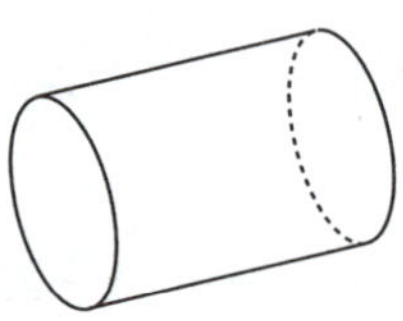

....

d.

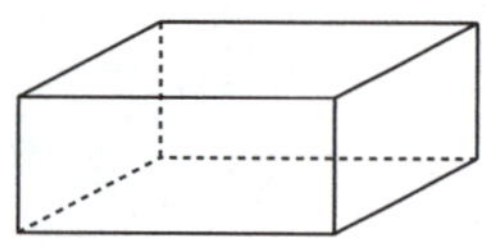

....

e.

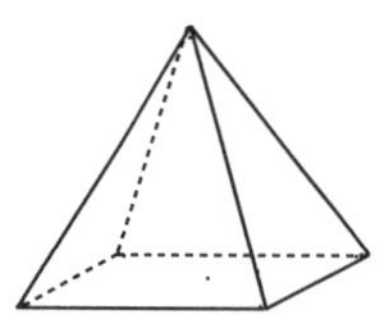

....

f.

....

3 Parmi les figures suivantes, entoure celles qui sont des patrons de cube.

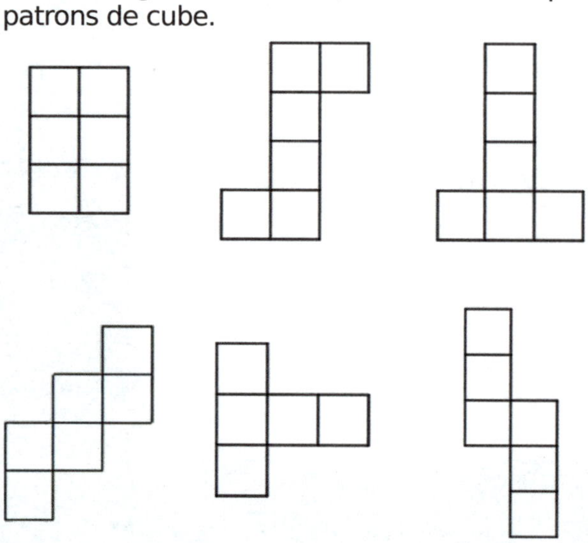

4 Sur le solide ci-dessous :

a. colorie une face en rouge ;

b. repasse une arête en vert ;

c. marque un sommet en bleu.

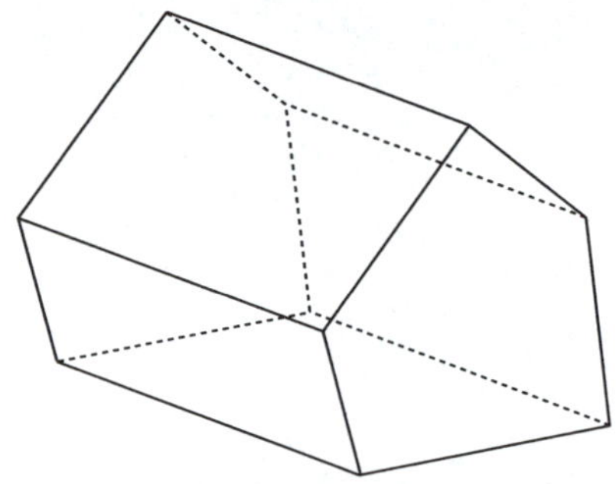

5 Complète le tableau suivant.

	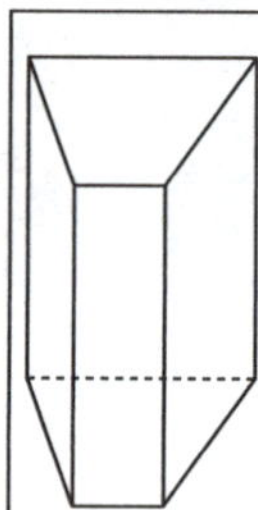	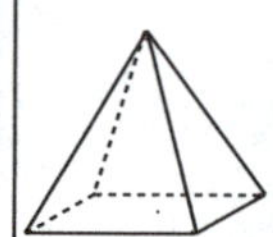	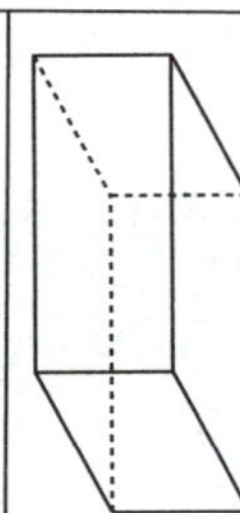	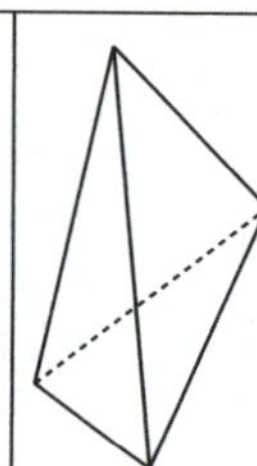
Nom du solide				
Nombre de sommets				
Nombre d'arêtes				
Nombres de faces				

6 Voici une représentation en perspective cavalière d'un pavé droit ABCDEFGH. Coche la réponse qui te semble juste.

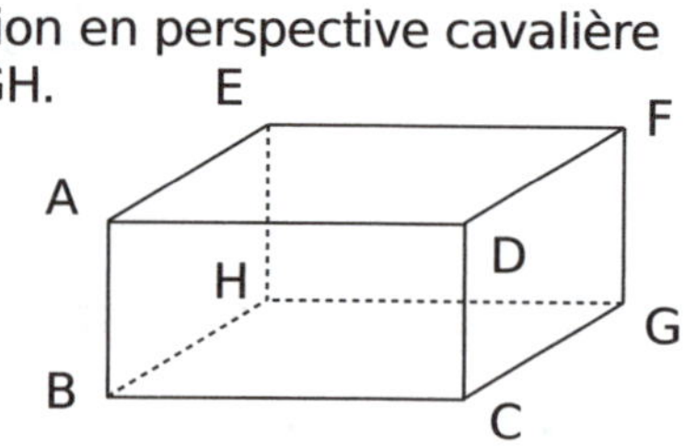

a. Les faces AEHB et DFGC sont parallèles.

☐ Vrai ☐ Faux

b. Les faces AEHB et EFGH sont perpendiculaires.

☐ Vrai ☐ Faux

c. Les arêtes (EH) et (AD) sont sécantes.

☐ Vrai ☐ Faux

d. Les arêtes (EH) et (DC) sont parallèles.

☐ Vrai ☐ Faux

e. Les arêtes (EH) et (HB) sont perpendiculaires.

☐ Vrai ☐ Faux

Série 2 Connaître les prismes et les cylindres

1 Complète.

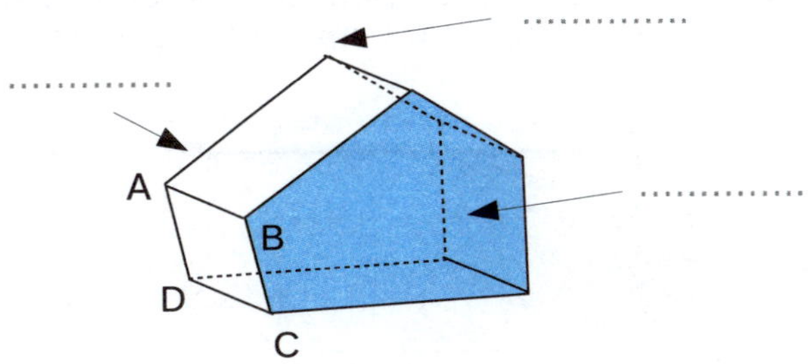

La face ABCD est en réalité un ....,

c'est une face .... de ce

....

2 Écris le numéro des affirmations qui sont vraies.

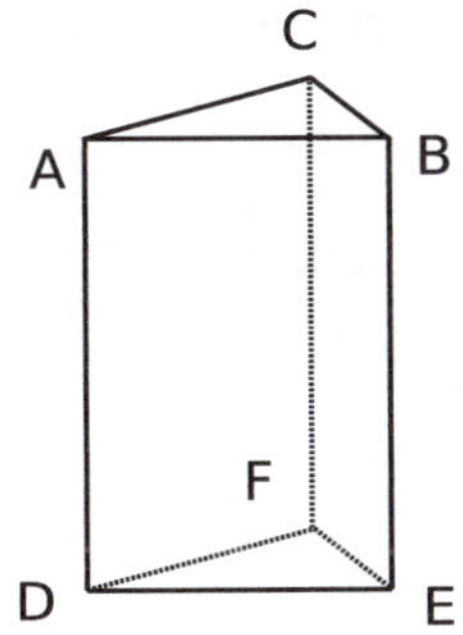

① Les faces ABC et DEF sont parallèles.

② Les arêtes [AC] et [DF] sont parallèles.

③ Les arêtes [CF] et [AB] sont sécantes.

④ F appartient à la face ABED.

⑤ La face CBEF est un rectangle.

....

3 Complète les représentations en perspective des prismes droits suivants.

a.

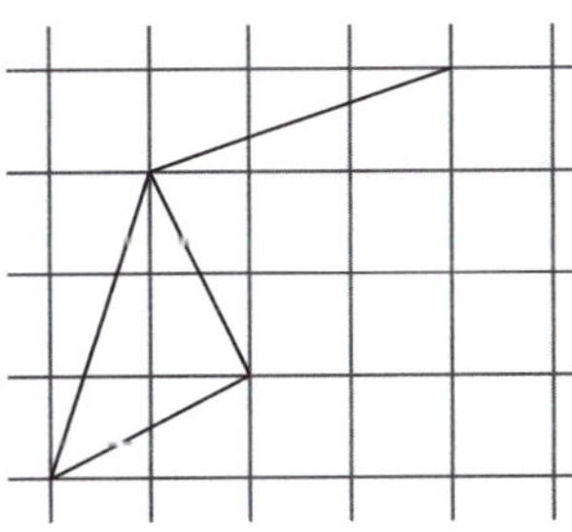

b.

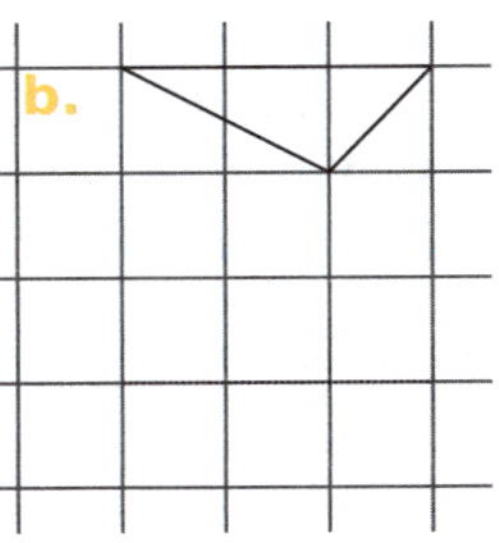

c.

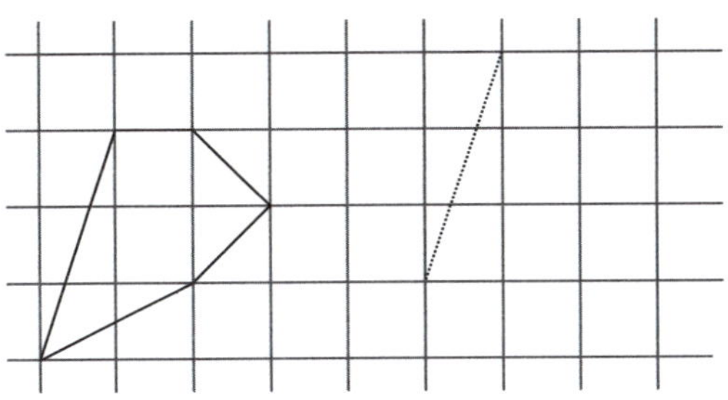

4 Parmi les vues ci-dessous entoure celles qui peuvent être :

a. des vues de cylindres.

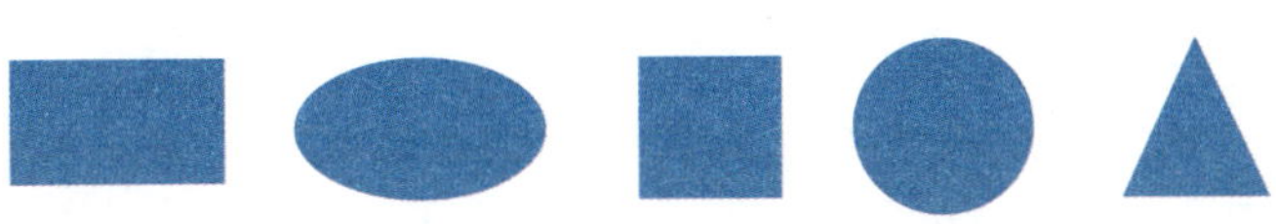

b. des vues de prismes.

5 Dessine à main levée un cylindre en perspective cavalière.

6 Voici la représentation d'un prisme.

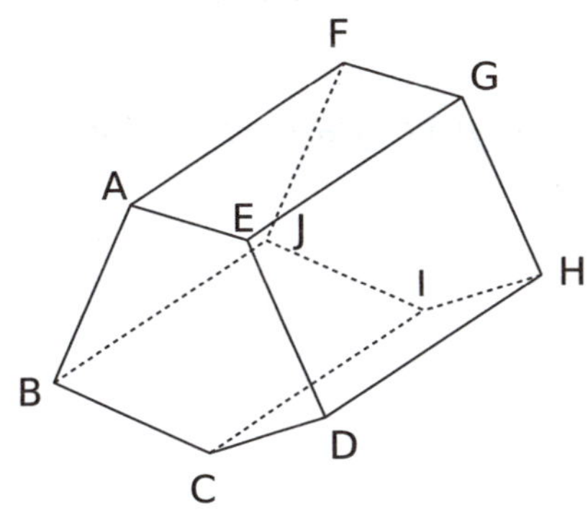

a. Complète le tableau suivant.

Nombre de faces latérales	Nombre de sommets	Nombre d'arêtes

b. Donne les noms des faces latérales.

....

....

Quelle forme ont-elles ?

....

c. Donne les noms des bases.

....

....

Quelle forme ont-elles ?

....

Connaître les prismes et les cylindres

7 Voici la représentation d'un prisme en perspective. Le triangle ABC est rectangle en A.

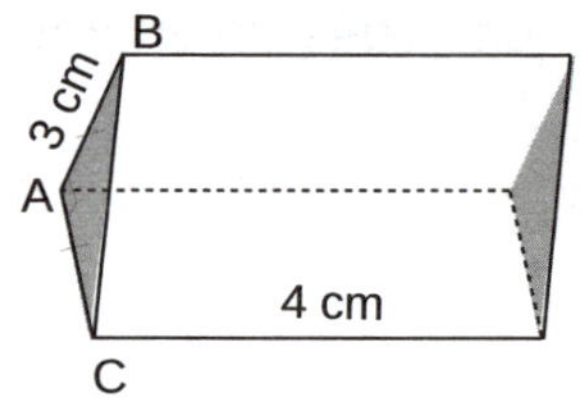

a. Construis en vraie grandeur la base ABC de ce prisme.

b. Quelle est la forme de la face avant de ce prisme ?

....

c. Quelle longueur doit-on reporter au compas pour construire la face avant de ce prisme ?

....

d. Construis en vraie grandeur sa face avant.

8 Les deux figures ne sont pas en vraie grandeur.

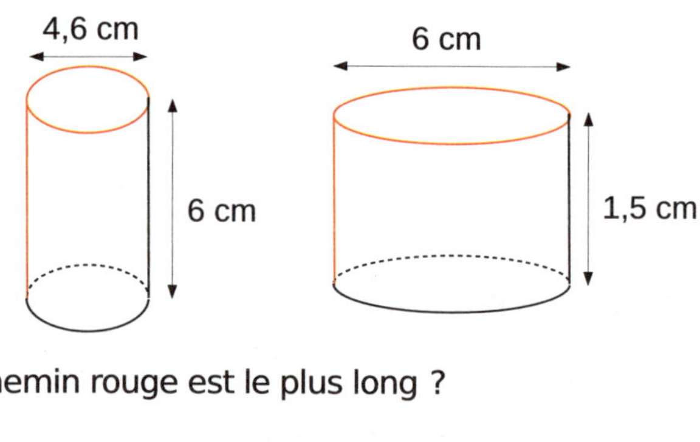

Quel chemin rouge est le plus long ?

....

....

....

....

....

9 ABCDEFGH est un parallélépipède rectangle. On coupe ce parallélépipède pour obtenir un prisme AEIBFJ. On donne AE = 4,3 cm ; EI = 2,5 cm et EF = 3,2 cm.

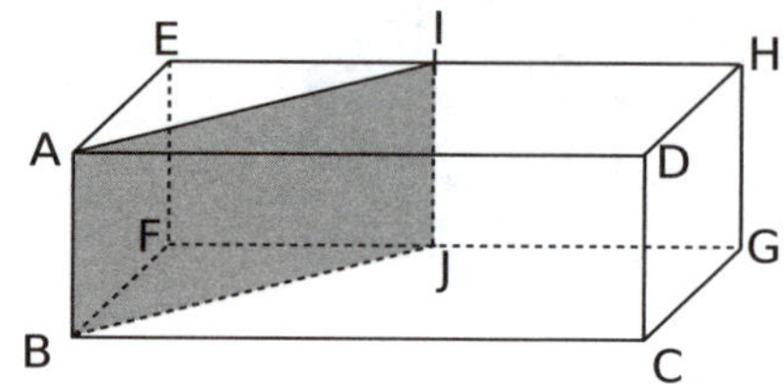

a. Nomme les bases de ce prisme.

....

b. Quelle forme ont-elles ?

....

c. Construis la face AIJB en vraie grandeur.

10 Un prisme droit a pour base un triangle équilatéral et chacune de ses faces latérales est un carré. La longueur totale des arêtes est de 27 cm. Représente en vraie grandeur sa base et une de ses faces latérales. Détaille tes calculs.

....

....

Série 3 Construire un patron de prisme ou de cylindre

Exercice corrigé

Construis un patron d'un cylindre de révolution de hauteur 3 cm ayant pour base un disque de rayon 1 cm.

Correction

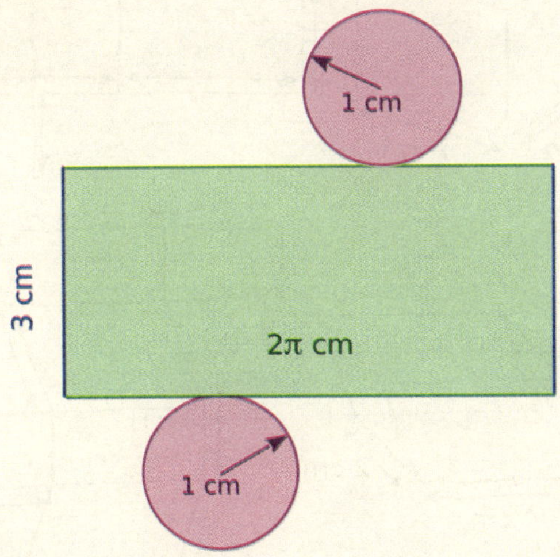

La surface latérale est un rectangle. L'une de ses dimensions est la hauteur du cylindre, l'autre est la longueur de la base (ici, $2 \times \pi \times 1 \approx 6{,}28$ cm).

1 Indique sur le schéma à main levée les mesures correspondant à la vue en perspective de ce cylindre.

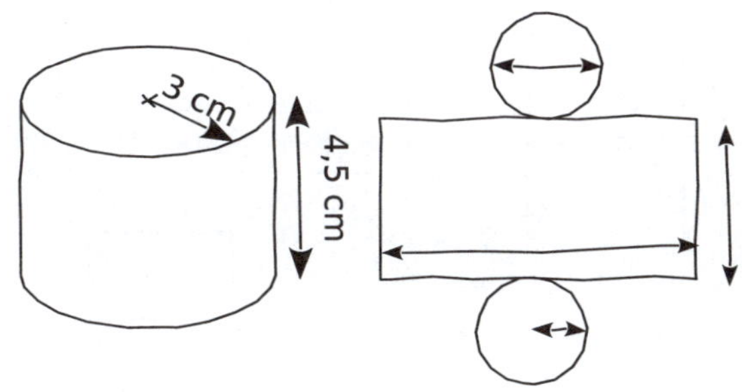

Calcul : ....

2 On considère le patron d'un cylindre de révolution. Complète le tableau. Si besoin, donne des valeurs arrondies au dixième.

Rayon du cercle de base	Diamètre du cercle de base	Longueur du rectangle
4 cm		
	6,2 cm	
		12,58 cm

3 Construis un patron d'un cylindre de 4 cm de diamètre de la base et 3,5 cm de hauteur.

4 Parmi les figures suivantes, entoure celles qui sont des patrons de prismes droits.

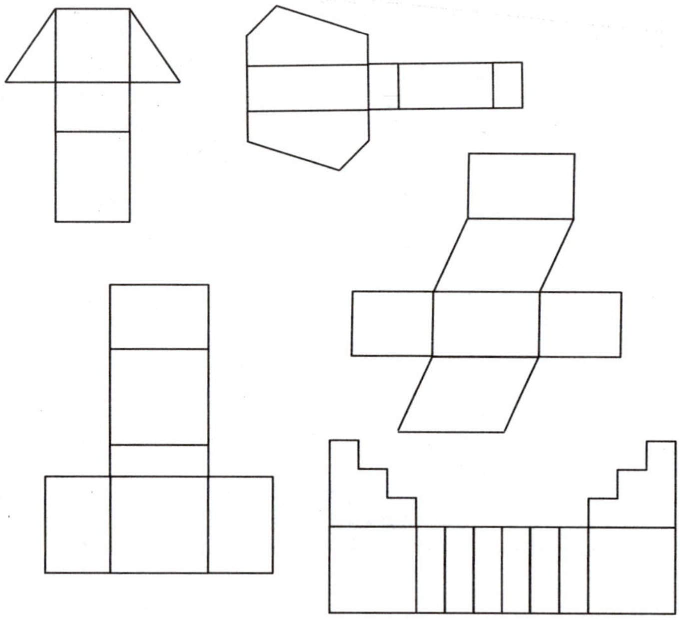

5 À l'aide des représentations en perspective cavalière, indique les longueurs que tu connais et code les segments de même longueur sur les patrons.

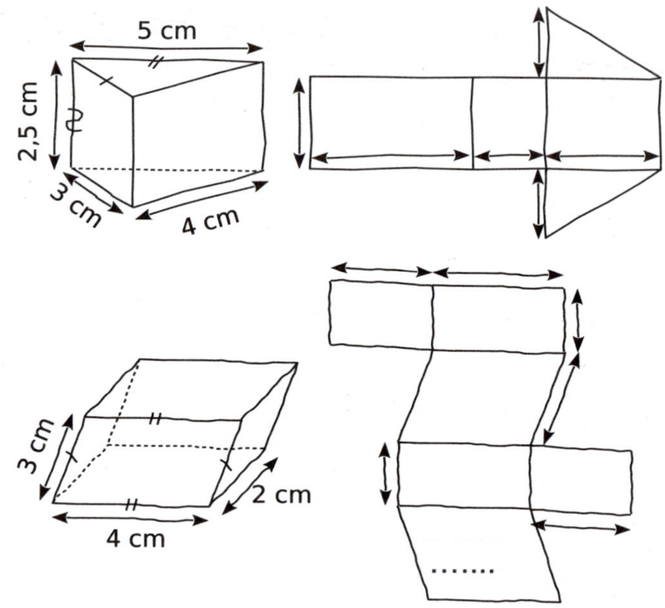

6 Construis un patron du solide ci-contre représenté en perspective.

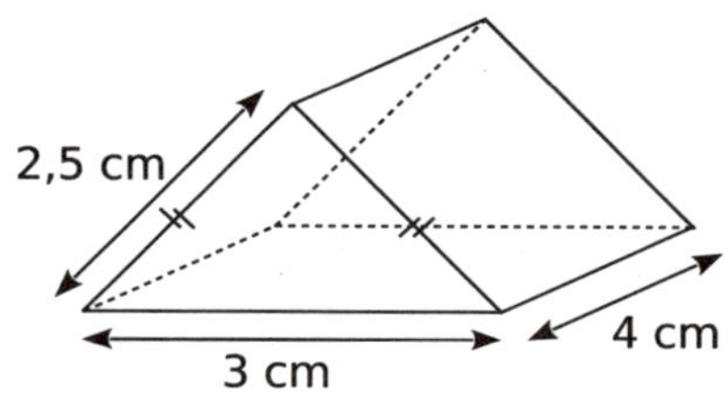